周易入门

方塘 —— 编著

让你快速学会《周易》

中国出版集团
中译出版社

图书在版编目（CIP）数据

周易入门：让你快速学会《周易》/ 方塘编著.
北京：中译出版社，2025.1. -- ISBN 978-7-5001
-8109-5

I. B221-49

中国国家版本馆CIP数据核字第2024G5Z605号

周易入门：让你快速学会《周易》
ZHOUYI RUMEN: RANG NI KUAISU XUEHUI《ZHOUYI》

出版发行： 中译出版社
地　　址： 北京市西城区新街口外大街28号普天德胜大厦主楼4层
电　　话： 010-68002876
邮　　编： 100088
电子邮箱： book@ctph.com.cn
网　　址： www.ctph.com.cn

责任编辑： 王　滢
封面设计： 曹柏光

排　　版： 北京华夏墨香文化传媒有限公司
印　　刷： 三河市祥达印刷包装有限公司
经　　销： 新华书店

规　　格： 710毫米×1000毫米　1/16
印　　张： 21.5
字　　数： 299千字
版　　次： 2025年1月第1版
印　　次： 2025年1月第1次

ISBN 978-7-5001-8109-5　　　　　定价：68.00元

图书若有质量问题，请拨打以下电话进行调换。
电话：010-59625116

前言

在人类历史的长河中，有一种智慧的光芒穿越时空，照亮了无数探索者的心灵，那就是《周易》。这部古老的典籍，被誉为东方的智慧宝典，其深邃的思想内涵和独特的哲学体系，至今仍影响着世界各地的学者和思想家。而《周易入门——让你快速学会〈周易〉》则是对这一经典著作的一次全面、深入的解读，旨在带领读者走进《周易》的世界，领略其博大精深的哲学魅力。

《周易》，源自远古的卜筮文化，历经数千年的传承与发展，逐渐形成了一套包罗万象的哲学体系。它以八卦为基础，以六十四卦为框架，通过对自然现象的观察和对宇宙规律的探索，揭示了事物变化的普遍法则，即"阴阳之道"。《周易》不仅仅是一部占卜之书，更是一部探讨生命、宇宙、社会和人生的哲学巨著，它蕴含的智慧涵盖了自然科学、社会科学、伦理道德等诸多领域。

本书在尊重原著的基础上，以现代视角进行解析，力求使这部经典在现代社会中焕发新的生命力。本书分为"上""下"两篇，上篇介绍了《周易》的一些基础知识和相关文化；下篇详细阐释了每一卦、每一爻的含义以及该卦的典故。同时，书中还融入了心理学、管理学等相关领域的现代科学知识，使读者在理解《周易》的哲学内涵时，也能看到其与现实生活的紧密联系。

在编纂过程中，我们秉持敬畏之心，力求忠实于原著，同时兼顾现代读者的理解需求。我们希望，本书不仅能成为学者研究《周易》的参考资料，也能成为普通读者了解周易传统文化、提升自我认知的入门读物。无论是专业学者还是对《周易》感兴趣的普通读者，都能从中找到启发，领略到《周易》的深远智慧。

《周易》的研读并非一蹴而就，它需要时间的沉淀，需要思考的深度，需要生活的体验。本书愿作为一座桥梁，引导读者跨越时空的鸿沟，走进那个充满哲理的世界，去感受那永恒不变的宇宙真理。让我们一起，带着敬畏和好奇，踏上这趟探索智慧的旅程，去领略《周易》的无尽魅力，去感悟人生的真谛。

在阅读本书的过程中，你可能会遇到困惑，也可能会有豁然开朗的瞬间。请记住，每一次的困惑都是通向智慧的阶梯，每一次的领悟都是对生命更深的理解。我们期待每一位读者都能从这部书中得到自己的启示，让《周易》的智慧照亮你的生活之路。

最后，愿本书成为你探索智慧的伙伴，陪伴你在思考与实践中不断成长。让我们共同在《周易》的海洋中航行，寻找生命的答案，领悟宇宙的奥秘。欢迎广大读者品鉴。

目 录

上篇 《周易》概论

下篇　断易天机——六十四卦详解

上篇 《周易》概论

第一章　《周易》探览

第一节　《周易》的内涵

1. 千古奇书《周易》

《周易》是一部天书，历来的学者莫不叹其奇！

《周易》，是中国古代一部极具影响力的哲学著作，也是中华文化的瑰宝。其深远的思想内涵和独特的象征体系，使其成为世界文化宝库中的一颗璀璨明珠。

首先，我们需要了解《周易》的起源。据传，《周易》的形成可以追溯到远古的伏羲时代。伏羲根据天地万物的变化，创立了八卦，这是《周易》的基础。后来文王姬昌在此基础上进行增补，形成了六十四卦，这就是《周易》，也就是《周易》的主体部分。孔子对《周易》也进行了深入研究，并撰写了《易传》，进一步阐释了《周易》的哲学内涵，使《周易》从单纯的卜筮之书转变为一部富含哲理的典籍。

《周易》的核心思想是阴阳理论和八卦系统。阴阳是宇宙万物变化的基本原理，代表了对立统一、相互转化的法则。阴与阳，正如昼与夜、冷与热、雌与雄，互相依存，互相影响，共同推动着世界的运行。八卦则象征着自然界和人类社会的各种基本元素和状态，分别是乾、坤、震、巽、坎、离、艮、兑，分别对应天、地、雷、风、水、火、山、泽，这些符号通过不同的组合，构成了六十四卦，描绘出世间万物的多样性和变化性。

《易传》中的《彖传》《象传》《文言》《系辞》《说卦》《序卦》和《杂卦》等篇章，对《周易》的卦象和爻辞进行了深入解读，揭示了《周易》的哲学思想。例如，《系辞》提出了"太极生两仪，两仪生四象，四象生八卦"的观点，阐述了宇宙生成和发展的过程。《文言》则对乾坤两卦进行了特别解析，强调乾坤是宇宙万物的本源，乾坤之道是人类行为的准则。

《周易》的智慧不仅仅体现在占卜上，更在于其深邃的哲学思考。它主张顺应自然，尊重变化，强调人与自然、社会和谐共处的理念。同时，它提倡道德修养，认为人的行为应遵循天道，以达到内心的平衡和外在的和谐。这种思想对中国古代的道德伦理、政治哲学、艺术美学乃至科技发展都产生了深远影响。

总的来说，《周易》是一部集卜筮、哲学、道德、艺术于一体的千古奇书，它以其独特的符号语言和深刻的人生智慧，跨越时空，启迪了一代又一代的读者。无论是对于理解中国古代文化，还是对于探索宇宙人生之谜，都有裨益。

《周易》是一部什么性质的书？有人把它当作占筮书用，有人把它当作哲学书用，有人把它当作历史书来用。由于它涉及的内容很广泛，又有人认为它是百科全书，真是"仁者见仁，智者见智"。

2. "易更三圣"，圣人是谁

八卦学说是谁创造的？传统的权威性观点认为"易更三圣"。这是指哪三圣呢？

一圣是伏羲氏。伏羲又称包羲、宓戏等。汉代司马迁在《史记·太史公自序》云："余闻之先人曰：'伏羲至纯厚，作易八卦。'"据此可见，伏羲画卦的说法在汉初就很流行了。

二圣是周文王。文王即姬昌，受商封为西伯，又称伯昌。纣王把他囚禁在羑里（今河南汤阴北）。被拘期间，他潜心探究天人之理，将八卦演化为六十四卦，并写了卦辞。

三圣是孔子,孔子是《十翼》的作者,他完成了易学体系。对这种权威性说法,古代就有人怀疑过。理由是"三圣"忽略了周公。周公是文王第四子。他继承父业,文王作卦辞,周公著爻辞,爻辞在八卦学说中占有相当重要的地位。于是,古代学者就在"更"字上做学问,提出"易更三圣",就是说,伏羲画卦以后,又经过了三个圣贤(文王、周公、孔子)的整理,易学体系才得以确立。

3. 古之"三易"是指哪三易

《周礼·春官·太卜》里说:"太卜掌三《易》之法,一曰《连山》,二曰《归藏》,三曰《周易》。"各家注疏较为一致的意见认为:《连山》是夏朝时的《易》,《归藏》是殷商时的《易》,《周易》是周朝时的《易》。依据文献的记载,《周易》是从《连山》《归藏》发展而成。

4.《易经》与《周易》是同一本书吗

从狭义上讲,《易经》是《周易》的一个部分,《周易》包括两本书:《易经》和《易传》。《易经》成书于西周朝,主要讲六十四卦。而《易传》是用来解释《易经》内容的,是对《易经》的发挥。《易传》成于战国时期,也叫"十翼",即由十个部分的内容组成。

《易传》的出现,使《易经》脱离了巫术,转变为哲学,变成了理性的学说。从广义上讲,《易经》就是指《周易》,是儒家五经中的一本。

5. 在古代,《周易》到底是卜筮书还是哲学书

在古代,《周易》既被视为卜筮书,又被视为哲学书,两者并非相互排斥,而是相辅相成的。最初,《周易》的主要功能确实是用于卜筮,即预测未来、解释吉凶。古人认为,通过观察自然现象,如天象、鸟兽行为等,可以预知人事的吉凶祸福。八卦和六十四卦就是这种卜

筮方法的符号系统，每卦的爻辞则提供了对特定情境的解释。从这个角度来看，《周易》确实是一本卜筮书。然而，随着时间的推移，人们逐渐发现《周易》中蕴含的哲学智慧。它的阴阳五行理论、变化无常思想，以及对宇宙、人生、道德的深刻洞察，使得《周易》超越了单纯的卜筮工具，成了一部哲学巨著。孔子对《周易》的注解，更是将这部书提升到了哲学的高度，强调了《周易》的道德教化和人生指导作用。在《易传》中，孔子阐释了《周易》的道德伦理观，如"天行健，君子以自强不息""地势坤，君子以厚德载物"，这些都成了儒家的重要理念。此外，他还提出了"知易者不占"的观点，意味着真正理解《周易》的人，无须通过卜筮就能明白人生的道理，这进一步强调了《周易》的哲学价值。

综上所述，《周易》在古代既是卜筮书，又是哲学书；它既是古人预测未来的工具，也是他们理解和把握世界的哲学体系。这种双重性使得《周易》成为中国古代文化中不可替代的瑰宝。

6. 为什么占卜对古人来说意义重大

对古代人来说，占卜可以解决人的正常判断力无法解决的问题，所以意义重大。无论是国家的朝政大事、军队出征，还是百姓的祭祀祖先、婚丧嫁娶等都要事先进行占卜。

古人认为如果得到了吉兆，就是神灵或祖先在保佑；如果得到了凶兆，就需要反省自身的过失。儒家认为占卜所得到的结论并非最后的结果，它在一定程度上起警示的作用。占卜的爻辞除了反映自然的天道外，对伦理道德也有指导作用，能够帮助人分清是非对错，指导人弃恶扬善。

7. 易学可分为哪六宗

易学可分为占卜、灾祥、谶纬、老庄、儒理、史事六宗。
"占卜""灾祥""谶纬"等三宗易学，其实都不脱象数的范围。

以"老庄"来说"易"的，始于魏晋，阮籍、王弼等开其先声。继之而起，便有北魏以后的道教，套用东汉魏伯阳《参同契》的观念，彼此挹注，杂相运用"易"与"老庄"的道理。"儒理"说易，大盛于宋代，如司马光的《潜虚》、周敦颐的《太极图说》、程颐的《易传》及朱熹的《周易本义》等，大抵都属于这一范围。史事一系，也由宋儒开始，如杨万里的易学，便偏重这一观点。

8. "天人合一"是《周易》最重要的一个概念

"天人合一"是中国古代哲学中的一个重要概念，虽然它不是《周易》的直接表述，但与《周易》的哲学思想密切相关。《周易》强调宇宙万物的变化规律，认为天地自然与人类社会之间存在着深刻的内在联系和互动。这一思想为后来的儒家和道家发展出"天人合一"的概念奠定了基础。

在《周易》中，阴阳变化、乾坤对立统一的观念体现了宇宙间的和谐与平衡。"天"象征着阳刚、主动、原则，"地"象征着阴柔、承载、变化。人作为天地之间的中介，应该顺应天道，遵循自然法则，实现个人与自然、社会的和谐共生。这种思想在孔子的解释中得到了进一步发展，他提出"仁者以天地万物为一体"，强调人的道德修养应与天地之道相契合。

虽然"天人合一"并非《周易》的原创概念，但《周易》的哲学内涵为其提供了深厚的土壤。后世的哲学家，如孟子、荀子、董仲舒等人，在《周易》的基础上，进一步阐述了"天人合一"的理念，使之成为中国哲学的核心概念之一。因此，可以说"天人合一"与《周易》有着密切的联系，但不能说它是《周易》最重要的一个概念。

9. "阴阳"是《周易》的总体哲学思想吗

"阴阳"是《周易》最基本的哲学思想之一，构成了《周易》理论体系的核心。阴阳学说是《周易》用来解释宇宙万物变化和发展规律的基础概念。在《周易》中，阴阳代表了两种相对而又互补的力量，它们相互作用、相互转化，共同推动着世间一切事物的运动和变化。阳代表光明、积极、主动、刚强、热、上等属性，而阴则代表黑暗、消极、被动、柔弱、冷、下等属性。《周易》中的八卦，如乾、坤、震、巽、坎、离、艮、兑，都可以看作是阴阳二气在不同状态下的表现。六十四卦则是由八卦两两相重组成，进一步展示了阴阳交互作用的复杂性。"阴阳"不仅应用于自然现象的解释，也渗透到人类社会、道德伦理、个人修养等诸多领域。例如，儒家主张"中庸之道"，就是要求人们待人处世要保持阴阳平衡，避免过于偏激。道家则更强调顺应自然，通过调和阴阳来达到内心的宁静与和谐。虽然"阴阳"是《周易》的核心哲学思想之一，但它并不是《周易》的全部。《周易》还包含着变化、对立统一、生生不息、太极图式等多种哲学概念，这些都共同构建了《周易》的丰富哲学体系。因此，我们可以说"阴阳"是《周易》的重要组成部分。

10.《周易》的辩证法则是什么

《周易》的辩证法则是"通变致久"。《系辞》中说："易，穷则变，变则通，通则久。"它主要包含三个方面的内容：

（1）天道运行的规律——唯变所适。事物有变就有常，有常就有变。《周易》就在这种"变动不居"中显示了"恒常通久"的不变法则，又在这种"恒常通久"中，表现了"唯变所适"的可变规律。这种规律就是所谓的"天行"，即天道运行的规律。

（2）事物变化遵循天道运行的规律。古人认为，世间万物都是变化着的，只有天道规律本身不变，所以事物变化必须遵循天道运行的规律。

（3）人应该效法天道，不违天逆常，顺时适变，如此才可以保持长久。

11. 孔子之后，《周易》的地位有怎样的变化

在孔子之前，《周易》只不过是本讲巫术的书，但孔子的《易传》彻底改变了《周易》的命运，它开始成为显学。但《周易》太深奥了，所以直到汉初，《周易》并没有得到应有的重视。当时被认为是群经之首的是《春秋》，司马迁却认为应该是《周易》，因为它"究天人之际"，也就是《周易》穷尽了所有天人之间的事情，一切问题都可以在《周易》中找到答案。

后来汉武帝接受了这个观点，《周易》才开始得到统治阶级的认可。到汉宣帝时，一个宰相甚至认为《周易》是圣帝明王治太平的书，运用《周易》的原理，就可以创造出一个太平盛世来。《周易》才真正获得了统治阶级的认可。东汉时，班固的《汉书·艺文志》将《周易》定为群经之首，《周易》两千年毫不动摇的极高地位从此确立。其间《周易》被用来批评、决策朝政，治国安邦，直至清朝。

12.《周易》究竟向人们解释了什么样的道

《周易》是一部古老的经典，它试图解释和指导人们理解宇宙万物的本质、运行规律及人类生活和社会秩序的和谐。《周易》中的"道"可以理解为一种普遍原则，涵盖了以下几个方面：

（1）变化之道。《周易》的核心观念是变化，它认为宇宙间的一切都在不断地变化和发展之中，没有永恒不变的事物。六十四卦就是对这种变化的象征性表达，揭示了事物从生到灭、从盛到衰的过程。

（2）对立统一之道。"阴阳"的概念表明，《周易》认为世界上所有事物都存在着对立面，如阳与阴、动与静、强与弱，它们既矛盾又统一，相互依存，共同推动事物的发展。

（3）自然之道。《周易》提倡顺应自然，认为人类应当理解和尊重自然的规律，而不是违背它。这体现在对"天人合一"理念的阐述上，即人与自然应和谐共生。

（4）智慧之道。《周易》不仅是占卜之书，更是智慧之书。它教导人们如何通过观察自然现象、解读卦象，来获得洞察力和决策智慧。

（5）道德之道。《周易》中的卦辞和爻辞含有丰富的道德教诲，强调诚信、谦逊、公正、仁爱等道德品质，为人们提供了行为准则。

（6）人生之道。《周易》也探讨了人生的起落、进退、得失，教导人们如何在不同的境遇中保持内心的平静和从容，追求个人的完善和精神境界的提升。

（7）社会之道。《周易》还涉及国家治理和社会秩序，提倡和谐共处，维护社会的稳定和繁荣。

总体来说，《周易》向人们解释的"道"是一种包罗万象的哲学思想。它不仅关乎自然规律，也关乎人类的生活智慧和道德伦理。

13.《周易》蕴含着怎样的宇宙观

整部《周易》探讨了两极、阴阳、五行、八卦、四象等问题，体现出传统文化中的一个基本观念——天人合一。"天人合一"，既是统领整部《周易》的哲学思想，也是《周易》的最高理想。

古人认为，天、地、人三者是相应的。《周易》强调"三才之道"，将天、地、人并立，人处于中心地位。"天"代表整个自然界，世间万事万物顺应于天。"地"代表一切生命赖以生存的基础。"人"是生存于天地当中负有特殊使命的一员。天、地、人各行其"道"。天之道在于"始万物"，地之地道在于"生万物"，人之道在于"成万物"。

《周易·泰卦·象传》："天地交，泰，后以裁成天地之道，辅相天地之宜，以左右民。"天、地、人各行其道，而又相互辉映、相生相克，成为统一的整体。《周易》这种天人合一的宇宙观是古人最高智慧的体现，蕴含着丰富的意蕴，是其他派生理论的基础。

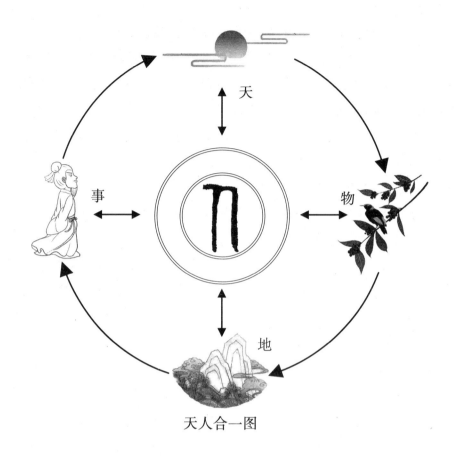

天人合一图

第二节　《周易》的渊源

1.什么是河图、洛书

河图和洛书是中国古代的两个神秘图形，被认为是中华文明的起源和象征，也是《周易》哲学的重要组成部分。它们被赋予了深刻的宇宙观和数学理念，体现了古人对自然规律的理解和对宇宙秩序的探索。

（1）河图。传说，河图是黄河中浮出的一块神奇的石板，上面有黑白点组成的图案。河图的主要特征是一个正方形，内部包含五个黑色点和四个白色点，分别代表水和土。外围围绕着一圈，内圈的黑点和白点依次排列，形成了一种特定的数字序列：2、7、8、3、5、4、9、1、6。河图的数字和排列方式与五行（金、木、水、火、土）和八卦的生成有着密切关系，反映了中国古代的数理哲学和宇宙模型。

（2）洛书。洛书的传说源于洛河，它是洛河中浮现的石板上呈现的图形。洛书是一个3×3的方阵，其中数字1~9以特定的顺序排列：3、8、4、9、5、2、7、1、6。洛书的数字分布遵循"横、竖、斜"三条直线上的数字和皆为15，体现了均衡和对称的原则。洛书的数字和布局与八卦方位、九宫格及后世的风水学说紧密相关。

河图和洛书不仅代表了自然界的规律，还与算术、几何、音乐、历法等多个领域有深厚的联系。在《周易》的演变过程中，河图和洛书被用来解释八卦和六十四卦的生成，以及宇宙间的各种关系。同时，它们也被视为中国文化中最早的数学模型。

2. 河图、洛书的来历是什么

河图和洛书的来历在古代文献中多被赋予神话色彩，它们被看作是上古时期神灵赐予的智慧象征，与伏羲和大禹这两个传说中的圣贤有关。

据《周易·系辞上传》记载，河图是由龙马背负而出。龙马是黄河中的神秘生物，它从黄河中浮出，背上带有黑白点的图案，这就是河图。伏羲，被誉为中华民族的始祖之一，他根据河图的启示，发明了八卦，从而开启了中国文明的先河。河图被认为是宇宙自然规律的象征，包含了天地万物的生成变化之道。

关于洛书的来历，传说是在大禹治水时，一只神龟从洛河中浮出，其背上有九个不同大小的圆点组成的图形，这就是洛书。大禹根据洛书的启示，成功地治理了洪水，并以此制定了九畴，即九种治理国家和社会的法则。洛书被视为治理国家、规划地理和占卜的工具，体现了古人对宇宙秩序的深刻理解。

这些神话故事反映了古人对自然界和宇宙秩序的敬畏及他们试图通过观察自然现象来揭示宇宙规律的努力。尽管河图和洛书的具体起源可能难以考证，但它们作为文化符号，对后世的哲学、数学、天文、地理等领域产生了深远影响。

不提神话故事，从文献角度看，"河图"与"洛书"这两个词最早记录于《尚书》中，在《易传》和诸子百家的著述中也多有记述。最有名的出处则是《易传》中的"河出图，洛出书，圣人则之"。但它们是什么样子，宋朝以前的古籍文献一直未载，宋朝的陈抟首次将失传两千多年的河图、洛书及先天图传于后世，对此历代均有争议。陈抟的《龙图易》中讲到"龙图三变"：一变为天地未合之数，二变为天地已合之数，三变为龙马负图之形，最后形成了河图和洛书两个图。宋代象数学家认为八卦就是由这两个图推演而来的，从而在易学史上形成了用河图、洛书解释八卦起源的"图书派"。

3. 伏羲是怎样创造出"易"来的

伏羲创造《易》，源自中国远古的神话传说。伏羲，又称太昊，被尊为华夏民族的始祖之一。他被认为是中国古代文明的奠基者，尤其在哲学、天文、历法和卜筮等方面做出了重要贡献。关于伏羲创造《易》的传说，主要有以下几个方面：

（1）观察自然。伏羲通过对自然界的观察，尤其是对天象、气候、动植物等的深入研究，发现了自然界中存在的有序的变化规律。他看到日月星辰的运行、四季更替、万物生长等现象，从中领悟到了阴阳对立统一的原理。

（2）八卦的诞生。伏羲将自然界的现象归纳为八种基本状态或元素，即天、地、雷、风、水、火、山、泽，每种状态都用一个简单的图形表示，形成了八卦。八卦的基本图形是三爻组成，一爻代表阳，另一爻代表阴，通过不同的组合，可以表示多种复杂的自然现象和人类社会的状况。

（3）河图的启示。传说伏羲受到了河图的启示，河图中的黑白点阵揭示了阴阳五行的奥秘。他结合河图的原理，进一步发展和完善了八卦系统，使之成为一套完整的哲学理论。

（4）卜筮之法。伏羲将八卦用于卜筮，即通过观察和解读卦象来预测未来，帮助人们应对生活中的困难和抉择。这种卜筮方法后来发展成为《周易》的基础，影响了中国的哲学思想、文学艺术乃至日常生活。

需要注意的是，这些描述带有浓厚的神话色彩，历史上真实的伏羲形象和《易》的产生过程可能与传说有所不同。不过，伏羲创造八卦的故事体现了古人对自然规律的探索和对宇宙秩序的思考。

4. 远古卜筮文化的背景

远古卜筮文化，主要是指古代的占卜文化，它是我国古代文明的重要组成部分，可以追溯到新石器时代，起源于人们对自然现象和未知世界的敬畏与探索，以及对生活、生产和战争等重大事件的预测需求。

在远古时期，人们对于自然灾害、疾病、狩猎成功率、部落冲突等无法控制的现象，往往寄托于神灵的力量。他们通过一些特定的方式，如观察天象、动物行为、火光、骨头或龟甲的裂纹等，来推测未来的吉凶祸福，这就是最初的卜筮活动。其中，最具有代表性的是殷商时期的甲骨文卜辞。这是世界上最早的成熟文字记录，也是研究古代卜筮文化的重要资料。

随着社会的发展，卜筮方式也日益丰富，如周易八卦、星象占卜、风水堪舆等，这些都是卜筮文化的重要组成部分。卜筮不仅是一种预测手段，更是一种哲学思想的体现，它反映了古人对宇宙、自然和社会的理解，以及对和谐、平衡的追求。

总体来说，远古卜筮文化是古代中国智慧的结晶，它深深地影响了中国的哲学、宗教、艺术乃至日常生活，是中国传统文化的独特魅力所在。

第三节　周易八卦的文化源流

1.两仪相逢与中国文学观念起源

在中国古代哲学中，"两仪相逢"这一概念源于《周易》，它是对宇宙万物生成变化的深刻理解。这一观念在很大程度上塑造了中国文学的审美取向和表现手法，对后世的文学创作产生了深远影响。

（1）两仪相逢，哲学与文学的交汇

①"两仪"的哲学含义。在《周易》中，"两仪"指的是太极图中的阴和阳，代表了宇宙间所有事物的两个基本面向。阴阳学说认为，世间万物都是由阴阳两种相对的力量相互作用而产生的，它们既相互对立，又相互依存，共同推动着事物的变化和发展。这种对立统一的思想，成了中国古代哲学的核心，也深深地影响了中国的文学艺术。

② 文学中的"两仪相逢"。在文学创作中，"两仪相逢"常常被用来描绘矛盾冲突的情境，如悲喜交织、善恶对抗、生死交替等，体现了中国文学对复杂人性和社会现象的深刻洞察。例如，唐诗中的"月落乌啼霜满天，江枫渔火对愁眠"，既有自然景象的描绘，又暗含了诗人内心的忧郁情绪，体现了阴阳相生的哲学理念。

（2）中国文学观念的起源与发展

①早期文学观念的形成。中国文学观念的起源可以追溯到远古的神话传说和口头诗歌。这些早期作品中，人们通过歌谣、神话来表达对自然、社会和个人命运的理解，初步形成了以抒发情感、反映生活为主的文学观念。如《诗经》中的风、雅、颂三类诗歌，分别反映了民间生活、贵族文化和祭祀仪式，体现了对不同社会层面的广泛关注。

②先秦文学观念的深化。先秦时期，诸子百家的思想争鸣，极大地丰富了文学观念。孔子提出："诗可以兴，可以观，可以群，可以

怨"，强调诗歌的情感表达和道德教化功能，这一观念对后世的文学创作产生了深远影响。同时，道家的自然主义和儒家的人文关怀，也在一定程度上塑造了中国文学的审美取向。

③历代文学观念的演变。秦汉以后，随着封建社会的稳定，儒家文化逐渐占据主导地位，"文以载道"的观念深入人心，文学更多地承担起教化民众、维护社会稳定的作用。魏晋南北朝时期，玄学兴起，文学开始注重个人情感的抒发和对生命意义的探索。唐宋诗词的繁荣，更是将"诗中有画，画中有诗"的美学追求推向高峰。明清小说的兴盛，则标志着世俗生活和人性描绘成为文学的新主题。

（3）两仪相逢对中国文学的影响

"两仪相逢"的哲学观念在中国文学中得到了丰富的体现，它不仅体现在对人物性格的刻画、情节的设置上，还体现在文学形式的创新和主题的多元性上。例如，元杂剧中的正反角色对立，明清小说中的悲欢离合，以及现代文学中的现实主义与浪漫主义并存，都是"两仪相逢"思想的具体应用。此外，"两仪相逢"还推动了中国文学的辩证思维，使作家能够更加全面、深入地观察和描绘生活，从而创作出具有深厚哲理内涵的作品。例如，鲁迅的《呐喊》《彷徨》等作品，既揭示了社会的黑暗面，又寄予了对未来的希望，充分体现了阴阳对立与和谐共生的哲学理念。

"两仪相逢"是中国古代哲学的重要组成部分，它与中国文学观念的起源和发展密切相关，对中国文学的主题、形式、风格乃至审美取向产生了深远影响。这种哲学思想在文学中的体现，不仅丰富了作品的艺术内涵，也为中国文学提供了独特的审美视角和思考方式。

2.《周易》中的婚姻观

《周易》是中国古代的一部哲学巨著，被誉为"群经之首"，其内容丰富，涵盖了宇宙万物的运行规律、人生哲理、社会伦理等多个方面，其中也蕴含了深厚的婚姻观念。

（1）阴阳和谐

《周易》的核心理论是阴阳学说，它认为宇宙万物都是由阴阳两种对立而互补的力量构成的。在婚姻中，男性象征阳，女性象征阴，阴阳相合，才能生生不息。这种观念强调男女在婚姻中的互补性和平衡性，主张男女平等，互相尊重，共同承担家庭责任。

（2）乾坤配对

在《周易》六十四卦中，乾坤两卦被视为最基础、最重要的两卦，代表天地、男女。乾坤配合，象征着天地交泰，万物化生。婚姻中的男女，如同乾坤一样，应相互依赖，相互补充，形成和谐稳定的家庭关系。

（3）婚姻的神圣性

《周易》中的"泰卦"和"否卦"分别代表顺利和困难，寓意婚姻生活中的顺境与逆境。它强调，无论顺境还是逆境，夫妻之间都应坚守承诺，共同面对，体现了对婚姻神圣性的尊重和珍视。同时，"咸卦"象征着男女之间的感应和吸引，揭示了爱情的自然属性，也预示着婚姻的建立应基于真挚的感情。

（4）婚姻的责任感

《周易》中的"家人卦"专门讨论家庭和婚姻问题，强调夫妻间的忠诚、孝敬和教育子女的责任，在这个卦中各自承担着引导家庭走向和谐的责任。这反映出《周易》对于婚姻中责任感的重视，认为婚姻不仅仅是个人的情感归宿，更是承担社会责任的重要方式。

（5）婚姻的调适性

《周易》中的"革卦"和"鼎卦"表达了婚姻关系需要随着时间和环境的变化进行调整的思想。婚姻不是一成不变的，而是需要双方不断磨合，适应对方，以达到和谐共处。这既是对个体的自我提升要求，也是对婚姻关系的动态理解。

（6）婚姻的包容性

《周易》中的"随卦"提倡顺应天道，随和包容。在婚姻中，这意味着要接纳对方的缺点，理解并宽容对方的不足，以达到和谐相处。这种包容性是维持婚姻长久的关键。总的来说，《周易》的婚姻观主张阴阳和谐，乾坤配合，强调婚姻的神圣性、责任感、调适性和包容性。它不仅是一种哲学思想，也是一种生活智慧，对后世的婚姻观念产生了深远影响。然而，由于《周易》的深奥，其婚姻观的理解也需要结合具体的历史文化背景和个人的生活经验来判断。

3. 不知《易》不足以为太医

明代医学家张介宾曾说："宾尝闻之孙真人曰：'不知易，不足以为太医。'……虽阴阳备于《黄帝内经》，而变化莫大乎《周易》。故曰：天人一理者。'此阴阳也。岂非医易相通，理无二致，可以医而不知《易》乎？"可见古代医学家认为医易相通的地方，正是在阴阳学说这一基本点上。

《周易》的主旨在于论述一阴一阳之道，强调"易有太极，是生两仪"。两仪者，一阴一阳也，它是宇宙万物变化的根源。阴阳对立统一法则，在中医理论体系中居于核心地位，而《黄帝内经》是奠定中医学理论基础的经典，其思想体系受《周易》思想影响极大。《黄帝内经》在论述人体结构、生理功能、病理变化、施治方针时，都是以阴阳协调为立论点的。《素问·宝命全形论》说："人生有形，不离阴阳。"这句话指出人体虽然是一个有机整体，但根据阴阳对立统一的观点，其组织结构，可以划分为相互对立的阴阳两部分。《素问·金匮真言论》中认为，人体脏腑组织的阴阳属性，就大体部位来说，上部为阳，下部为阴；体表属阳，体内属阴。就其背腹四肢内外侧来说，则背属阳，腹属阴；四肢外侧为阳，四肢内侧为阴。以脏腑来说，六腑属阳，五脏属阴。如具体落实到每一脏腑，则又有阴阳可分，即心有心阴心阳，肾有肾阴肾阳等，所以《灵枢·寿夭刚柔》篇说："阳中有阴，阴中有阳……是故内有阴阳，外亦有阴阳。在内者，五脏为阴，六腑为阳；在外者，筋骨为阴，皮肤为阳。"

　　《周易》认为人的正常生命活动，就是阴阳两个方面保持对立统一和相对统一的结果。如人体的功能活动属阳，物质属阴。物质是功能的基础，没有物质便不可能有功能的产生；反之，功能的出现又不断促进了物质的新陈代谢。因此，功能和物质之间的关系，就是阴阳对立统一、相互依存和消长平衡的关系。

　　《素问·阴阳应象大论》中更以味、形、气、精之间的转化过程，论证了人体阴阳相互转化的关系。指出："水为阴，火为阳，阳为气，阴为味，味归形，形归气，气归精，精归化，精食气，形食味，化生精，气生形，味伤形，气伤精，精化为气，气伤于味。"这就是说在正常情况下，营养物质（阴）能滋养形体，而形体的生成又必须依赖气化（阳）的功能；精是功能产生的基础，而精的产生又离不开气化的功能。所以形体的滋养依靠营养物质，营养物质经过生化作用而产生精，再经气化作用而滋养形体，在病理状态下，味、形、气、精之间也相互影响。

　　《黄帝内经》指出，一旦人体的阴阳关系失调，正常的平衡状态遭到破坏，将会导致阴阳的偏盛偏衰而引起疾病的发生，但疾病的发生还关系到正气与邪气两个方面。这里正气是指整个机体的结构与功能，以及人体对疾病的抵抗力等，邪气则泛指各种致病因素。由于正气和邪气也可用阴阳来区别其属性，它们之间互相作用和斗争的情况，尽管可以导致复杂多端的病理变化，但也能用阴阳的偏盛偏衰来概括，如《素问·阴阳应象大论》中的"阳盛则热，阴盛则寒"就是阴阳偏盛的病理现象，也即阴或阳任何一方高于正常水平的病变。而《素问·调经论》中的"阳虚则内寒，阴虚则内热"则是阴阳偏衰的病理状态，也即阴或阳任何一方低于正常水平的病变。《黄帝内经》中用这种阴阳偏盛偏衰来解释疾病的例子比比皆是，如《素问·脉要精微论》记有"阳气有余，为身热无汗；阴气有余，为多汗身寒；阴阳有余，则无汗而寒"等。

　　《黄帝内经》根据《周易》互根互用的原理，认为机体的阴或阳任何一方虚损到一定程度，必然导致另一方的不足。如阳虚到一定程度时可造成阴精的化生不足，而同时出现阴虚的现象，此为"阳损及阴"。同样，阴虚至一定程度则可导致阳气的生化无源，出现阳虚的现象，即"阴损及阳"。无论是"阳损及阴"或是"阴损及阳"，最终都能引起"阴阳两虚"。此外，人体阴阳失调而出现的病理现象，在一定条件下还可向各自相反的方向转化。如阳证可转化为阴证，阴证可转化为阳证。若"阴阳离决"，那么就意味着人的生命终止了。

《黄帝内经》既然认为阴阳失调是疾病发生发展的根本原因，那么，对于临床上错综复杂、千变万化的病情，它都用阴阳来加以概括说明。《素问·阴阳应象大论》就明确说道："善诊者，察色按脉先别阴阳。"所以在临床辨证中，首要的即分清阴阳，这样才能抓住疾病本质。在阴阳可分原则的指导下，阴阳大则可以概括整个病证，即阴证或阳证；小则可分析四诊（望、闻、问、切）中的每个具体脉象、色泽、声息等。《黄帝内经》把浮脉、数脉、大脉、滑脉等归属为阳，沉脉、迟脉、小脉、涩脉等归属于阴。在望诊上，色泽鲜明者为阳，晦暗者为阴。在闻诊方面，则把语音洪亮的归为阳，低微无力的归为阴。所以无论望、闻、问、切，都以先别阴阳为首务，而调阴阳，恢复阴阳的相对平衡是《黄帝内经》治疗的基本原则。

《周易》中的阴阳学说是中医独特理论体系的基础，《黄帝内经》所阐发的阴阳学说，有助于认识《周易》在中国文化史上的地位和作用，这两部书相结合，能使人们充分认识医易相通的特点，对建立科学的中医理论结构模式，确立生命就是对立运动的观点，对中医学的发展都有着十分重要的意义。

4.《周易》中的气功之术

气功是我国古代独特的健身养性方法，隐含着许多极为精湛的实践经验与思想理论。气功早在上古时期就成为人们生活中普遍存在的一种健身活动。意识是存在的反映，而"象万物万事而画卦"的《周易》也就不可避免地会反映古代养生与气功的思想。《周易·说卦》曾指出，"昔者圣人之作《易》也，将以顺性命之理"，"穷理尽性以至于命"。这就清楚地表明《周易》对于人体生理及性与命是十分重视的。

（1）阴阳平衡。《周易》的核心观念之一是阴阳学说，认为宇宙万物由阴阳两种对立而互补的力量构成。在气功中，阴阳平衡也被视为健康的关键，修炼者通过调整呼吸、姿势和意念，以达到体内阴阳的和谐统一。

（2）五行理论。《周易》中的五行（金、木、水、火、土）学说对中医和气功有着深远影响。五行相生相克的概念被应用于气功的修炼中，以调整五脏六腑的功能，促进气血畅通。

（3）太极图。太极图是《周易》哲学的直观表现，象征着阴阳的动态平衡。在气功中，太极图的运动模式被转化为太极拳等武术形式，通过柔和的动作和呼吸调控，达到身心和谐。

（4）八卦与气场。八卦不仅代表着自然现象，也象征着人体内的能量流动。在气功修炼中，一些功法会运用八卦的原理，引导气流在身体的经络中循环，以达到强身健体的目的。

（5）意念导引。《周易》强调"知行合一"。在气功修炼中，修炼者需将意识与身体动作相结合，通过意念引导气的流动，实现身心的调和。这与《周易》中的"无为而治"思想相吻合。

（6）顺应自然。《周易》提倡顺应自然规律，气功修炼亦强调与自然环境的和谐相处，如清晨练功吸收天地之气，夜晚则养精蓄锐，遵循昼夜交替的规律。

（7）预测与调适。《周易》的卜筮方法在某种程度上可视为对未来的预测和调适，而在气功中，修炼者通过感知自身状态，调整修炼方法，以适应身体的变化，这也是一种预测和调适的过程。

（8）修身养性。《周易》强调道德修养，气功修炼同样注重内心的平静与和谐，通过修炼提升个人的道德品质和精神境界。

虽然《周易》本身并未直接传授气功之术，但其深厚的哲学内涵和宇宙观为气功的形成与发展提供了理论基础。气功作为一种综合性的身心修炼方式，汲取了《周易》的智慧，融入了道家、儒家、佛教等多种传统文化元素。

5.八卦中的生殖文化

阴阳作为一种抽象的哲学观念，来自对许多具体可感的自然之物的归纳。《周易》就认为阴阳是由两个形象的生殖符号"▬"（阳）与"▬▬"（阴）来表示的。郭沫若说："八卦的根底我们很鲜明地可以看出是生殖器崇拜的孑遗，画一以象男根，分而为二以象女阴，由此演出男女、父母、阴阳、刚柔、天地的观念。古人数字的观念，以三为最多，三为最神秘。由一阴一阳的一画错综重叠而成三，刚好可以得出八种不同形式。"（《郭沫若全集》历史编第一卷，《中国古代社会研究·周易时代的社会生活》）可见，阴阳观念是由牝牡这些性器官的模型引发的，而对性器官的重视又直接同人类古老的生殖崇拜风俗相联系。

如果我们追溯生命的起源，那么就难以否认性行为是人类存在与延续的根本方式，愈是洪荒的远古人类愈显示出对性行为的浓厚兴趣。这就是人们常说的人类生殖器崇拜时期，生殖崇拜对文化产生了深刻的影响。法国冰川时期的石灰石雕像就有乳房硕大、腹部隆起的生殖女神的形象。埃及的金字塔、基督教的十字架都有明显的生殖崇拜特征。作为人类普遍发生的生殖崇拜活动在中国文化的发展中留下了鲜明的遗迹。有人认为，新石器时期的西安半坡彩陶鱼纹具有女性生殖器的意义，半坡母系氏族公社"鱼祭"祭场均为模拟女阴的圆形。中国各地母系氏族公社遗址出土的祭器上所绘鱼蛙花叶等纹样均非图腾，实为女性生殖器的象征，如青海乐都柳湾出土的一件女人像彩陶壶，头面在彩陶颈部，器腹部即为身躯，乳房、脐、阴部及四肢裸露，乳房丰满，用黑彩绘成乳头，夸张捏塑的女阴，又用黑彩勾勒出轮廓。另外，郭沫若曾考证"祖（且）"是男性生殖器的象形，西安三店村出土的铜且，也是男性生殖器的形象。祖先之"祖"正是由"且"这一生殖器象形引申出来的。为什么现代文明人无论如何也难以理解早期人类顶礼膜拜的竟是现代人难于启齿的性器官？其实，原因很简单，在原始人的观念里，男女性器官所代表的意义与现代人有本质不同，那是原始人对生命的礼赞，对创造生命快乐的讴歌。

生殖文化给早期人类在思维上以极大的启示，在理解世界与万物起源时他们同样用性器官和性行为去解释世界的发生。《周易·系辞》曾有个形象的说法："天地氤氲，男女化淳；男女构精，万物化生。"其意为天地之生正如男女性交一样创造出万物，这就很容易看出是用男女性交之事隐喻天地交合，化生万物的情景。中国古代哲学向以名小实大来概括万事万物，所以在描写天地初生时，也是用男女性交这类小事来概括宏大的宇宙观念。无独有偶，在另一个民族里我们也可以找到同样的例证。纳西族神话《创世纪》如此描绘世界的产生："很古很古的时候，天地混沌未分，东神色神在分治万物。"东神色神就是男神女神。纳西族另一部经典《动埃苏埃》则做了更具体的叙述："上边先发出喃喃的声音，下边发出嘘嘘的声音，声音和气息结合发生变化，出现了一个白蛋，白蛋发生变化，出现了精威五样（木、火、水、土、铁）。"这也是用男女性行为来隐喻世界的初生。远古人类的自然观通常是人格化的自然观，他们认为，既然人的生命源于性行为，那么自然万物的产生也同样被理解为性行为的结果。

以《周易》为代表的阴阳文化，系统地体现了生殖文化，并把生殖文化升华到一个新的阶段。《周易》在阐述阴阳变化万物的哲学观念时，性器官和性行为的术语仍然是具有重要意义的可感之物，深刻地反映着生殖文化的内容，如：

男女构精，万物化生。

——《周易·系辞》

夫乾，其静也专，其动也直，是以大生焉。夫坤，其静也翕，其动也辟，是以广生焉。

——《周易·系辞》

云行雨施，品物流形。

——《周易·乾·彖》

天地感而万物化生。

——《周易·咸·彖》

天地不交而万物不兴。

——《周易·归妹·彖》

这里的"动也直""动也辟""云雨""感""交"之类都是男女性行为的术语，《周易》作者通过对两性交媾的描写，借此赞美宇宙生成品物的伟大，并把两性的交媾推及至天地交合的广阔领域，把对人的生殖行为的赞颂普及对社会、政治、道德的产生与运动的赞颂。《周易·系辞》说："生生之谓易。"生生不息的生殖运动构成了《周易》的根本思想，这一重视生命留恋人生的思想对后来的中国文化的影响是极为深远的。周予同先生曾说："儒家的意见，以为万物的化生，人群的繁衍，完全在于生殖，倘若生殖一旦停止，则一切毁灭，那时无所谓社会，也无所谓宇宙，更无所谓讨论宇宙原理或人类法则的哲学了，所以生殖或者露骨些说'性交'，在儒家认为是最伟大最神圣的工作。"（《周予同经学史论著选集》，上海人民出版社，1983年版，78页）

道家的根本思想同样发生于生殖崇拜，《老子》说："玄牝之门，是谓天地之根。""大邦者下流，天下之牝，天下之交也。牝常以静胜牡，以静为下。"（《老子·六十一章》）老聃显然是从女阴的生育功能引申出天地的起源，又从男女交合的过程引申出人生思想的无为守柔。致虚守静也说明，《周易》中的阴阳二元论和太极一元论，其实都源于生殖崇拜，因为生殖行为是男女双方的行为，那么在被拟人化了的无生命世界里也一定存在着双方的原因，随着人类认识世界的深入，便演绎出天地、刚柔、父母等一系列对立统一的观念，阴阳正是对这一系列观念的归纳概括。这样由生殖崇拜引发的生殖文化就出现了两方面的特征，首先是对祖先神灵的敬畏，儒家不信鬼神，却对祖先格外敬重，秘密就在于此；其次，由生殖行为的男女相交导致了思维上的二元思维，从而把生殖文化推向了更为深刻的阴阳文化，"━━"（阳）与"━ ━"（阴）虽然具有代表性器官的原始意义，但是当上升到生殖文化阶段，它已摒弃了具体的物象而进入抽象的哲学思辨的深度。

6. 中国古代建筑的设计思想

《周易》本身并未直接论述建筑设计，但其核心的阴阳五行、八卦等理论，却构成了中国古代建筑设计的哲学基础。

（1）阴阳五行理论

①阴阳平衡：《周易》中的阴阳学说是古代建筑设计的基本原则之一。在建筑布局上，阴阳平衡体现在空间的开合、明暗、动静、高低等方面，如宫殿的主殿通常位于南面，以获取充足的阳光，而北面则多设辅助建筑，体现阴阳相辅相成的理念。

②五行相生：五行（金、木、水、火、土）理论则影响了建筑材料的选择和建筑色彩的运用。例如，宫殿常用黄色（土）为主色，以表达皇权的尊贵；木材（木）用于建筑结构，象征生命力；水元素则体现在园林设计中的湖泊、溪流等。

（2）八卦布局

①八卦象征：八卦分别代表了宇宙间的八种基本现象，古人以此来理解和把握天地自然的规律。在建筑布局上，八卦理论常被用来规划城市的格局，如紫禁城的八卦布局。

②风水应用：八卦理论与风水学紧密结合，影响了建筑的选址和朝向。例如，建筑通常选择地势高且开阔的地方，以避邪纳福；建筑的朝向则考虑风向和阳光，以达到阴阳和谐。

（3）对称与和谐

《周易》强调事物的对立统一，这种思想在古代建筑中表现为对称美和比例和谐，如皇宫、庙宇等重要建筑，常常采用轴线对称布局，象征权力的尊严和稳定。同时，建筑的大小、高低、宽窄等都讲究比例和谐，以体现宇宙秩序。

（4）象征与隐喻

《周易》中的卦象和爻辞富含象征意义，这种象征主义在古代建筑中广泛运用。例如，龙凤常被用作皇家建筑的装饰，象征皇权的神圣；屋顶的飞檐翘角象征吉祥如意；门窗的雕刻图案则蕴含各种吉祥寓意。

（5）人与自然的和谐

《周易》提倡"天人合一"的观念，这一理念在古代建筑中表现为人与自然的和谐共生。园林建筑中，人工景观与自然景观巧妙融合，如山石、流水、花木等，体现了人对自然的敬畏和尊重。

（6）动态变化与适应性

《周易》中的"变易"思想影响了建筑的灵活性和适应性。古代建筑在设计时会考虑到环境变迁、社会需求等因素，如城墙的增减、宫殿的扩建等，都体现了对环境和社会的动态适应。

综上所述，《周易》的哲学思想在中国古代建筑的设计中起到了指导作用，它不仅提供了理论基础，还影响了建筑的形式、布局、装饰等多个方面，使得中国古代建筑充满了深厚的文化内涵和哲学智慧。

7.奇特的音乐符号

《周易》堪称一部神秘的典籍，儒家视之为经学始典，巫师据之以占凶卜吉，数学家从中读到奇偶九宫乃至二进制，医学家从中看出寒暑干湿经络乃至辨证施治，自然科学家用之上观天文下察地理通晓四时之变，哲人智者则从中窥探天地宇宙间万事万物变易规律与法则。我们的一些音乐理论工作者又发现，《周易》八卦实是一种奇特的音乐符号。当然，以《易》论"乐"，在我国古代就已有之，如影响最大的音乐典籍《乐记》中，就有整段与《周易》雷同的文字，历来也有"《乐记》袭《易》"的说法。但是，我国音乐学中有哪些方面是发源于《周易》的，历代学者都没有涉及。

音响学的基本理论与《周易》中的"同声相应，同气相求"之说相关联。十二音律则符合十二辟卦，即"乾、姤、遁、否、观、剥、坤、复、临、泰、大壮、夬"。"板眼""拍子"的强弱观念则源于"一阴一阳谓之道"，特别是在我国流传最广的传统乐《八板》，其结构乃是六十四卦。

《八板》曲牌流传遍及全国，变体如恒河沙数，几乎在各乐种、剧种、曲种中都可以找到它的踪迹。有许多脍炙人口的名曲，如琵琶古曲《阳春白雪》《塞上曲》、江南丝竹《五代同堂》、广东音乐《雨打芭蕉》《饿马摇铃》、民乐合奏《金蛇狂舞》等都是由它发展变化而成。我国古代的音乐家认为，《八板》是各种谱目的宗祖。而且人们在演奏《八板》时，板数一般不能任意增减。潮州弦诗、河南板头曲、齐鲁筝曲中有许多《八板》的变体，每曲必为六十八板。

《八板》为什么会形成六十八板的规定，前人认为，《八板》是在"乾、坤、震、艮、离、坎、兑、巽"这八卦的基础上，乘以八则等于六十四板，再加上春、夏、秋、冬四时，便形成了六十八板。这种说法为解开六十八板之谜提供了一定的理论依据。

"八"是我国人民喜欢的数字之一，地名有八川，方向有八方，一年分八节，历史有八代，天上有八仙，针穴有八邪，乐器分八音，舞蹈有八佾，乐曲有《八板》，等等。我们祖先之所以喜欢"八"这个数字，是与《周易》中的哲学思想有关的。《周易·系辞上》说："易有太极，是生两仪，两仪生四象，四象生八卦。""两仪"即阴阳，八卦把天地万物归化为阴阳两个方面，并把阴、阳对应于"无"和"有"，也正好对应于现代计算技术中二进位制的两个数码"0"和"1"。二进制的个位数只有这两个数码；两位数有四个数码，即00、01、10和11；三位数有八个数码，也只能有八个数码；逢八进一，进位权数是$2^3=8$。八卦实质上是用二进制的原理编制成的，每卦三爻，相当于三位数，所以正好是八卦。前人关于以八卦为依据创作《八板》的说法，也是基于上述理论的。如每卦由三爻组成，而被称为"八板头"的第一、二两个大板以及第四大板为三个乐逗；八卦由乾、坤等八种符号组成，《八板》又分了几个大板；八卦用两个卦象重成另一种符号，得出六十四卦，《八板》有八个乐句，每乐句八板得六十四板，又因为黄金分割的关系在第四十板后加"春、夏、秋、冬"四板而变成了六十八板。如果这一切仅仅是巧合，那是难以使人信服的。民间艺人在创作《八板》时很可能受到八卦结构原则的启发和影响，事实上，《八板》的结构形式已吸取和借鉴了八卦的合理内核——二进制算术运算法则。

《周易》与中国古代音乐从理论到实践的一系列问题关系甚密，可以说，从"乐"的概念、"乐"的社会作用，到乐制（如古律学中关于"变"与"阴阳易心"的关系等），到记谱法，并且一直到具体的曲式结构的产生，都与《周易》思想有着密切的联系，但是其中许多问题至今还是未解之谜。

《周易》不仅对中国音乐的发展有着重要的影响，也引起了世界许多音乐家的关注和兴趣，例如作曲家尹伊桑出于对深厚的亚洲传统文化的迷恋，将阴阳哲学渗透到自己全部的音乐观之中，以"阴阳和谐的融合"与"矛盾双方的协调"作为其作品的出发点。他把音乐中各种因素的对比，如音域高低、音量强弱、音色明暗等，统统看作阴阳对立所使之然。他在1966年创作的羽管键琴曲《少阳阴》恰恰是这一"所有事物都是两种要素，力量和法则互相作用的结果"的观念在音乐艺术上的具体体现。他把低、中音区的f-f与高音区的P-mP作为"阳阴对比"，把音的流动与静止作为另一类对比，再把长时值的持维音与快速音流之间作为对比等，都体现了尹伊桑"有矛盾就有协调"这一源于阴阳学说的主要指导思想。他的音乐思想还认为，阴乃蔽云遮日，阳为日光普照：阴为负，为弱，为被动，为暗淡；阳为正，为强，为主体，为明灿，这些音乐思想一直贯穿于他的创作之中。

除尹伊桑，世界上还有一些作曲家和音乐理论家也沉醉于《周易》之中，这说明《周易》中的奇特的音乐符号正逐步走向世界，成为一种专门之学。

8.书画领域中形神观念的来源

以形显神、富神于形、形神兼备，是我国书画艺术的最高境界。南齐大书法家王僧虔在《笔意赞》一文中说："书之妙道，神采为上，形质次之，兼之者，为可绍于古人。"所谓神采，主要是指精神；所谓形质，主要是指外形。神采必须通过特定的形质才可表现出来，形质必须显示神采才有生命力。形质稍差而尚有神采的书画，可以称之为艺术品。形质尚可而无神采的书画，不能称之为艺术品。对于作者来说，前者是书画家，后者是书画匠，但要臻于出神入化的妙境则必须形神兼备，而形神兼备的书画艺术，都是书画家得心应手，随意为之的。这里的形与神、心与手，有机融合，真可谓天衣无缝。

书画领域中这种形神观念，是从何而来的呢？现在，许多学者认为它是直接发源于《周易》的。《周易》中有关"神"的论述颇多，是先秦诸子著作中最为集中的。《周易·观卦》中说："观天之神道，而四时不忒，圣人以神道设教，而天下服矣。"这句话的意思是说，仰观天的神秘法则，设立教化，顺应自然，则天下就在不知不觉中信服。在《周易》中，"道"多指自然变化之规律，"道"而目之为"神"，就有神妙难测的意思。所以，《周易·系辞》中又有"阴阳不测之谓神"的说法，这虽是指天的阴阳、气候的变化莫测，但扩而言之，客观事物的内部运动，以及各种事物相互影响而发生变化之时，那难以直接察觉的精微奥妙的事理，我国古代哲学家都向以"神"概之，正如汉代著名学者董仲舒所说："疑于神者，其理微妙也。"

《周易》谈"神"还有一点值得称道的，那就是它注意到了人的主体之"神"。客观事物内部的精义妙理，能为人所认识和把握，具有这种超凡入圣的认识能力的人也称之为有"神"。《周易·系辞》说："知几其神乎……几者，动之微，吉之先见者也。"这就是说，一个人在观察任何客观事物时，最可贵的是能够看到他人视而不见的尚不显著的变化迹象，或是某些细微的征兆，这就是所谓"神以知来"。《周易·系辞》还认为，圣人不是一般的"知几"，而是"极深而研几也。唯深也，故能通天下之志。唯几也，故能成天下之务。唯神也，故不疾而速，不行而至"。这也是说圣人由于能用《周易》来探究事物的奥秘，所以处事神奇，看不到快速，却能快速，看不到进行，却能达到目的。这段话描述了主体之"神"的运行之态，并且启发了后世刘勰在《文心雕龙》中创立"神思"之说。

把《周易》中这些关于"神"的哲学概念，运用到书画领域中，经历了一个漫长的历史时期。西汉时期成书的《淮南子》，是最早将《周易》中的形神观念引入绘画领域的。

《周易》中所反复提及的客体之"神"，被《淮南子》视为自然之物的最高代表。《淮南子》将人作为绘画创作中的客体，画家为人作肖像画时，必须突出地表现对象的精神气概，因而《淮南子》有"神贵于形"之说，这就是："以神为主，形从而利；以形为制者，神从而害。"如："画西施之面，美而不可悦；规孟贲之目，大而不可畏；君形者亡焉。"东晋画家顾恺之可能由此受到启迪，通过自己长期的创作实践，在人物画方面摸索出一套"传神"之术，其著名话语便是"传神写照正在阿堵中"。南朝画家宗炳、王微等人，又受到顾恺之在虎头点睛传神的启示，创造了山水画传神的要诀，这就是：山水之"神"在于山与水的"自然之势"。王微说："夫言绘画者，竟求容势而已。"宗炳在《画山水序》一文中，从"应会感神"而写山水之"势"时，体悟到了画家本人主体之"神"的能动作用，他说"圣贤瑛映于绝代，万趣融于神思"，认为"神思"是对审美创造者本身而言的。

值得提出的是，书画有神无神，关键还在于一个"意"字。魏时大书法家钟繇的弟子宋翼，常常喜欢写平直相似、上下方整、前后齐平的字。这种字有形质而乏神采，受到了钟繇的严厉呵斥，宋翼三年不敢见他。后来，宋翼下苦功炼意，经过长期磨炼，终于成为书法家。唐代书法大家欧阳询，也非常注重笔意。他在《八诀》中就强调："意在笔前，文向思后。"当然，在注重笔意、神采的同时，也不可忽略笔墨和形质，否则是难以体现出书法艺术的精神面貌，只有形神兼备，庶可臻于书法艺术的妙境。

综上可见，我国书画艺术的哲学基础，就是《周易》中的"神"的概念，但是，从严格意义上说，《周易》中"神"的概念，还不是就书画艺术中美的创造而言的，但是与书画艺术美的创造自有其相通的地方。正因为如此，受《周易》思想的影响，中国古代的艺术批评家径直以"神"为审美标准来肯定那些在书画艺术创造中已经达到高级境界的作品，例如，唐代张怀瓘品书画，就认为："较其优劣而差，为神、妙、能三品"，被他定为"神品"的王羲之的字就具有"千变万化，得之神功，自非造化发灵，岂能登峰造极"的特征（张怀瓘《书断》）。特别是像王羲之的《告誓》《黄庭》这两种名迹，更是形神俱全的高级书法艺术，达到了"骨丰肉润，入妙通灵"的境界（王僧虔《笔意赞》）。明代王世贞评画，说："夫画至于神，而能事尽矣。"（王世贞《艺苑卮言》）也是坚持将"神品"的桂冠奉之于诗画作品中的"登峰造极"者。可见，《周易》中"神"的概念，对于我国书画艺术的创作，影响巨大。

第四节　神秘而奇异的周易八卦

1. 奇趣的卦形

八卦有八个卦形，每个卦形由"——"和"— —"符号组成，"——"是阳爻，"— —"是阴爻。它是组成每一个卦的长短横道。每个卦由三个爻组成，阳爻和阴爻可排列组合成八个卦形。每个卦都有卦名，卦名是卦形的称呼。每个卦还有卦象，卦象指卦形所象征的自然现象。人们为了便于记忆，根据卦形编出了口诀。见下表：

八卦表								
卦形	☰	☷	☳	☶	☲	☵	☱	☴
卦名	乾	坤	震	艮	离	坎	兑	巽
卦象	天	地	雷	山	火	水	泽	风
口诀	乾三连	坤六段	震仰盂	艮覆碗	离中虚	坎中满	兑上缺	巽下断

先哲是依据什么创造了八卦卦形呢？

《易·系辞下》回答："古者包牺氏之王天下也，仰则观象于天，俯则观法于地，观鸟兽之文与地之宜，近取诸身，远取诸物，于是始作八卦。"这个回答是不能令人满意的，因为它并没有讲清天地之象与八卦卦形的关系。唐代孔颖达在《周易正义·序》中解释："古圣人初画八卦，设刚柔两画，多两气也。布以三位，象三才也。"这就是说阴爻、阳爻象征阴气与阳气。宋代邵雍、朱熹认为八卦是古人对数和理的悟会，到底是怎样悟会的，没说清楚。

郭沫若在《中国古代社会研究》中提出，八卦像男女性器官，由此而演出男女、父母、阴阳、刚柔、天地的观念。古人数字的观念以三为最多，三为最神秘。由一阴一阳的一画错综重叠而成三，刚好可以得出八种不同形式。

于省吾在《周易尚氏学·序言》中认为八卦与八索有关："易卦起源于原始宗教中巫术占验方法之一的八索之占。古也称绳为索，八索即八条绳子。金川彝族所保持的原始式八索之占，系用牛毛绳八条，掷诸地上以占吉凶。《易·系辞》称庖羲氏始作八卦，乃指八索之占言之。八索这一名称，最早见于《左传》《国语》。八索之占是八卦的前身，八卦是八索之占的继续和发展。"这种观点可追溯到汉代，《左传·昭公十二年》引汉孔安国《尚书序》云："八卦之说，谓之《八索》，求其义也。九州之志，谓之《九丘》。"

商人根据龟壳上的裂纹（兆）断定吉凶，八卦是对兆的模仿。屈万里在《易卦源于龟卜考》一文中认为八卦由龟卜兆纹所演化。张政烺不同意屈万里的观点，认为卜与筮是有区别的。筮是利用蓍草，按照一定的规则数数，求得几个数字以断定吉凶。八卦是在古人对于数已有了奇偶分类观念的基础上建立起来的，是数理方面的一种抽象概念的产生和应用的实录。

还有些学者从民族学角度研究八卦，通过少数民族残存的原始宗教仪式寻找证据。汪宁生在《考古》1976年第4期撰文，介绍凉山彝族有一种"雷夫孜"的占卜方法，由巫师数手上的细竹或草秆，看是奇数还是偶数，如此进行三次，就可得到有关奇偶（阴阳）的三个数字，答案有八个，可推出八卦形。

文王八卦次序	乾 父			坤 母		
		艮			兑	
		坎			离	
		震			巽	
	震 长男	坎 中男	艮 少男	巽 长女	离 中女	兑 少女

八卦的卦形是个有趣的谜，学者们正带着浓厚的兴趣进行深入研究。

2. 奇特的卦序

卦的排列称为卦序。八卦及六十四卦是怎样排列的呢？自古以来有多种方案。传说周代太卜掌有三《易》，《连山》以艮卦为首，《归藏》以坤卦为首，《周易》以乾为首。现在可知的有长沙马王堆出土的帛书《周易》《京房易传》、北周卫元嵩的《元包》、北宋邵雍的《先天次序》、通行本《周易》次序，它们的排列都很奇特。

帛书的卦序较为古老，其八卦的次序是：键（乾）、根（艮）、赣（坎）、辰（震）、川（坤）、夺（兑）、罗（离）、筹（巽），这是按照前四卦为阳、后四卦为阴的顺序排列。这八卦又各自领衔组成一组，每组所领七卦的上体皆为所领之卦，下体则按乾、坤、艮、兑、坎、离、震、巽的次序与领卦相配。

《京房易传》中的卦序是依据各卦之间爻位的关系排列，借以说明因爻位变化而随之发生的变化。这种排列已不再是简单的重卦过程，它体现出量变到质变的思想。《元包》的卦序与京房的卦序有些相似，只是把京房的八宫次序乾、震、坎、艮、坤、巽、离、兑改为坤、乾、兑、艮、离、坎、巽、震。邵雍作有《伏羲六十四卦次序图》，其中的方图有八排八行，共六十四卦。从方图的右下角至左上角，依次是乾、兑、离、巽、坎、艮、坤，与八卦太极图的方位正好一致。方图中，每横排的下体，由下而上依次是乾、兑、离、巽、坎、艮、坤；每横排的上体，由左而右依次是坤、艮、坎、巽、震、离、兑、乾。知道了这种排列，就便于记忆了。如果将这个方图的坤卦至姤卦按从右至左的方向排成弧形，将复卦至坤卦由左向右排列成弧形，两个弧形正好组成一个大圆图。这个大圆图，从乾至复，按太极曲线逆转向姤，姤至坤，正好体现了《周易》中"数往者顺，知来者逆"的原则，它合乎易数的内在逻辑。这种排列反映了邵雍的杰出数学思想。

据说，德国的数学家莱布尼兹就是看了这幅图而受到启发，发明了二进制。现在通行本《周易》的次序，始于乾，终于未济。前人为了便于记忆，编成了卦序歌。为什么要这样排列卦序呢？有两种回答：

一种回答是宇宙生成有内部的规定性，因此，六十四卦凡相邻的卦都必须保持生存依赖关系。乾为天，坤为地，天地相交生万物，故乾坤两卦居六十四卦之首。其次是屯卦，屯有万物始生之意。再次是蒙卦，表示万物萌生，处于幼稚阶段。又再次是需卦，表示等待，因为任何事物的发展都有待于时间的演进。最后是既济和未济两卦，表示事物是无边、无尽、无限的。这种排列反映了先民的有序思维。

另一种回答是孔颖达在《周易正义》中介绍的：六十四卦的排列是"二二相偶"，每两卦为一对，每对不是复就是变。所谓复，指卦象颠倒，如屯与蒙、需与讼、师与比等。所谓变，指卦象相反，如乾与坤、坎与离等。这种排列简易朴实，容易记忆。它突出了卦象中的矛盾对立和相互转化。

3. 奇怪的卦名

《周易》有六十四卦，每个卦都有卦名，它们是：乾、坤、屯、蒙、需、讼、师、比、小畜、履、泰、否、同人、大有、谦、豫、随、蛊、临、观、噬嗑、贲、剥、复、无妄、大畜、颐、大过、坎、离、咸、恒、遁、大壮、晋、明夷、家人、睽、蹇、解、损、益、夬、姤、萃、升、困、井、革、鼎、震、艮、渐、归妹、丰、旅、巽、兑、涣、节、中孚、小过、既济、未济。

这些卦名是怎样产生的呢？据学者们推测，先有了六十四卦卦形，接着有了筮辞，后来才有了卦名。古人著书有个习惯，不列篇名，篇名多是后人为了方便而加上去的。如《诗经》有一首"关关雎鸠，在河之洲"，后人就称此篇为"关雎"。《论语》的"学而""为政"都是取该篇的两个字而命名的。

高亨在《周易古经今注》一书中列举了产生卦名的八条义例：

（1）取筮辞中常见的一个主要字作为卦名，如乾、屯、蒙、需、讼等四十七卦。

（2）取筮辞中常见的两个主要字作为卦名，如同人、无妄、明夷、归妹4个卦。

（3）取筮辞中常见的一个字，再增加一个字作为卦名，如噬嗑取"噬"字，大壮取"壮"字，小过取"过"字。

（4）取筮辞中的内容作为卦名，如大畜，筮辞中有马牛豕。但是小畜中无。

（5）取筮辞中常见的两个字及内容作为卦名，如家人、未济。

（6）取筮辞中常见的一个字及内容，再增加一个字作为卦名，如大过、既济。

（7）取卦辞首二字作为卦名，如大有、中孚。

（8）卦名与筮辞无关，不知是怎样命名的，如坤、小畜、泰。

李镜池对卦名也颇有研究，他在《周易探源》中将卦名与卦、爻辞的关系分成几类：

（1）卦名与卦、爻辞的内容全有关系的是师（讲师旅）、履（讲践履）、同人（讲战争）、颐（讲饮食）。

（2）卦名与卦、爻辞的大部分内容有关系的是复（讲行旅）、鼎（讲饮食）、归妹（讲嫁娶）、旅（讲商旅）。

（3）卦名与卦、爻辞的一半或小部分内容有关系的是随、噬嗑、无妄、解、姤。

（4）卦中说的不是一事，因而卦名有数义，或以同字、假借，如需、贲、革等。

（5）卦名与卦、爻辞无关联，如乾、坤、夬、小畜。

（6）渐卦很特别，说的是鸿渐，与所言之事无关。

李镜池还认为，六十四卦中最先产生乾、坤二卦名。在全部卦名中，以形容词、动词为主，名词次之，副词又次之。

现在，关于卦名还有一些问题值得讨论：到底古人取卦名有什么规律？坤卦、小畜卦是依据什么取名的？卦名有没有一套哲理？

4. 奇妙的卦象

象是八卦学说中常见的术语。象，本是兽名，假借为象征、现象、形象的意义。

象分为大象和小象。大象是卦中之象，小象是六爻的辞中之象。总释一卦的称为大象。

解说每卦各爻的称为小象。

卦中之象解释卦辞，如乾为天，用"☰"表示天的连续整体性。坤为地，为"☷"表示万物由分立的东西汇聚在一起。

辞中之象解释爻辞，如乾卦以龙为譬，如事情的发展变化。《周易》中的卦和爻都是一种象，象的任务是模拟客观事物现象，指示事物的凶吉休咎。

象的内容庞杂而深奥，最基本的是八卦之象。不明八卦之象，就不能搞清整个八卦学说。

八卦之象简述：

八卦有卦象，卦象表示卦所象征或代表的某种自然物或社会现象。如乾为天、坤为地、震为雷、巽为风、坎为水、离为火、艮为山、兑为泽，这是八卦的大象。八卦的卦象可以象征一切事物：以之象动物，则乾为马，坤为牛，震为龙，巽为鸡，坎为豕，离为雉，艮为狗，兑为羊。以之象人体，则乾为首，坤为腹，震为足，巽为股，坎为耳，离为目，艮为手，兑为口。这是八卦的本象。此外，触类旁通，引申到万物，以八卦说明一切现象，则是八卦广象。

在八卦学说中，卦象十分重要。《易》就是象，《易》的根本道理是从物象来的。圣人设卦观象，可以推知得失、忧虞、进退。历来的学者都很重视卦象，以不通卦象为不通八卦。

但是，也有少数学者否认卦象，认为卦象无意义。高亨是研究《周易》的专家，但他对卦象持怀疑态度，在《周易古经今注·序》中讲：卦爻辞有些语句与象数的关系可以理解，有些语句与象数的关系难于理解——乾卦的卦爻辞没有一句谈天，巽卦的卦爻辞没有一句谈风，离卦的卦爻辞没有一句谈火，艮卦的卦爻辞没有一句谈山，兑卦的卦爻辞没有一句谈泽。坤卦虽与地有关，但并非讲地。坎卦与水有关，但并非讲水。只有震卦是讲雷的。如果我们执意研究卦象，不免会碰壁，会导致巫术化。

金春峰在《汉代思想史》中提出：这些象的划分是否有某些道理呢？可能有某些道理，如乾为天，为阳；坤为地，为阴。但何以寒和冰属乾？何以为大赤？为老马？瘠马？驳马？木果？坤何以为文？为柄？令人莫名其妙。在勉强有联系的同象事物中，划分的根据或为物类本身的属性，或为外部的联系，或为表面形貌相似，或由连类推引而成，等等。所以，象不能成为科学意义上的认识论范畴。

刘大钧在《中国哲学》撰文，认为卦象与卦爻之辞是有关联的。他指出：六十四卦三百八十六条爻辞，凡拟之以物时，初爻之辞皆象于下，如乾、坤、履、贲、剥、大过、坎、艮、既济等卦中初爻的"潜""履""趾""足""尾"等。反之，凡拟之以物时，上爻之辞皆取象于上，如乾、大有、大畜、大过、咸、晋等卦中的"元""首""天""耳""顶""辅""颊""角"等。在取一物为象的卦中，随着爻位的变化，物象也由下往上变。在咸卦中，由脚的大拇指上升到腿肚子、大腿、脊背之肉、面部。在乾卦中，龙的位置由潜和见变为跃和飞。可见，"八卦成列，象在其中"。我们在讲解《周易》时，不可离象解经。

当然，也不得盲从于象。

八卦的卦象与卦形是有关联的——乾卦纯阳刚健，故为天；坤卦纯阴，故为地；震卦有一阳爻在下，呈动荡不已的样子，故为雷；巽卦二阳一阴，上刚而下柔，故为风；离卦上下皆阳，一阴呈中虚状态，故为火；坎卦一阳刚居中，二阴柔居外，故为水；艮卦一阳在坤土之上，二阴双峙而中虚，故为山；兑卦阴见于阳之表，故为泽。

卦象的产生还与卦名有关，如乾为天，乾通"斡"，斡有旋转意，天体是旋转的，故乾为天。如坤为地，坤与地都从土旁，春秋战国时称地为大块，块与坤双声通假，故坤为地。

《周易》是用以彰明以往的事迹、体察未来事态的演变的文献。古人平居之时津津有味地读《周易》，主要是依据于象。不明易象，就不明《周易》。在古人看来，卦象是令人莫名其妙的，又是妙不可言的。于是，古人又从卦象中归纳出卦德。

所谓卦德，就是八卦的基本性质，又称卦情。卦德与卦象密不可分，八卦的卦德是：

乾，健也。乾象天，不息地运转，性质刚健。

坤，顺也。坤象地，顺承天而行，性质柔顺。

震，动也。震为雷，雷能惊动万物，性质为动。

巽，入也。巽为风，风无孔不入，性质为入。

坎，陷也。坎为水，水流入低处，性质为陷。

离，丽也。离为火，火附着于可燃之物，性质为附丽。

艮，止也。艮为山，山巍然不动，性质为停止。

兑，悦也。兑为泽，泽气洋溢，性质为悦。

卦象乃至卦德，都是奇妙的，妙中生辉，其中不乏有序的逻辑思维和科学联想；妙中不足，其中太多荒唐的穿凿附会和胡思乱想。我们要一分为二地分析卦象，才能正确地把握它。

5. 万物类象的指意

（1）意象

[乾]圆、起始、原始、向上、本源、盈满、高广、纯质、精华、核心、坚恒、强盛、强制、规范、恩惠、仁德、亨达、老成、主见、威严、傲慢、霸道。

[坤]柔顺、虚静、厚载、平稳、滋育、包容、内含、谦让、本分、忍耐、懦弱、依赖、消极、沉默、寡断、卑贱、众多、迟钝、丑

陋、昏暗、吝啬、伏藏。

[震]奋进、勇气、积极、果断、显现、紧迫、自立、上升、勤勉、躁动、轻率、粗糙、虚惊、惊恐、过失、盲从、妄动、多动、打击、夸张、兴起。

[巽]渗透、散布、长驱、奔波、进退、调动、忙碌、消息、命令、发布、覆盖、附和、伪饰、轻浮、烦躁、空虚、灵气、幻觉、新鲜、清洁、暂时、精细。

[坎]险陷、沉溺、隐伏、曲折、多变、通达、内刚、漂泊、忧虑、进补、暗昧、欺诈、疑惑、义气、仁慈、劳碌、贼盗、聚集、思想、阴谋。

[离]光明、华丽、文饰、美术、文学、文章、影像、流行、扩张、进升、明察、竞争、表现、焦躁、情绪、虚荣、撒谎、巧言、自满、聪明、示威、检举、算计。

[艮]贞固、安居、阻挡、终止、稳当、慎守、主观、任性、存在、抑止、静止、抵挡、禁止、不通、变化、界限、困难、独立、保守、保护、沉着。

[兑]喜悦、湿润、诱惑、缺损、脱落、潜伏、仰视、不足、吵闹、议论、讲演、言谈、音乐、娱乐、片面、伪善、狭小、毁谤、告知、爱欲、亲密、魅力。

（2）人物

[乾]首脑、领袖、元老、会长、主席、使节、议员、代表、专

家、名流、厂长、书记、经理、老板、银行家、一把手、当权者、班主任、专横者、傲慢者、祖父、父亲、家长、长辈。

[坤] 百姓、俗人、农民、纺织工、泥瓦工、随从、助手、臣民、顾问、税吏、房地产商、忠厚者、胆怯者、小气者、大腹人、好好先生、阴气重者、消极者、祖母、母亲、寡妇、女主人。

[震] 长子、青年、名人、将帅、警察、驾驶员、运动员、舞蹈者、音乐家、鼓动、忙碌者、活跃分子、掮客、神经过敏者、朝气蓬勃者、骚乱分子、说大话者。

[巽] 长女、处女、宗教人士、气功师、教师、商人、木材商、证券商、能工巧匠、汽车售票员、公关人员、新闻人员、科技人员、气象人员、会谈人员、造谣传谣者、优柔寡断者、额宽发细者。

[坎] 中年男子、冒险者、诈骗者、诱惑者、轻浮者、贫困者、受灾者、吸毒者、亡命徒、酒鬼、娼妇、江湖人、水货商、水手、发明家、书法家、思想家、安全人员。

[离] 中女、美女、中产者、白领人员、文人、学者、演员画家、艺术家、美容师、名流、革命者、抗上者、公众人物、多情者、幻想者、中层干部、财会人员、纪检人员、监察人员、军人、侦查员。

[艮] 少男、儿童、继承人、亲属、贵族、官僚、法官、坐商、房地产商、矿工、石匠、闲人、仆人、犯人、守墓人、公寓管理员、保守者、忠实者。

[兑] 少女、巫师、媒人、秘书、讲师、译员、解说员、播音员、

相声演员、杂技演员、小丑、银行职员、饭店职工、食品厂职工、牙科医生、外科医生、妾、娼妓、性魅力者、副职。

（3）人体、病象

[乾]头、胸、骨、大肠、右下腹、右足、男性生殖器、体质寒凉、骨瘦之人、颧骨突出。

头部疾病、胸部疾病、骨病、老病、陈旧性损伤、伤寒、急性病、结肠疾病、便秘壅结、硬化性病。

[坤]腹部、消化器官（脾胃）、肉、右肩。

腹部疾病（胃肠消化不良、腹痛）、饮食停滞、浮肿湿重、湿疹、肌肤病、疲乏、慢性病、气虚、癌。

[震]足（腿、脚）、肝脏、神经、筋、头发（弯而稀少）、声音、左胁、左肩臂。

精神病、狂躁症、神经衰弱、舞蹈症、妇科病、肝火旺、疼痛性症状、腿痛、多动症、外伤（碰撞）、突发性症状、咳嗽、声带咽喉病、肝病。

[巽]头发（细、直、稀少）、神经、气管、胆筋、呼吸器官、肠道、食道、肱、股、左肩、淋巴系统、元气。

伤风感冒、中风、受风、神经症状（洁癖）、胆疾、传染病、神经痛、淋巴疾病、抽筋、强直强硬症、喘息、哮喘、左肩痛、神经炎、胯股病、胫骨病、胀气、宿酒痞满、忧郁症、血管病。

[坎]肾脏、膀胱、泌尿系统、生殖器、血液、体液、背脊骨、耳、腰、肛门、血液循环系统、其他体液循环系统。

肾、膀胱泌尿系统疾病、肾冷水泻、消渴症、血液病、出血症、免疫系统疾病、性病、遗精、中毒（食物、药物）、病毒性疾病、耳病、腰背疾病、心脏病、疲乏过度、渴症、腹泻、水肿、病情较重。

[离]眼、心脏、视力、红血球、乳房、上焦、头首、咽喉、小肠。

眼病、心脏疾病、幻觉、幻视、火伤、烫伤、日照病、放射病、充血性病、热性病、发烧、血液病、乳房疾病、妇科病、囊肿、肥大症（前列腺、乳腺、心脏）、扩散性疾病。

[艮]鼻、背、手背、指、关节、胃、趾、脚背、左足、乳房、颧骨。

脾胃病、不食、虚胀、鼻、手脚、背之病、麻木病、关节病、血病、血液循环不良、种痘疹、皮肤过敏、肿症、凸起性炎症、疑难症、营养不良症、肿瘤、结石症、血脉、气血不通症。

[兑]口、舌、牙齿、颊骨、口角、咽、喉、肺、气管、痰涎、右胁、右肩臂、肛门。

口腔疾病（口、齿、舌、咽、喉等）、咳嗽、痰喘、胸痞、胸部疾病、食欲不佳、膀胱、尿道口、肛门疾病、性病、血压低、贫血、外伤、手术类、痞病、皮肤病、头部伤、气管病。

（4）动物
[乾]龙、马、象、狮、天鹅。

[坤]牛、孕牛、母马、百禽、百兽（雌性）、地下虫类、猫。

[震]龙、善鸣异足之马、驼、麋、鹿，善鸣之鸟如鹭、鹰、鹤、云雀、金丝雀等，蜂、百虫。

[巽] 鸡、鹅、鸭、鹳、蝶、蜻蜓、蛇等山林禽虫，带鱼、鳗鱼、鳝鱼等细长鱼类，虎、猫、斑马等有条纹之兽及勇猛带风声之兽。

[坎] 四足动物、美脊之马、狐狸、鼠、猪、水鸟、鱼类、水中之物、脊椎动物。

[离] 鸟、雉、孔雀、凤、鹩等羽毛美丽的鸟类，金鱼、热带鱼、虾、蟹、螺、贝类、龟、鳖、飞鸟、萤火虫。

[艮] 有锐利牙齿和角的动物、虎、鼠、狗、狼、熊等，喜鹊、鹊等黔啄之物，爬虫类、昆虫、家畜等有尾之动物。

[兑] 羊、豹、豺、猴、水鸟、兔、小动物、鹭、沼泽动物。

（5）味、色
[乾] 辛辣。金黄。
[坤] 甜。黄。
[震] 酸。青、绿。
[巽] 酸。蓝。
[坎] 咸。黑、紫。
[离] 苦。红、花色。
[艮] 甜。棕、咖啡、棕黄。
[兑] 辛辣。白。

（6）物品
[乾] 金玉珠宝、宝物宝器、高档用品、金钱、钟表、镜子、眼镜、古董、文物、首饰、神物、高级轿车、火车、飞机、小米、木果、瓜、珍味、腊肉、帽子、圆形金属。

[**坤**] 衣裳、布帛制品、妇女用品、锅、陶瓦制品、灰、水泥、砖、砂器、米、玉米、杂粮、面粉、牛肉、肉类、野味、饴糖、袋包、箱子、书、大车、文章、纸张、轿子、浆、腐草、柄把。

[**震**] 树木、柴、蔬菜、嫩芽、鲜花、竹子、芦苇、青绿色之物、蹄、筋、鲜肉、菜、裙子、裤子、闹钟、电话、音响、乐器、鼓、车类、广播、飞机、鞭炮、武器、新产品、会动的玩具、球类。

[**巽**] 木、木制品、纤维品、各种线路、索道、传送带、链条、丝线、绳子、条材、杨柳、海带、香椿、兰花、草药、白茅、麻、羽毛、竹叶、枝叶、腰带、笔、旗杆、邮件、扇子、风扇、升降机、飞机、气球、气垫船、帆船、赛艇、救生圈、床、长条桌柜、下面有口之物、木香、蚊香、香料、报纸、宣传品、债券、信用卡、汇票、股票。

[**坎**] 水、液体、油、酒、饮料、墨水、汤、冷饮、染料、涂料、毒物、盐、货车、轮子、刑具、弓箭、丛棘、梅杏桃李等带核之物、冷藏设备、排水设备、计算器、磁盘、录音带、录相带、激光视盘、黑色物、圆、弓形物。

[**离**] 火、火柴、打火机、火炉、煤气、烤箱、燃烧弹、武器、焊枪、霓虹灯、照明用具、望远镜、照相机、摄像机、录像机、电脑、电视机、印刷机、复印机、玻璃门窗、空船、火车、电车、轿车、车箱、字、画、课本、报纸、书、杂志、广告、契约、奖状、电报、信、印章、屏风、幕、帘子、旗帜、瓶类、笼、供神用品、化妆品。

[**艮**] 山、山坡、土堆、坟墓、岩石、大楼、金库、纪念碑、台阶、墙壁、门、门槛、阶梯、座位、屏风、桌子、橙子、橱柜、柜台、

箱子、床、瓷器、石刻、石块、伞、钱袋、鞋、手套、硬果。

[兑]破损物、修理品、无头物、浴缸、带口器物、垃圾箱、投票箱、邮箱、冷藏车、冷柜、瓶子、罐子、锅、餐具、钥匙、刀、剪、耳环、手表、硬币、五金制品类、食品、灌木、湿草、石榴、胡桃。

（7）形态

[乾]完美无缺的、高档的、精致的、坚硬的、充实的、圆的、转圈的、大的、高的、旧的、苛刻的、寒冰的、光泽的、趾高气扬的、大赤色的、金黄色的。

[坤]柔软的、平常的、数多的、四角形的、附属的、虚空的、包容的、隐伏的、潜在的、平整的、复杂的、黄色的、粉状的。

[震]朝气蓬勃的、有声有响的、华而不实的、外虚内实的、上虚下实的、上大下小的、向外发展的、生长的、健康的、勇敢的、高速的、振动的、竞争的、激烈的、吃惊的、愤怒的、急躁的、粗糙的、移动的。

[巽]上实下虚的、外实内虚的、外刚内柔的、向下渗透的、不确定的、基础差的、飘动的、游动的、浸润的、传输的、顺风的、神奇的、细致的、精巧的、忙碌的、轻的、浮的、长形、条形、薄形、烟状、气态。

[坎]劳碌的、辛苦的、中等的、忍耐的、不懈的、不良的、不悦的、狠毒的、狡诈的、暧昧的、守信的、寂静的、变化的、流动的、寒冷的、实心的、弯曲的、弓形的、轮形的。

[离] 明亮的、鲜艳的、闪烁的、发光的、中柔的、美丽的、升发的、膨胀的、可燃的、冒火的、随和的、带壳的、中空的、中陷的、网状的。

[艮] 坚硬的、顽固的、不动的、向下发展的、上硬下软的、高的、坐着的、弯腰的、逞能的、附身的、变化的、相反的、与手脚有关的。

[兑] 高兴的、可爱的、好笑的、有吸引力的、有声有色的、废旧的、便宜的、短缺的、矮的、破的、凹的、坏的、装饰的、紧密的、淋湿的、有魅力的、聚集的、伪善的、口头的、悲哀的、与性相关的、金属的、向上发展的。

（8）场所

[乾] 京城、省会、都市、广场、大会堂、博物馆、体育馆、名胜古迹处、寺院、机关大院、大学、高级住宅区、郊野、远处。

[坤] 平原、农村、牧场、老家、田野、广场、操场、空地、古陵、旧房、平房、农舍、粮库、贮藏室、会场、农贸市场、市场、肉类加工厂、鸡窝、兔笼、猪圈之类。

[震] 山林野地、春季原野、田园菜地、庭院、公园、菜市场、靶场、战场、机场、剧场、运动场、游乐场、试车场、停车场、歌舞厅、喧哗之地、闹市、广播电台、电器商店、花店。

[巽] 草原、竹林、寺观、邮局、指挥部、商店、码头、机场、设计院、工艺工厂、道路、隘路、过道、长廊、各种管道处、电梯。

［坎］海、江、河、湖、泉、沟、渠、井、下水道、水槽、泞地、注地、鱼塘、水中、浴场、浴室、酒吧、冷饮店、鱼市、水族馆、消防队、水厂、妓院、牢狱、地下室、贫民区、水库、血库、车库、冷库。

［离］名胜地、教堂、繁华大街、向阳地、火山、火灾处、凉台、画廊、图书馆、博物馆、展览馆、影剧院、医院、学校、教会、军营、派出所、公安局、法院、检察院、银行、证券交易所、电视台、火车站、猎场、殿堂、窑、炉冶场所、仓库、空屋、桥、立交桥、轿子、棚子、放射科。

［艮］山、丘陵、高台、大楼、仓库、假山、堤坝、坟场、城墙、宗庙、祠堂、矿山、采石场、边界、山路、围墙、监狱、派出所、银行。

［兑］沼泽地、峡谷、凹地、浅沟、潮湿地、湖、池、滑冰场、旧宅、工地、洞穴、山口、井、路口、门口、废墟、垃圾站、音乐厅、会议厅、饭店、工会、公关部。

（9）天象、季节、方位
［乾］晴天、冰、雹、霰、寒、凉。
立冬、秋冬之交。
后天八卦西北，先天八卦正南。

［坤］地、阴天、雾气、露、低气压、湿度大。
立秋、夏秋之交。
后天八卦西南，先天八卦正北。

[震] 火山喷发、雷雨、雷鸣、地震。

春分（阴历二三月之交）。

后天八卦正东，先天八卦东北。

[巽] 台风、旋风、刮风、云（长条）。

立夏，春夏之交。

后天八卦东南，先天八卦西南。

[坎] 满月、雨、雪、霜、露、寒冷、水灾、积雨云、半夜。

冬至（阴历十一月）。

后天八卦正北，先天八卦正西。

[离] 太阳、晴天、热天、烈日、旱天、虹、霞光、闪电。

夏至（阴历五六月之交）。

后天八卦正南，先天八卦正东。

[艮] 有云无雨，多云间阴，气候转折点、雾。

立春（冬末初春，阴历正月前后）。

后天八卦东北，先天八卦西北。

[兑] 新月、星星、小雨、潮湿、气压低。

秋分（阴历八月中秋前后）。

后天八卦正西，先天八卦东南。

第二章 《周易》的基本常识

第一节 阴阳卦爻

1. 什么是太极

太极是源于中国的一种哲学概念，是《周易》中的核心思想之一。太极图通常由黑白两个相互缠绕的鱼形图案组成，黑色部分代表阴，白色部分代表阳，中间有一条"S"形分界线，表示阴阳之间的相互转化和无穷无尽的运动。太极图形象地展示了阴阳二元对立又相互依存、相互转化的原理。在《周易》中，太极被视为宇宙万物生成和变化的根本。

"太"意为大，"极"意为极致，太极即指宇宙万物的起源和终极。它表达了宇宙从无到有，从简单到复杂，从单一到多样化的演变过程，以及事物在运动和发展中不断变化的特性。在更深层次的理解中，太极不仅仅是阴阳的对立统一，还包含了无穷无尽的层次和可能性。在古代中国的哲学、武术、医学、艺术等诸多领域，太极思想都有深远的影响。在建筑领域，太极思想体现在寻求建筑与自然、人与环境的和谐统一，以及在设计中追求动态平衡等方面。

2. 太极图有什么含义

《太极图》最初由陈抟传出，原叫"无极图"。在这一图中，一条"S"形曲线将它分为两半，形成一半白一半黑，白者像阳，黑者像阴，白中又有一个黑点，黑中又有一个白点，表示阳中有阴，阴中有阳。

分开的两半，酷似两条鱼，所以俗称阴阳鱼。它深刻而形象地说明了，世界上的一切，都是阴阳二气、二性这样彼此对立的、相互联结的统一体。这一图，过其圆心作任何一条直线将之分成两半，任何一半中都包含阴阳两个因素，绝不存在孤立的没有内在矛盾的成分。另外，太极图似双鱼以"S"形曲线相围，"S"形曲线从上面俯视又为螺旋状体，有旋转不息，否定之否定之象。

3."阴"和"阳"分别指什么

《周易》的基础是阴阳学说。

《易传·系辞》曰："是故易有太极，是生两仪。"阴和阳被认为是构成万物的最基本元素，象征世间万物阴阳学说是古代朴素哲学思想的体现。《周易》认为，世界是由物质组成的，在阴阳二气的作用下发展变化，阴阳是一对相互矛盾、对立又相互转化的范畴。"阳"代表的是尊贵、强壮、旺盛、刚毅、火热、外向、功能性的事物。"阴"代表的是卑下、弱小、温柔、抑制、安静、寒冷、内在、物质性的事物。阴阳学说包含阴阳对立、阴阳依存、阴阳消长和阴阳转化等四个方面。

古人认为，事物内部和外部都存在着相互对立的阴阳两个方面，如日与夜、热与冷、上与下。但阴阳双方又是互相依存的，不可能单独存在，没日就没夜，没热就没冷，没上就没下。这种对立、依存的关系不是固定的，而是处于消长变化之中，冬天夜长昼短，夏天昼长夜短。当阴阳消长达到一定程度时，阴阳双方还能相互转化。

4."象"和"数"分别指什么

术数种类繁多，但总体来说不外乎"象"和"数"两大领域。《周易》认为，世间万物都存在联系，"数"是宇宙的基础，论述事物内部的变化发展规律，"象"则反映事物运动的表象。可以说，"数"是"象"的指导思想，"象"是"数"的实践运用。"易数"包括太极、阴阳、四象、五行、八卦、月宫等理论，"象数"包括占卜、奇门、六壬、太乙、星象、面相、手相、堪舆（风水）等预测方法。由于"数"的变化有一定的规律，世间万物的运动都通过"数"表现出来，因此历代文人墨客、文臣武将无不通晓术数之道。这是古人安身立命、处世治国的根本法则。

5.什么是两仪

两仪是中国古代哲学中的一个概念，来源于《周易》，它是太极的衍生概念。两仪指的是从太极中分化出来的两种基本的对立力量或原则，通常被解释为阴和阳。阴和阳是宇宙万物的基本属性，它们相互对立、相互依存、相互转化，并共同构成了世界的多样性。 在《周易》的哲学体系中，两仪进一步分化为四象（少阳、太阳、少阴、太阴），再进一步细分为八卦，以此来描述和解释自然界和人类社会的各种现象。这种阴阳理论影响了中国古代的许多学科，如医学（中医的阴阳学说）、天文学、地理学（风水学）、武术（太极拳）等，以及日常生活中的许多方面。 简而言之，两仪是太极哲学中的基础元素，代表着宇宙间最基本的矛盾和互动关系。

6.什么是爻

爻的本义是"交""效"，纵横之交、阴阳之交。"效"则是通过"交"所产生的"效用"，可以通过全局计算来衡量，依不同方法、体系、定位立极，有相应的不同解释。

爻是《周易》中用来描述卦象的基本符号，是构成八卦和六十四卦的基本元素。爻分为阳爻（——）和阴爻（— —），分别代表阳气和阴气，象征着宇宙间的阴阳两种对立而又互补的力量。

在八卦中，每卦由三爻组成，上爻、中爻和下爻，每爻可以是阳爻或阴爻，这样组合起来就有了八种不同的卦象，即八卦：乾、坤、震、巽、坎、离、艮、兑。

在六十四卦中，每卦由六爻组成，同样可以是阳爻或阴爻。通过不同组合，形成了六十四种不同的卦象，每卦都有其特定的象征意义，用于阐释天地自然、社会生活及人的行为等方面的变化规律。

爻的变动也是《周易》占卜方法的基础。通过对爻的分析和解读，人们可以推断出未来可能出现的情况，或者对当前问题进行深入的思考。爻的含义不仅限于占卜，它还蕴含着丰富的哲学思想，如阴阳对立统一、变化发展等。

7. 什么是四象

"四象"一词最早出自《周易·系辞》——"太极生两仪，两仪生四象。"因为两仪阴阳中，阴阳是相互转化、相互运动的，故而阳爻中的一阳里面含有一阳和一阴，阴爻中也同样含有一阴和一阳；则阳爻中"阳中含阴"生出少阴，"阳中含阳"生出太阳；阴爻中有"阴中含阳"生出少阳，"阴中含阴"生出太阴，则生成了四象。

8. 阴阳爻是如何产生的

阴阳爻是古人综合考察宇宙万事万物而提炼、抽象出来的符号，经历了"仰观""俯察"的漫长过程，不是仅凭某一事物就创造出来的，当然亦非一人一时所作，更非凭空而造。"爻"的直接起源当与龟甲卜兆裂纹有关，兆纹虽有多种形状，但总体上说线条较直，一般没有曲线，从兆线的断连情况看，也只有断或连两种，易卦作者受此启发而发明阴阳爻。从先秦古籍如《周礼》《左传》《国语》等记载来看，卦爻符号在夏商或西周时代就已经形成了。近来随着出土文物的陆续发现，已证明阴阳卦爻至迟在战国中期就已经出现，据悉上海博物馆从海外购置的战国楚简上的《周易》卦爻符号还是彩色的。

9. 什么是六爻

六爻是《周易》中六十四卦的组成部分，六十四卦都由六个爻组成。爻是《周易》的基本符号，分为阳爻（ **——** ）和阴爻（ **— —** ），分别代表阳和阴，象征着宇宙间的阴阳两种对立而又互补的力量。六爻自下而上排列，分别称为初爻、二爻、三爻、四爻、五爻和上爻。在占卜过程中，每爻都有其特定的含义和预示，反映了事物发展的不同阶段或状态。根据六爻的状态（阴或阳），可以组合出六十四种不同的卦象，每种卦象都有其独特的解释和指导意义。在解读六爻时，通常会考虑爻的位置和它与其他爻的关系，以及爻的动变情况。如果某爻由阴变阳或由阳变阴，被称为"动爻"，动爻会影响整个卦象的解读，增加卦辞的复杂性和灵活性。通过分析六爻及其变化，人们可以探索宇宙、自然、社会和个人生活中的各种现象和规律，进行预测和决策。六爻的理论体系体现了中国古代哲学中关于变化、对立统一和事物发展规律的深刻理解。

10. 什么是卦

卦是《周易》的最基本单位。古今人们一直都认为，卦是圣人创造的，是用来代表世间万物表象的符号，和自然物质元素存在着对应关系，比如乾代表天，坤代表地，艮代表山、坎代表水等等，而且这些卦和组成卦的六爻，相互之间可以变换，而且这种变换和自然物质世界的变换是同步的，所以自古以来的方术家都希望通过研究这些卦爻的相互关系和各种变化来把握和窥探自然和社会的变化发展规律。

11. 什么是先天八卦

先天八卦是伏羲创造的。先天八卦与河图是盖天派概括天地自然的一种模式图。因为盖天派定义了"天为阳，地为阴"，所以，先天八卦把天（乾）定位在上（南），把地（坤）定位在下（北）。乾一、兑二、离三、震四、巽五、坎六、艮七、坤八。

《易说卦传》说："天地定位，山泽通气，雷风相薄，水火不相射，八卦相错，数往者顺，知来者逆，是故易逆数也。"这是先天八卦方位的理论依据，是讲八卦自身匹配对待之体的。

12. 先天八卦有何用途

先天八卦是伏羲由"河图"演绎而来的，又被称为伏羲八卦。先天八卦显示宇宙之本体及其功能，讨论万事万物的原理，显示大自然之体象与功能，揭示宇宙一切事物的原理。天玄地黄，山岳河川，风雷晴雨，人物走兽，花草树木，沙石土壤，彼此相感相应，相激相荡，对立中寓有统一原理，统一中也存有对立因素。

先天八卦以乾南坤北，离东坎西定位。其序为乾一、兑二、离三、震四、巽五、坎六、艮七、坤八。其象为天地定位，山泽通气，雷风相薄，水火不相射。故云："天尊地卑，乾坤定矣，卑高以陈、贵贱位矣。"此指其理不容变，其势不能移。

先天八卦是以乾坤为主体，乾坤即阴阳，一刚一柔，一开一阖，一生一灭，一动一静，天地之道也。先天八卦的卦位和作用是彼此对待的，而在对待的现象中亦含有流行的作用。

13. 什么是后天八卦

后天八卦又称文王八卦，即以震卦为起始点，位列正东。按顺时针方向，依次为：巽卦，东南；离卦，正南；坤卦，西南；兑卦，正西；乾卦，西北；坎卦，正北；艮卦，东北。例如，象征节气，则震为春分，巽为立夏，离为夏至，坤为立秋，兑为秋分，乾为立冬，坎为冬至，艮为立春。

后天八卦数为：坎一、坤二、震三、巽四、五中宫、乾六、七兑、八艮、离九。

14. 后天八卦有何用途

周文王根据"洛书"演绎出了后天八卦，后天八卦阐明宇宙万物的运转及其作用，演绎流行之法则。

后天八卦演绎天地万物生生不息，盈虚消长之规律，揭示一切事物流行之法则。如春夏秋冬之更迭，盛衰隆替之递变，生老病死之轮回，吉凶悔吝之变数，一切演进在冥冥之中自有其规律与因果。所谓盛极必衰，剥极必复，革故鼎新，否极泰来，如环无端，贞下起元，永无穷尽。

后天八卦以离上坎下，震东兑西定位。其序为帝出乎震，齐乎巽，相见乎离，致役乎坤，说言乎兑，战乎乾，劳乎坎，成言乎艮。其数为戴九履一，左三右七，二四为肩，六八为足，五居其中。此指其生生之序不能改，其气化之数则有其则。

后天八卦以坎离取代乾坤。乾阳坤阴乃天地之气化，而离火坎水，即意味着天地造化之功能。水火为五行之首，乃阴阳之器，万物之主。后天八卦的卦位和作用是流行运转的，不过流行运转中也寓有对待的作用。

万物的春生、夏长、秋收、冬藏，每年360日有奇，八卦用事各主45日，其转换点表现在四正四隅的八节上，这就构成了按顺时针方向运转的后天八卦图。每卦有三爻，三而八之，即指一年二十四个节气。

15. 文王为什么要修改伏羲先天八卦

伏羲时代认为："天地者万物之上下也。"即天在上，地在下。"天动地静"即动为阳，静为阴。卦爻以"—"为阳爻，"- -"为阴爻，乾是三个阳爻所组成，坤是三个阴爻所组成，所以先天八卦把乾为天在上、坤为地在下。先天八卦即天地对待（天和地对、男和女对）。以"气终而象变"的说法而言，即事物走到终点（极端）则变向反面，所以夏至一阴生，冬至一阳生又显得格外有哲理性。到了汉代出现了浑天派，并制成了浑天仪，认为"天包地外"，否认了盖天派天地上下的旧观点。这说明随着岁月的流逝，人类在不断地进步。先天八卦既然是天地定位，却只有冬与夏符合，春与秋位置不对称。按冬夏位置虽然不差，因乾阳在上，坤阴在下，自然规律是阳在下可上可升，阴在上可下降。那么，先天八卦乾在上坤在下阴阳都不能相交，怎能生出六子（万物）？又怎能概括大自然之理呢？这就难怪文王制后天八卦了。

另外，不少学者认为，在夏朝时期，冰雪融化，海水上升，淹没了大片土地，到处都是水灾。到了周朝时，自然环境发生了变化，天地运气与先天八卦方位不一致，故文王改先天八卦为后天八卦。

16. 先天八卦和后天八卦有什么关系

后天八卦是先天八卦的发展和应用，是为"后天之学"，重在功用方面，以"尽变化之能事"。文王在研究先天八卦的过程中，发现它与实际有不符的地方，就改变了方位，使其符合自然万物的变化规律。他在卦中增加了数字"9"，同时多出了中土的位置。先天八卦图发展成后天八卦图，实际上是人类从认识自然规律到反映自然规律的伟大成果。后人在实际应用中，大多以先天八卦为"体"，后天八卦为用。

17. 八卦是怎样表示时间的

伏羲推演出的八卦是用八种符号表示万物，用八卦的三个层次来表示时间。北方象征冬天，冬天一过万物就开始生长，作为一年的伊始；南方象征夏天，夏天之后生命由生长转为成熟甚至死亡。所以照宇宙运行方式的顺时针来旋转，过了北方之后的第一至第四卦，都是象征生气的"⚊"，而过了南方之后的第一至第四卦，都是象征成熟的"⚋"。按顺时针转动一圈，即为一年的时间。八卦符号的第二层用来表示天，当太阳从东方升起经过的第一至第四卦为白天，所以用"⚊"表示；经过西方以后的第一至第四卦为黑夜，用"⚋"表示。八卦符号的第三层则代表月。月亮由亏到盈，再由盈到亏，正好为一个月的时间，八卦符号中也用"⚊"和"⚋"分别代表月亮的盈亏。由此，在八卦上就能清晰地体现出年、月、日的时间变化。

18. 十二消息卦是什么

《周易》还用十二消息卦直观地向人们图示了万事万物的运动变化，具有由量变积累而导致质变的规律。六个阴爻的坤卦"☷"，具有纯阴的性质。在阴阳对立消长的运动中，下生一个阳爻，就变成了一阳复生的复卦"☷"；再生出一个阳爻，就成为二阳来临的临卦"☷"；生出三个阳爻，就是三阳开泰的泰卦"☷"；生出四个阳爻，阳爻显然超过半数而盛大起来，于是成为四阳强壮的大壮卦"☳"；等到五个阳爻生出来，阴爻就面临被彻底消去的局面，所以是五阳决去一阴的夬卦"☱"；第六个阳爻生出来，就变成六爻纯阳的乾卦"☰"。从坤到乾，卦的阴阳性质发生了质的变化。阳气盛极，又会在阴阳消长规律的支配下，向阳消阴长的对立方面发展。乾卦又会在阴爻的逐爻生长中最后变成坤卦，阳的质变成阴的质。从质变的过程来看，都是从初爻变起，一而二，二而三，三而四，四而五，五而六，由量变的积累导致质变。

19. 六十四卦分宫卦象次序歌的内容是什么

乾为天，天风姤，天山遁，天地否，风地观，山地剥，火地晋，火天大有，乾宫八卦皆属金。坎为水，水泽节，水雷屯，水火既济，泽火革，雷火丰，地火明夷，地水师，坎宫八卦皆属水。艮为山，山火贲，山天大畜，山泽损，火泽睽，天泽履，风泽中孚，风山渐，艮宫八卦皆属土。震为雷，雷地豫，雷水解，雷风恒，地风升，水风井，泽风大过，泽雷随，震宫八卦皆属木。巽为风，风天小畜，风火家人，风雷益，天雷无妄，火雷噬嗑，山雷颐，山风蛊，巽宫八卦皆属木。离为火，火山旅，火风鼎，火水未济，山水蒙，风水涣，天水讼，天火同人，离宫八卦皆属火。坤为地，地雷复，地泽临，地天泰，雷天大壮，泽天夬，水天需，水地比，坤宫八卦皆属土。兑为泽，泽水困，泽地萃，泽山咸，水山蹇，地山谦，雷山小过，雷泽归妹，兑宫八卦皆属金。

20.六十四卦有何规律

唐初大儒孔颖达认为六十四卦的排列方式是"非覆即变"。"变"指两卦六爻的每一爻阴阳性质相反,"覆"指整个卦画上下颠倒,这样排出的序列清楚地表现了一种反反复复、波浪起伏、连贯演进的思想。其实许多前后相承的卦,仅从卦名的意义上即可看出这种波浪演进的规律,如乾和坤、泰和否、谦和豫、临和观、剥和复、蹇和解、损和益、夬和姤、既济和未济,等等。所以这些相反或相对的卦要连续地排在一起,正是由"物极必反"的易理决定的。故《周易》体现出事物总是以一种波浪起伏、螺旋上升的方式向前发展,尤其是全书的最后一卦,它显然表示的是事物运动的一个周期的完成,然而却不用表示成功的既济卦收尾,而是在既济之后用未济卦来结束全篇。这当然是想向人们说明,成功之后又会有新的起点,前一个周期的成功中包含后一个周期的未成功,接下去会是一个新周期的开始,这正是事物发展螺旋式上升的运动轨迹,这与我们现代哲学中讲的否定之否定规律是相似的。

第二节　干支五行

1.干支是怎样产生的

传闻盘古开天辟地,时代进化,天皇氏制订了干支,用来纪年。干像树干,属阳;支像树枝,属阴。干有甲、乙、丙、丁、戊、己、庚、辛、壬、癸,支有子、丑、寅、卯、辰、巳、午、未、申、酉、戌、亥。古人以干支定岁星所在,其十干有焉逢、端蒙、游兆、强梧、徒维、祝犁、商横、昭阳、横艾、尚章;十二支有困敦、赤奋若、摄提格、单阏、执徐、大荒落、敦牂、协洽、涒滩、作鄂、阉茂、大渊献。

2. 十天干是指什么

天干有十个，分别为：甲、乙、丙、丁、戊、己、庚、辛、壬、癸。天干被比喻成树干，十个符号象征着宇宙万物从无到有、从小到大、由盛而衰的全过程。

"甲"是指草木从坚硬中破"甲"而出。

"乙"是指草木开始生长，枝叶柔软弯曲。

"丙"通"炳"，指草木好像被太阳带来的光明点燃。

"丁"是指草木成长壮实。

"戊"指草木茂盛繁荣。

"己"通"起"或"纪"，指草木奋然而起，继续长大。

"庚"通"更"，指秋天收成。

"辛"通"新"，指草木成熟后有味道，焕然一新。

"壬"通"妊"，指万物处于被孕育的状态中。

"癸"通"揆"，指万物萌芽。

古时，干支主要是用于天文历法的观测和命名。这十种不同状态，都和太阳的循环运行有着密切关系，表现出《周易》对自然万物的理解。

3. 十二地支是指什么

地支有十二个，分别为：子、丑、寅、卯、辰、巳、午、未、申、酉、戌、亥。地支被比喻成树枝，十二个符号象征着宇宙万物的发展变化过程。

"子"通"孳"，指万物从地下开始生长。

"丑"通"纽"，指被绳子捆绑而扭曲的状态。

"寅"通"演"，指万物开始生长。

"卯"通"冒"，指万物破土而出。

"辰"通"伸"，指万物生长舒展。

"巳"通"已"，指万物已经长成。

"午"通"作"，指阴阳相交的状态。

"未"通"味"，指万物成熟后的味道。

"申"指万物成熟后的形体。

"酉"通"就"，指万物已经成熟到极致。

"戌"通"灭"，指万物消亡。

"亥"通"核"，指生物存留的种子。

地支与地球的变化有关，天干地支可搭配出六十个组合，是人们用以纪年的工具，称为"干支纪年"。

4.干支之间有何关系

干支有对合之别。对，就是对照，如子午对照，丑未对照，寅申对照，卯辰对照，辰戌对照，巳亥对照。对照吉则吉，对照凶则凶。合，就是拱，申子辰合拱，寅午戌合拱，巳酉丑合拱，亥卯未合拱，合拱吉则吉，合拱凶则凶。

干支有相冲害之别。刑：子刑卯，卯刑子。寅刑巳，巳刑申，申刑寅，丑刑戌，戌刑未，未刑丑。辰午酉亥自刑。刑就是妨碍。冲：子午相冲，丑未相冲，寅申相冲，卯酉相冲，辰戌相冲，巳亥相冲。冲就是相克。害：子未相害，丑午相害，寅巳相害，卯辰相害。申亥相害，酉戌相害。害是不利。

干支还有"化"的关系。甲与己合化土，乙与庚合化金，丙与辛合化水，丁与壬合化木，戊与癸合化火。我们知道，甲原来属木，己原来属土，甲己合而为土。

5.什么是地支藏元

所谓地支藏元，完整地说是地支所藏"人元"，古人以天、地、人三才取象，将地支杂气称作"人元"。所谓藏，古人认为地支是由杂气构成的，平时只显示出本气，即地支五行分量最多的五行因素，只有在地支发生作用时，才会将余气也显露出来。余气就是地支中不占优势的五行分量。但实际中，我们在批八字时，总是要地支与地支发生作用，不可能绝对孤立地看一个地支的五行分量的。所以我们可以将地支分解成天干来看，这样就可以将所有的地支关系一目了然，从而化难为易，做到神断就并不是难事了。

6. 天干与地支怎样组成时间

古人设计了天干、地支来表示时间，年、月、日、时都可以用天干、地支的组合方式来表示，其中天干用来表示年和日，地支用来表示月和时。天干和地支也可以组合起来使用。天干与地支组合时，天干在前，地支在后，天干与地支一起循环搭配。如某一年为甲子年，就是将天干的第一位数"甲"与地支的第一位数"子"相组合。但第二年并非是甲丑年，而是将天干的第二位数"乙"与地支的第二位数"丑"相组合，为乙丑年。如此组合到癸酉年时，十天干已组合完，此时天干又循环到第一位数"甲"，与地支的第十一位数"戌"组合，为甲戌年。天干与地支组合后会产生六十个数，从"甲子"到"癸亥"为止，为一周，被称为"六十甲子"。

7. 什么是五行

"五行"的说法最早出现在《尚书·甘誓》和《尚书·洪范》。《尚书·甘誓》率先提出五行的概念："有扈氏威侮五行，怠弃三正，天用剿绝其命。"

《尚书·洪范》中则明确了五行的含义，指出："鲧陻洪水，汩陈其五行。帝乃震怒，不畀洪范九畴……鲧则殛死，禹乃嗣兴。天乃锡禹洪范九畴，彝伦攸叙。""五行：一曰水，二曰火，三曰木，四曰金，五曰土……"

"五行"指金、木、水、火、土五种物质运动的方式，既是构成万物的五种基本元素，又关乎自然的呈现与持续运作。古人认为，世界是由物质组成的，五行所代表的基质是构成世界必不可少的元素。

五行可以由八卦推演出来，并且相生相克：金生水，水生木，木生火，火生土，土生金；金克木，木克土，土克水，水克火，火克金。这五种物质互为增长、相互牵制，处在不断的运动变化中。这些思想都反映出古人对宇宙间五种物质朴素直观的感应。

8.五行各有怎样的特性

五行特性是古人在长期的生产和生活实践中，对木、火、土、金、水五种物质的直观观察和朴素认识的基础上，不断进行抽象概括而逐渐形成的理性概念。

水的特性：古人称"水曰润下"。润，湿润；下，向下。水具有滋润、下行、寒凉、闭藏的特性。凡具有这类特性的事物或现象都可归属于"水"。

火的特性：占人称"火曰炎上"。炎，热也；上，向上。火具有温热、上升的特性。火代表生发力量的升华、光辉而热力的性能。凡具有温热、升腾、茂盛性能的事物或现象，均可归属于"火"。

木的特性：古人称"木曰曲直"。曲，屈也；直，伸也。木具有能屈能伸，生长、升发、条达、舒畅的特性。木代表生发力量的性能，标识宇宙万物具有生生不息的功能。凡具有这类特性的事物或现象，都可归属于"木"。

金的特性：古人称"金曰从革"。从，顺从；革，变革、改革。凡具有这类性能的事物或现象，具有清洁、肃降、收敛的特性，均可归属于"金"。

土的特性：古人称"土爱稼穑"。春种曰稼，秋收曰穑，指农作物的播种和收获。土具有生化、承载、受纳的特性，故称土载四行为万物之母。土具生生之义，为世界万物和人类生存之本。凡具有生化、承载、受纳性能的事物或现象，皆归属于"土"。

9.五行是怎样将事物进行类比分属的

五行学说采用取类比象和推演络绎的方法，将宇宙间的所有事物和现象的不同性质、作用和形态与五行的特性进行类比，从而分别归属于木、火、土、金、水五行之中。五行学说对事物属性的归类推演法则是：以天人相应为指导思想，以五行为中心，以空间结构的五方、时间结构的五季、人体结构的五脏为基本框架，将自然界的各种事物和现象及人体的生理、病理现象，按其属性进行归纳：凡具有生发、柔和、条达、舒畅等性质和作用者，统属于木；具有温热、炎上等性质和作用者，统属于火；具有承载、生化、长养等性质和作用者，统属于土；具有收敛、肃降、清洁等性质和作用者，统属于金；具有寒凉、滋润、向下等性质和作用者，统属于水。

10. 五行是如何起源的

关于五行的起源，一直有很多观点。最流行的观点出自《尚书·洪范》，其中认为人们将自然界中具有类似属性的事物抽象概括，归入五行，再用五行解释事物的变化，最终发展为一种学说。

有一种观点认为五行与《周易》的阴阳学说有关。也有观点认为五行源自河图、洛书中的天地生成数口诀："天一生水，地六成之；地二生火，天七成之；天三生木，地八成之；地四生金，天九成之；天五生土，地十成之。"《黄帝内经·素问·阴阳应象大论》则认为："东方生风，风生木""南方生热，热生火""中央生湿，湿生土""西方生燥，燥生金""北方生寒，寒生水"，方位之气产生五行。

11. 五行之间有怎样的关系

五行之间有生克制化的关系，术士将其运用到命理中。

生：相生。木生火，火生土，土生金，金生水，水生木，如身命宫福田财妻嗣等星是他来生我则去。他生我之星，类似于父母之滋育。

克：相克。木克土，土克水，水克火，火克金，金克木，如身命田妻嗣官福等切忌他来克我。

制：制约。金克木得火制，火克金得水制，水克火得土制，土克水得木制，木克土得金制。用另一物间接地制约伤我之人。

化：化生。金克木得水化，水克火得木化，木克土得火化，火克金得土化，土克水得金化。化恶归善，化克为生，有失有得，促成利大于弊。

生、克、制、化体现了辩证的思维。

12. 五行与季节之间有什么联系

五行是中国古代哲学中的重要概念，包括金、木、水、火、土，它们不仅是物质的分类，也代表了宇宙万物运动变化的基本规律。五行与四季之间的联系主要体现在以下方面：

木：木对应春季，象征生长、发芽和生命力。春天是万物复苏、植物生长的季节，与木的特性相符。

火：火对应夏季，象征炎热、活力和繁荣。夏天阳光炽热，万物茂盛，与火的热烈特性相吻合。

土：土居中，对应长夏，即夏季和秋季之间的过渡时期，象征稳定、滋养和承载。在这个季节，农作物成熟，土地提供养分，与土的特性相一致。

金：金对应秋季，象征收获、清洁和肃杀。秋天是丰收的季节，同时树叶凋零，自然界开始进入收敛和准备冬眠的状态，与金的特性相符合。

水：水对应冬季，象征寒冷、湿润和潜藏。冬天是寒冷的季节，万物休眠，水结冰，与水的特性相吻合。

五行与季节的联系不仅仅是简单的对应关系，它们还反映了自然界中能量流动和转化的过程。例如，春季木生火，夏季火生土，长夏土生金，秋季金生水，冬季水生木，形成了一种生生不息的循环。这个理论在中医、农业、建筑、风水等多个领域都有应用。

春	木旺	火相	水休	金囚	土死
夏	火旺	土相	木休	水囚	金死
秋	金旺	水相	土休	火囚	木死
冬	水旺	木相	金休	土囚	火死
四季	土旺	金相	火休	木囚	水死

13. 四时与五行对应时多的一季从何而来

当把四时与五行对应时，四时除了春夏秋冬外，还多了一个"四季"的提法，这样把四时变成了五季。中国的古人把一年分为四个季节，每个季节统辖三个月份。在与五行相对时，每个季节的前面两个月为它本来的季节，而最后一个月，则被归入了"四季"。所谓第五季的"四季"，其实就是四个季节每个季节的最后一个月，也有命理学家认为是每个季节的最后十八天。

14. 五行寄生十二宫是什么

命理家认为每一个具体五行在十二个月中都有不同表现，有的旺，有的相（次旺），有的休（休息），有的囚（衰），有的死（被克制），这就是五行寄生十二宫。十二宫分别是：长生、沐浴、冠带、临官、帝旺、衰、病、死、墓、绝、胎、养。这套理论被术士作为神秘的思维模式。其实，十二宫本是天文学术语。黄道周天有360度，每30度为一段，分为十二宫，即降娄、大梁、实沈、鹑首、鹑火、鹑尾、寿星、大火、析木、星纪、玄枵、娵訾。命理术以十二宫附会人事，有命宫、财帛宫、兄弟宫、田宅宫、男女宫、奴仆宫、妻妾宫、疾厄宫、迁移宫、官禄宫、福德宫、相貌宫。

15. 十二宫的内容分别是什么

绝，即受气，万物在地中未有其象，如母腹空，未有物。

胎，即受胎，天地气交，氤氲造物，物始萌芽。

养，即成形，万物初步具有一定的状态。

长生，即万物欣欣向荣。

沐浴，即万物受阳光、雨水培育。

冠带，即万物渐渐荣秀。

临官，即万物秀实，如人将要当官。

帝旺，即万物成熟，如九五鼎盛。

衰，即万物形衰气竭。

病，即万物奄奄一息。

死，即万物死亡。

墓，又称库，万物归藏。

16. 十二宫反映出什么问题

十二宫反映了生命的兴衰过程，无论是动物还是草木，都是按这十二道程序变化，处于一定的时空状态。帝旺虽吉，却是走向衰病的开始，墓绝虽凶，却孕育着胎养，胎生旺库是四贵，死绝病败是四忌，养沐冠临是四平，贵忌平的关系是互相联系、互相变通的。《三命通会》卷一论云："凡推造化，见生旺者必未便作吉论，见休囚死绝未必便作凶言。如生旺太过，宜乎制伏；死绝不及，宜乎生扶，妙在识其通变。"从这套观点中，无疑可以提炼出辩证法，也可以看出先民的智慧。

17.五行十二宫之间的关系是怎样的

	五阳干顺行					五阴干逆行				
	甲木	丙火	戊土	庚金	壬水	乙木	丁火	己土	辛金	癸水
长生	亥	寅	寅	巳	申	午	酉	酉	子	卯
沐浴	子	卯	卯	午	酉	巳	申	申	亥	寅
冠带	丑	辰	辰	未	戌	辰	未	未	戌	丑
临官	寅	巳	巳	申	亥	卯	午	午	酉	子
帝旺	卯	午	午	酉	子	寅	巳	巳	申	亥
衰	辰	未	未	戌	丑	丑	辰	辰	未	戌
病	巳	申	申	亥	寅	子	卯	卯	午	酉
死	午	酉	酉	子	卯	亥	寅	寅	巳	申
墓	未	戌	戌	丑	辰	戌	丑	丑	辰	未
绝	申	亥	亥	寅	巳	酉	子	子	卯	午
胎	酉	子	子	卯	午	申	亥	亥	寅	巳
养	戌	丑	丑	辰	未	未	戌	戌	丑	辰

18.五方能与五行配合吗

五方就是东、西、南、北、中五个方位，古人认为每个方位都有自己的特性。如东方，是太阳升起的地方，象征温暖；南方，是太阳照射的地方，象征炎热；西方，是人少石多的地方，象征萧瑟；北方，是冰雪覆盖的地方，象征寒冷；中央，是肥沃的滋养万物的地方，于四方都有利。根据五行的性质，可将五行与五方相配合：东方属木、南方属火、西方属金、北方属水、中央属土。

19.什么是六亲

这里所说的六亲，也就是卦中六爻分排的父母（父亲和母亲）、兄弟（兄弟和姐妹）、妻财、子孙、官鬼。卦中的六亲，以八卦所属五行为主，分定受位地支六亲顺序。其法是：生我者为父母，我生者为子孙，克我者为官鬼，我克者为妻财，比和者为兄弟。卦中六亲，反映的是社会现象和人事现象相互矛盾又相互统一的客观规律，安六亲则令卦中各爻所包容的人、事、物更加具体化和形象化，使预测者更有体察的联想平台和想象空间。它不仅是要预测的对象，也是取用神的依据。

20. 什么是四时

四时指的是春、夏、秋、冬这四个季节。春天气温回暖，令万物复苏；夏天气候炎热，万物不断生长；秋天日渐凉爽，进入了成熟的季节；冬天天寒地冻，万物都躲藏休眠以积蓄第二年生长的力量。每个季节都有自己的特征，对万物产生不同的影响，从而使万物的五行能量有强弱的变化。

21. 五行在四时中有怎样的强弱变化

万物都有五行属性，但它们的能量并非恒定的。它们会随着时间的变化而变弱或变强，在风水上就用"旺、相、休、囚、死"来表示。

旺，是旺盛，是在一个季节中最强大的力量。相，是辅佐，处于旺的属性所生旺的对象，就处于相。如春天木旺，木生火，所以春天火为相。休，是休息，生旺最旺属性的就处于休。如水生木，所以春天水为休。囚，是衰落，克最旺属性的此时就处于囚。如金克木，所以春天金为囚。死，是克制，最旺属性所克制的对象就处于死。木克土，所以春天土为死。

据此可知：春天时，木旺、火相、水休、金囚、土死；夏天时，火旺、土相、木休、水囚、金死；秋天时，金旺、水相、土休、火囚、木死；冬天时，水旺、木相、金休、土囚、火死；四季时，土旺、金相、火休、木囚、水死。

22. 五行、天干、地支与《周易》有什么关系

五行、十天干和十二地支虽然不是直接来源于《周易》，但它们却是《周易》的理论基础。所以后世不少的占卜方法，都需要将卦象与天干、地支及五行方位相配合。其实这些用来表示时间、空间、属性的符号，都是给太过抽象的卦象一些附加的含义，使它们更容易被理解。如震卦，就象征了每月初三的新月相，位于西方的庚位，是一阳初生之象，代表了清晨及欣欣向荣的植物。由此，抽象的卦象，变成了具体的形象。

23. 天干和其他要素有何关系

天干和阴阳：甲、丙、戊、庚、壬是为阳干，乙、丁、己、辛、癸是为阴干。

天干和方位：甲乙东，丙丁南，戊己中，庚辛西，壬癸北。

天干和五行：甲乙木，丙丁火，戊己土，庚辛金，壬癸水。

天干和四季：甲乙旺于春，丙丁旺于夏，庚辛旺于秋，壬癸旺于冬，戊己旺于四季。

天干和相生：甲乙可生丙丁，丙丁可生戊己，戊己可生庚辛，庚辛可生壬癸，壬癸可生甲乙。

天干和相克：甲乙克戊己，戊己克壬癸，壬癸克丙丁，丙丁克庚辛，庚辛克甲乙。

天干和五合：甲己合化土，乙庚合化金，丙辛合化水，丁壬合化木，戊癸合化火。

天干和四冲：甲庚相冲，乙辛相冲，丙壬相冲，丁癸相冲。

天干和六神：甲乙为主管喜庆、酒色的青龙，丙丁是主管文书、口舌的朱雀，戊是主管忧虑、牢狱的勾陈，己是主管虚惊、怪异、虚诈的腾蛇，庚辛是主管血光、丧服、凶暴的白虎，壬癸是主管匪盗、暗昧、狡诈的玄武。

天干和人体：甲是头和胆，乙是肩和肝，丙是额和小肠，丁是齿舌和心，戊是胃和肋胁，己是脸和脾，庚是筋和大肠，辛是胸和肺，壬是胫和膀胱，癸是足、肾和精子。

24. 地支与生肖有怎样的关系

十二地支就是十二生肖，十二生肖最早见于世界上第一部诗歌总集《诗经》。《诗经·小雅·车攻》曰："吉日庚午，既差我马。"20世纪70年代中期，在湖北出土的上千支竹简，证明了在春秋战国时期就已开始使用十二生肖。通过文献追溯，从战国秦汉时期的《日书》（放马滩秦简）就有文字内容。

十二生肖所对应的十二地支是：子鼠，丑牛，寅虎，卯兔，辰龙，巳蛇，午马，未羊，申猴，酉鸡，戌狗，亥猪。这些生肖不仅可以用来代表某个年份出生的人的属相，也可以用来代表人出生的某个时辰。

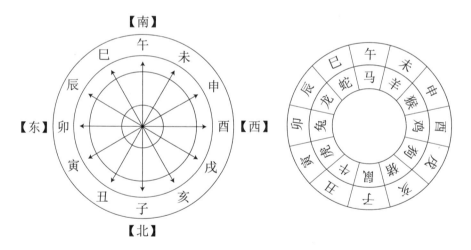

25. 什么是五行的生数和成数

五行之数即五行的生数，就是水一、火二、木三、金四、土五，也叫小衍之数。一、三、五为阳数，其和为九，故九为阳极之数。二、四为阴数，其和为六，故六为阴之极数。五行的成数是：二、四、六、八、十。

26. 五行与灾祸之间有怎样的联系

五行学说以天人感应为理论基础，与灾异建立了极为密切的联系。在古人看来，君王之貌、颜、视、听、思均与五行相连。如果君王在上述五个方面有缺失之处，即表现为五行之间失和，如古人认为，如果君王不敬会伤木，此时往往有灾异发生。

五行学说认为，人体灾祸的出现往往与五行气场失衡之间有着不可分割的关系。如五行之气过盛或过弱，都可能会导致灾祸的发生。

所以，过盛的五行之气要释放，而过弱的五行之气则要吸收，只有这样，才能维持无形的相对平衡，以避免灾祸的发生。

27. 什么是纳音五行

纳音五行是古代的一种五行学说，是将五行理论应用于时间周期的一种方式，主要用于命理学、风水学和医学等领域。纳音五行起源于唐代李虚中所创的"八字命理"（即根据人的出生年、月、日、时来推算命运），后来在宋朝由徐子平进一步发展和完善。纳音五行与传统的五行（金、木、水、火、土）有所不同，它将五行与六十甲子（即六十个干支组合）相结合，形成六十种不同的纳音。每一个甲子周期对应一种纳音，每种纳音都有其特定的五行属性和寓意。

具体来说，纳音五行是按照五行相生的原则，结合天干地支的特性来确定的。例如，甲子年对应的纳音为海中金，乙丑年为海中金的延续，丙寅年为炉中火，以此类推。纳音五行在命理学中用于分析个人的命运和性格特点，认为出生时的纳音五行属性影响着一个人的一生命运走向，包括健康、事业、婚姻等方面。在风水学中，纳音五行则被用来判断地理环境对人的影响，选择合适的居住和工作环境。此外，传统中医也会运用纳音五行理论来探讨人体健康与自然环境的关系。需要注意的是，纳音五行是一种较为复杂的命理学概念，其理论和应用在现代科学中并没有得到普遍认可。

28. 五行与五星有什么关系

占星术在古代起源较早，而五行学说的兴起使人们对事物的认知发生了巨大的变化。东汉的张衡说："五星，五行之精，众星列布，体生于地，精成于天。"这是关于五行与五星关系的说明。五星原来指太白星、岁星、晨星、荧惑星、镇星，在春秋战国时期用五行为五星命名之后，原来的五星分别为金星、木星、水星、火星、土星。五星在运行中，不断呈现出光线长短与光线亮暗的变化，而这即是古人判断人间吉凶的依据。与五行一样，五星之间也存在着相生与相克的关系，古人往往以此来进行判断国家的兴衰与人民的祸福。

29. 择吉术中，如何用五行推测吉凶

择吉术中常用的两种方法是依据五行寄生十二宫和无形休旺原理推测吉凶。在运用五行寄生十二宫的方法中，如果年干恰逢与其相应的地支，则为吉日。如寅为甲木的临官，甲木若逢寅，这被称为岁禄日，即为吉日。但如果甲木逢辰，这被称为无禄日，即为凶日。这种推演吉凶的方法主要是以五行生克的原理为依据的。

五行在一年四季中有五种不同的运动变化状态，即旺、相、休、囚、死。其中，木、金、水、火分别旺于四季中的各七十二天，而土则旺于每个季节末的各十八天，一共也是七十二天。择吉术中，这七十二天被称为"土王用事日"，也就是说，在这些日子里，是不宜破土动工的。

第三章 《周易》的占筮

1.《周易》占卜的原则是什么

《周易》卜卦最根本的原则是有疑则卜，无疑则不卜。不论是看风水，还是八字算命，都必须虔诚，否则断卦就会出现偏差。古人认为，在摇卦之前，还必须遵循一些注意事项，卦象才会灵验。占卜要亲自为之，不要委托他人进行。占卦之前需洗手净身，才能烧香拜神。占卜在古代被认为是头等大事，因此进行占卜的前一晚要早点休息，保证第二天精力充沛，意念集中。占卜的地点最好选在干净的书桌或神案前，绝对不能在厕所、卧室等嘈杂邪溺的环境里。

占卜时要集中心力，内心虔诚，全神贯注冥想所求之事，切忌无事起卦或以玩笑心态试卦。占卜只在白天进行，因为晚上十一点之后是两日交接的阶段，此时段应避免求神问道。

同样的事情，只占一次即可，不可反复占卜。一卦一事，如果还有其他事情，应另行占卜。占卜的范畴也应避开奸秽淫道等内容。

2.《周易》占卜预测的范畴有多广

《周易》占卜运用范围非常广泛，凡是不确定的事物都可以进行占算。人们可以通过不同的方法，占财利、占姻缘、占生育、占运程、占出行、占疾病……对自己困惑的问题寻求解答。有人认为占卜很灵，有人则认为占卜是封建迷信。其实，占卜所显示的结果是客观的，但是对结果的分析和解说却是主观的。《周易》认为宇宙事物具有全息性，占卜是对宇宙运行状态的一个短时间的模拟。其灵验与否和占卜人理解天地万物运行规律的程度有很大关系。

占卜人根据占卜过程中所反映出的信息做出自己的判断，这个判断就是宇宙万物对此事可能产生的影响。因此高明的占卜人都会尽量避免主观意识的干扰，以此获得当时宇宙万物最本质、最客观的暗示。

3.《周易》占卜有哪些断语

《周易》占卜中最基本的断语是"吉"和"凶"，分别代表事物发展的两极，好或者不好，顺利或者不顺利。除此之外，《周易》中还有表示其他不同程度的断语。按照顺序，我们可以将卦辞所包含的断语分为吉、亨、利、无咎、悔、吝、厉、咎、凶等九个等级。

"吉"代表顺利、吉祥，走向成功；"亨"代表顺利、通畅无阻；"利"代表适宜、有利；"无咎"代表平常、中间状态、无功无过；"悔"代表因出现小的偏差而羞愧，改正自己的过错；"吝"代表羞辱，但不自知；"厉"代表凶吉未定的灾难或危险；"咎"代表需要承担责任的过失；"凶"代表凶险、失败、不好的结果。值得注意的是，《周易》中的卦象一般是有限定条件的，像"悔"和"吝"都代表小差错，但前者是羞愧后改正，后者是处于羞愧中而不自知。"厉"是一种中间状态，是可以改变的危险，如果及时修正就能化险为夷，如果不能修正就会转向"凶"。因此，只有注意限定条件，才能对卦辞进行正确推断。

4.《周易》预测遵循哪些原理

《周易》预测不是简单地推测、卜筮，其中还揭示了宇宙万物运动、变化、发展的规律。它主要遵循着如下原理：

《周易》认为，万事万物都有生有死，循环往复、无尽轮回，因此用太极图或者命理十二宫来表示这种生老病死、物极必反、阴盛阳衰的循环规律。

《周易》认为万事万物都是运动的，相互之间存在关联性。万事万物相互影响，此物影响彼物，过去影响未来，由此可以把握事物发展变化的规律。

《周易》认为万事万物都具有全息性，从某个局部便可以折射出整体信息，由现在便可以推断过去，比如面相、手相等都是提取了人生的一个局部或一个时空点，以推知一生的信息。

5.《周易》卜卦有哪些方法

古代占卜非常流行，依托于《周易》的占卜更是形形色色，不胜枚举。随着岁月的流逝，有些占卜方法已经失传，有些延续至今。其中影响比较大的有：

蓍草占筮：这种起源于周朝的占卜方法，因其简单易行而流传甚广。

金钱卦：这是一种求卦之人用铜钱或硬币便可以随时随地进行的占卜方法。

梅花易数：传说是由宋代易学家邵雍发明的一种用数或象来起卦，再综合《周易》进行分析的占卜方法。

纳甲筮法：又叫"六爻"。传说是西汉易学家京房首创，规则是先将六十四卦排列成八宫卦，再将天干纳入其中，与五行相结合占卜。

观星相：是将天上星辰的运行状况与《周易》结合进行预测的方法。

看风水：是利用五行八卦理论，将住宅（包括阴宅）与主人的命运相结合进行预测的方法。

抽签：算卦时在事先已写好的签中随机抽选，解卦人根据签语进行占卜。

相面：是一种通过观察人的面相推测命运的占卜方法

相手：同相面相似，是一种通过观察人的手相推测命运的占卜方法。

解梦：传说是由周公发明的一种通过梦境预测命运的占卜方法。

6. 什么是蓍草

蓍草是一种有节、中空、端生白毛的野生植物。秋熟之后选粗细相近、节长相近，每根有十二个节（不必拘于此数）的蓍草一共五十根。其实并不限于蓍草。因为以蓍草五十根分而探之的起卦方法主要是以数应。所以使用的东西不重要，木棍、竹竿均可，但不可太粗，以五十根之总和能在手中握住为宜。选用相同质地、相同颜色、相同粗细、相同长短，便于收藏的东西即可。

7. 怎样用蓍草占筮

蓍草占筮事先要准备五十根蓍草。演算开始时，先取一根放在外面，表示天地产生之前的"太极"状态。然后将剩余的四十九根蓍草随意分为两部分，左手所持有的部分表示"天"，右手所持有的部分表示"地"。再从右手任意取出一根放在左手小指和无名指之间，表示"人"。此后继续以每四根为一组表示"四季"进行分发，先用右手分数左手的蓍草，再用左手分数右手的蓍草。直至分到出现以下规律：左余一，右余三；左余二，右余二；左余三，右余一；左余四，右余四。然后，将左手所剩蓍草放在右手中指和无名指之间，右手所剩蓍草放在左手食指与中指之间，这就完成了"第一变"。"第二变"如法炮制，去除指缝间的余数，将剩余的蓍草按"第一变"的顺序和方法继续演算。然后按同样的顺序和办法进行第三次演算。"三变"之后，两手所持的蓍草总数应为三十六、三十二、二十八或是二十四。然后除以四，得到一爻。蓍草占筮共有六爻，必须经过十八次演算，才能得到一个卦象，因此又被称为"六爻"。推演过程全部结束后，根据推论规则对卦象进行解释，占筮才算真正完成。

8. 金钱卦怎么占卜

金钱卦传说为战国时期的鬼谷子发明，这种方法使用的道具是三枚相同的铜钱或是硬币（现代易家以"乾隆通宝"为最理想用物）。占卜之前确定好铜钱的正反两面，通常是以有汉字的一面为正，象征"阳"，以有图案的一面为反，象征"阴"。哪一面为阴阳都可以，但一经确定就不能再改。将三枚铜钱放入竹筒或龟壳中，或者是握于两掌内。在起卦之前诚心默念自己想占卜的事情，然后摇晃竹筒、龟壳或手掌，将铜钱轻轻丢在桌面，观察铜钱的正反情况，并记录在案。若三枚铜钱都正面朝上，叫作"老阳"，记录为"○"若三枚铜钱都反面朝上，叫作"老阴"，记录为"×"。若三枚铜钱呈现出两个正面朝上，一个反面朝下，叫作"少阳"，记录为" ▬▬ "若三枚铜钱呈现出一个正面朝上，两个反面朝下，叫作"少阴"，记录为" ▬ ▬ "。用同样的方法再重复五次，将结果由下而上记录，便可以得到一个完整的卦象。参照《周易》就可以进行预测了，这种方法也被称为"六爻"。

9. 金钱卦选用哪些硬币比较好

金钱卦选用硬币要依下列原则：

（1）三枚钱币一样（同质地，同大小，同纹样）。

（2）不要有残缺。

（3）正反两个面差别大的为好（比如一面是平面，而另一面有文字）。

古人有以贝壳起卦的，贝壳向内凹进的一面为阴，凸出的一面为阳。六爻以钱代筮法的用具不仅仅可以使用钱币，用其他东西亦可，但使用硬币摇卦时，选用硬币要遵照以上原则，乾隆钱，包括清朝及其他朝代的双面皆有文字的钱都不在首选之列。硬币的材质以不受磁场影响的金、铜、铝等为好，铁币由于受磁场影响大，且在这种影响下，币与币之间也会产生影响，故不宜使用。所以选用金、银、铜等反正面区别明显的圆形硬币最好。现代人民币的硬币多不可用，不是因其没有中间的方孔，而是因为正反面布满了文字花纹，几乎不可分阴阳，这种币对信息的反应迟钝难明，所以不可用。

10. 八卦六爻中哪一爻代表自己

确定哪一爻代表自己，是八卦中判断事物的前提，风水中规定八卦各宫中的八个卦，都用不同的爻来代表自己。

八个纯卦都是最上一爻第六爻代表自己，第二卦代表自己的是最下一爻，即初爻，第三卦是二爻，第四卦是三爻，第五卦是四爻，第六卦是五爻，第七卦是四爻，第八卦是三爻。如"火地晋"属于乾宫中的第七卦，所以卦中的第四爻代表自己。

官鬼巳火

父母未土

兄弟酉金

子孙卯木

官鬼巳火

父母未土

古人认为八卦各宫中的八卦，都可以用不同的爻来表示。

11. 如何得知卦中每一爻与自己的关系

每个六爻卦都有自己所属的地支和五行，所以只要确定了代表自己的是哪一爻，就可以据此判断其他爻跟自己的六亲关系。比如，"火地晋"卦，它的上卦为离卦，它所对应的地支五行为下爻酉金、中爻未土、上爻巳火；它的下卦为坤卦，它所对应的地支五行为下爻未土、中爻巳火、上爻卯木。火地晋卦中代表自己的一爻是第四爻，也就是上卦的下爻。此时第四爻的地支五行为酉金，所以对于金的属性，第一爻属土，是生我，为父母；第二爻属火，是克我，为官鬼；第三爻属木，是我克，为妻财；第四爻属金，为同我，为兄弟；第五爻属土，是生我，为父母；第六爻属火，是克我，为官鬼。

12.六爻卦的每一爻是怎样命名的

六爻卦的每一爻都有序号，最下面的是初爻，往上依次是二爻、三爻、四爻、五爻、上爻。其中，上爻和五爻代表着天的阴阳，三爻、四爻代表了人的刚柔，初爻、二爻代表了地的仁义。六爻的变化，代表着事物的变化与发展，可以由此得知不同的信息。

除了排序的数字，六爻还分别有各自的阴阳数字。在《周易》中，用七、九、八、六来代表阴阳，"六"为老阴，"七"为少阳，"八"为少阴，"九"为老阳。这四个数字之间有阴阳循环的过程：少阳是阳气增加的状态，当阳气越积越多的时候，它就会转化为老阳；老阳是阳气最足的状态，但物极必反，它必然会向少阴转化，同理，少阴会转化为老阴，老阴会转化为少阳。在这个循环的过程中，少阳转化为老阳，其性质不变，所以为不变数；老阳转化为少阴，其性质发生了变化，所以是变数，同理，少阴是不变数，而老阴是变数。《周易》是讲变化的，所以在卦爻上只取用了变化之数的"六"表示阴，"九"表示阳。

将阴阳数字和序号组织起来，就是每一爻的名字。如"山风蛊"卦的最下面一爻为阴，其爻名为初六；第二爻为阳，其爻名为九二；第三爻为阳，其爻名为九三；第四爻为阴，其爻名为六四；第五爻为阴，其爻名为六五；最上一爻为阳，其爻名为上九。

13.什么是"承"

在卦爻中，爻之间会出现一种"承"的关系。所谓承，就是下爻对上爻的承上和烘托，即下爻对上爻的关系是承。这通常是阴爻上承阳爻，象征着柔弱者对刚强者的服软，贤能的臣子对明君的辅佐，是吉祥的象征。

"承"有三种，一种是一个阳爻在上，一个阴爻在下；第二种是数个阳爻在上，数个阴爻在下；第三种是上下两爻的阴阳相同。

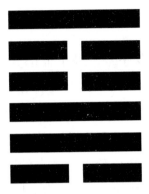

上爻为阳，下爻为阴，就被称为"承"。

14.什么是"比"

如果卦爻中相邻的两爻之间有一种亲密的感觉，就被称为"比"。所谓比，是比邻、亲近、比肩的意思，如初爻与二爻、一爻与三爻、三爻与四爻、四爻与五爻、五爻与上爻，都是"比"的关系。

如果比邻的两爻阴阳不同，则是异性相吸，能够相互补益，是吉祥的象征。但如果比邻的两爻阴阳相同，则是同性相斥，相互之间无情义可言，所以不吉祥。

15.什么是"乘"

卦爻间有一种关系叫作"乘"，所谓乘，是上爻对下爻的欺凌、居高临下，即上爻对下爻的关系是"乘"。这通常是阴爻下乘阳爻，象征着臣子欺辱君主、小人位于君子之上，多象征不吉祥。

"乘"有两种：一种是一个阴爻在上，一个阳爻在下；另一种是数个阴爻在一个阳爻之上。

16.什么是"应"

卦爻的上下卦中相对应的爻具有相互呼应的关系，所以被称为"应"。这就是说，下卦的初爻和上卦的四爻、下卦的二爻和上卦的五爻、下卦的三爻和上卦的上爻之间，存在一种同志联盟的关系和"比"

一样，"应"也讲究阴阳相应，也就是相应的阴阳相异就是吉利，相应的阴阳相同就是不吉利。一般相应的情况都是两爻间阴阳相应，但也有一爻与数爻相应的情况，如比卦中除了五爻为阳之外，其余的都是阴，是五阴应一阳的情况，象征着四方的诸侯对王的臣服。

17. 八卦六爻与地支五行如何对应

六爻卦每一爻都有相对应的地支和五行，其对应顺序由下爻开始往上。

乾卦为内卦时，下爻为子水，中爻为寅木，上爻为辰土；为外卦时，下爻为午火，中爻为申金，上爻为戌土。

坎卦为内卦时，下爻为寅木，中爻为辰土，上爻为午火；为外卦时，下爻为申金，中爻为戌土，上爻为子水。

艮卦为内卦时，下爻为辰土，中爻为午火，上爻为申金；为外卦时，下爻为戌土，中爻为子水，上爻为寅木。

震卦为内卦时，下爻为子水，中爻为寅木，上爻为辰土；为外卦时，下爻为午火，中爻为申金，上爻为戌土。

巽卦为内卦时，下爻为丑土，中爻为亥水，上爻为酉金；为外卦时，下爻为未土，中爻为巳火，上爻为卯木。

离卦为内卦时，下爻为卯木，中爻为丑土，上爻为亥水；为外卦时，下爻为酉金，中爻为未土，上爻为巳火。

坤卦为内卦时，下爻为未土，中爻为巳火，上爻为卯木；为外卦时，下爻为丑土，中爻为亥水，上爻为酉金。

兑卦为内卦时，下爻为巳火，中爻为卯木，上爻为丑土；为外卦时，下爻为亥水，中爻为酉金，上爻为未土。

18. 什么是进神、退神

《周易·系辞》曰："变化者，进退之象也。"宇宙间万事万物在不停地运动、变化，有动就有变，有变则有进退之别。六爻之动变就是论述的这种变化、进退的自然规律，所谓的进神、退神，就是事物、事情经过动变后所表现出来的前进和后退的具体标志。

进神者，卦爻之动变而化进也。化进即是：寅化卯、巳化午、申化酉、亥化子、丑化辰、辰化未、未化戌、戌化丑。退神者，卦爻之动变而化退也。化退即是：卯化寅、午化巳、酉化申、子化亥、辰化丑、丑化戌、戌化未、未化辰。

进神者表示事物不断向前发展，如春天来临，草木茵茵，一派生机。退神者，是事物变化而倒退的表现，如秋天花残叶败之象。化进化退有喜忌祸福之分，吉神宜遇化进，忌神宜化退。

19. 进神与退神之间发挥作用的具体情况是怎样的

进神与退神发挥作用的具体情况如下：

动爻化进神的四种情况包括动爻旺相而化旺相，乘势而进；动爻休囚而化休囚，待时而化；动爻变爻有一个休囚，待休囚之爻旺相而进者；动爻或变爻有一个旬空或月破，待填实或出月后可进。

动爻化退神的四种情况：占近事得时而不退者；动爻休囚而化休囚而退也；动爻变爻有一个旺相，待休囚之时而退；动爻或变爻有一个旬空或月破，待填实或出月后可退。

20. 什么是六爻中的应期

应期即指断事的应验时间。判断应期是六爻预测的最后一个环节，也是最关键的一环。它关系到预测结果的成败。如果事情预测对了但应期没有判断准确，整体的判断便大打折扣。按照时间划分，应期可分为过去应期和未来应期两类。如预测疾病，判断病人得病的时间，就为过去应期；判断病人何时病愈，就为未来应期。按照所预测事情的性质，应期可分为三种：可推断出具体年、月、日、时的应期；不可用年、月、日、时来确定断事结果的应期；预测中不需要应期。

21. 用六爻预测天气有哪些好处

通过六爻预测天气有以下好处：

在科学技术发达的今天，利用科技手段，基本上可以准确地预报天气的变化。但是，公共媒体公布的天气预报只是一个地区的大概天气情况，而我们需要的天气情况往往是局部性的或有时间段的。有时候没有看到天气预报的公布，想要了解情况时，照样得去查找，而通过六爻预测就可以方便人们了解天气情况。

通过六爻预测天气可以提高六爻预测的水平，可以细细体会到六爻预测的微妙之处，对于初学的人来说，通过用六爻预测天气，是在短的时间内提高预测水平的最佳方法之一。因为一般的事情预测之后，想要得到结果的反馈需要几天、几个月，甚至几年，六爻预测需要大量的反复验证才能掌握好它的微妙之处，所以单靠预测人事来应对，要掌握好六爻预测术可能就得好几年了。从古人及我自身的经历来看，每天用六爻预测天气不失为一种掌握六爻预测方法的捷径。

22. 什么叫动爻

在变卦中，不得不提由动爻带来的变化。所谓动爻，就是会变化的爻，即该爻会进行阴阳的转化，即阴转为阳或阳转为阴，从而得到一个变卦。在占卜中，进行吉凶断事时，不仅要看没有变化的本卦的卦辞，还要参考变卦的卦辞。

通常求卦时会出现少阳、老阳、少阴、老阴四种结果，其本卦是得到阳就为阳爻，得到阴就为阴爻。但老阳和老阴是变化之数，所以它们会很快进行转化，由此将老阳变为少阴，得到阴爻，将老阴变为少阳，得到阳爻，这就得到了第一个变卦。在某些占卜中，求得了变卦后，还需要再用公式找到一个动爻，将这个动爻进行阴阳转化，即阴爻转为阳爻，阳爻转为阴爻，这就得到了第二个变卦。在占卜中，通常将本卦认为是现在，将第一个变卦认为是变化的过程，将第二个变卦认为是变化的结果。根据此推断，就可以得出一个事物的现在、发展和结果。

23. 出现动爻，如何解读卦象

在求卦过程中，最重要的部分就是解读卦象，这是占卜灵验与否的关键所在。解卦是从求得的卦象中推断出所求事物的正确答案，这个过程涉及的不只是本卦，还有变卦和动爻。本卦就是摇出来的卦象，变卦是本卦的动爻发生变动而产生的新卦。

在《周易》六十四卦中，只要求出了卦象，就能找出相对应的爻辞，对本卦、变卦和动爻进行解释。但动爻出现的几种可能性都影响到对卦象的解读。那么，应当用什么方式得出最终的结论呢？如果求出的卦象上没有动爻，那就非常简单，只需用本卦的卦辞解释就可以了。

如果出现了一个动爻，就用本爻的爻辞进行解释，如果出现了两个动爻，情况稍微复杂一些，要将本卦对这两爻的解释综合起来作答，而且以位置偏上一爻的爻辞为主，如果出现了三个动爻，则要分别查出本卦和变卦的卦辞，解读时以本卦的卦辞为主，变卦的卦辞为辅。如果出现了四个动爻，将本卦中那个不变化爻的爻辞进行综合解读，侧重于位置偏下一爻的爻辞。

如果出现了五个动爻，则对变卦中剩下的那个不变爻的爻辞进行解读。如果出现了六个动爻，则用变卦的卦辞进行解读。

24. 生活中，怎样用动爻与静爻的关系来判断事情的发展

动爻是事情的主要参与者，有积极的行动力。"动"的是已经觉察到的、变化明显的事情。卦中动爻越多，事情就越杂越乱。而静爻是事情的被动参与者。静有安静不动、静观事态发展之意。静爻多，变化就少或小，往往需要持之以恒、保持现状、稳中求发展。如果有变化大都不是自己发起的，而多为外界原因所致。比如测合伙做生意，

如果应爻静、世爻动，代表自己主动去找对方。如果世爻静、应爻动，代表对方积极找自己。

25. 如何理解六合

把十二地支按南北方向以圆环状依次排列在地球周围，子在正北，午在正南，从北偏东到南偏西的直线相当于地轴，此轴两侧两两相对的地支就为六合。十二地支两两相合为：子与丑合，寅与亥合，卯与戌合，辰与酉合，巳与申合，午与未合。地球自转时会产生离心力，所以在以地轴为中心而相对的方向上的事物有互补的作用，表现为相伴、制约、互补、会合、纠缠、留住、停留、愈合、相见、相好等关系。

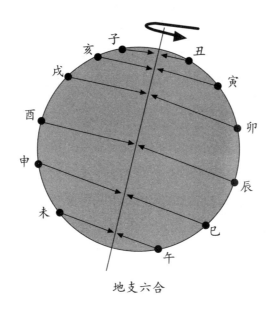

地支六合

26. 怎样在六爻卦中找用神

用神是一卦之主，没有用神，就不知所为何事，所为何人，在所有的断六爻卦中，取用神是非常重要的，这与四柱取用神相似，所有的吉凶都必须通过用神与它爻的作用结果来判断事情的来龙去脉及成败。通常取用神是根据卦主所问之事来定，比如测父母长辈、文书合同、车辆下雨等，就以父母爻为用神；测兄弟姐妹、朋友同事、竞争对手、阻隔小人、劫财之患等以兄弟爻为用神；测妻子、情人、兄弟媳妇、金银珠宝、财运等以妻财爻为用神；测丈夫、疾病、咨贼、官司口舌、忧患、鬼神等以官鬼爻为用神；测儿女、晚辈、医生、医药、军人武职、太阳、平安之神以子孙爻为用神。

27.月日破爻是无用之爻吗

被月冲之爻叫月破，在月令休囚之爻又逢日冲的爻叫日破。一般来说，不管是月破还是日破不能单凭这点来确定卦的吉凶，必须视全局而论。月破之爻书上讲它为无用，只有逢合或逢日或动爻变爻之生才有用，但是，月破之爻针对近期内的事特别是某一天之内的事时，只要卦中主要用神有用，当日就可以应事、成事，有的甚至根本就不影响事情成败。日破之爻与月破同理，日破之爻有时在断卦时还可作为暗动之爻用，因为它是提供信息情报的，往往在卦中有这样的爻能给预测带来意想不到的提示作用，所以，不要一见日月之破爻就论为无用之爻，就以凶论，这是错误的。

28.什么是反吟、伏吟

反吟是指卦或爻变动之后形成方位对冲之势，反吟实质上的用法与相冲同，指相撞、反目、散伙、敌对的信息，卦变反吟多用于卦象预测为主，六爻预测多以卦爻反吟为主，反吟有反复、多变、不稳定之象，在测人、事中一般主事情变化无常，进退不定。

伏吟是指卦爻动后而变卦的地支及六亲仍没有变动，伏吟是痛苦、忧伤、悲哀、失望、哭泣、迟疑等信息，反吟应事快，伏吟应事相对来说稍慢些，但不论是反吟还是伏吟，在预测过程中若在卦中出现，特别是世爻用神如此，则要看有救无救再做出结论。

29. 动爻与变爻之间能否画等号

动爻指卦中发动或暗动之爻，也可以暗指被月日合起之爻，动爻可以得到所测之人或事的动机、方位、心情等信息，是断六爻卦中十分重要的信息来源之一，所以古人说"玄机在于动"。动爻发动主占主动，它可以针对卦中静爻作用，而静爻却不能作用于动爻，动爻若不受月日建或其他动爻的克制，则作用力更大。

变爻是指动爻变出来的那个爻，与动爻是在同一平行线上。一般来说，变爻只能对本位动爻作用，而不能作用其他爻位的任何爻。在实际运用中，变爻虽然不能作用它爻，但变爻与它爻的刑、冲、合等可以供测来意、事情的变化、主要的矛盾等，所以变爻无形之间也作用了它爻。具体运用还要初学者慢慢体会、实践才能进一步取得心法。

30. 怎样摇卦

摇卦最好选择在安静的环境中，桌子要干净，不要在地上、床上或不洁之处摇卦。

如果家中安放了神位，可以在摇卦前先上香祷告一番，（没有神位，有八卦图也可）。把手洗干净，心中默想所要测之事大约一分钟，从初爻开始记下符号。注意：一定要从初爻开始往上记爻，除了第一次要一分钟外，其他五次均只要摇几下即可，且铜钱最好不要落地为原则，手势放轻一些。卦摇六次之后，就是安世应、地支、六亲了。所有这些工作做完，接下来便进入到断卦程序。

31. 如何断卦

断卦要遵循以下几个原则：

（1）要准确地找出所测之事的用神，用神错了就全错了。

（2）一些特殊的人或事预测时用神不止一个，比如测工作，官鬼代表工作，财爻代表工资，父母爻代表单位大小，兄弟爻代表同事等，需要全面去看。所以对于具体的人或事就应该具体分析，只有这样预测准确率才高。

（3）一个卦中往往会遇到用神两现或多现的情况，这时主要是以持世应之爻为主，未持世应的则以动爻为主，或以离世爻较近者为主。

（4）在断卦过程中，凡持世之爻往往对于分析吉凶能起到一定的暗示作用，可以作为参考。

32. 什么是六冲

六冲是十二地支的一种关系，与六合相反。地支之间两两阴阳属性相同，所代表的方向相反而藏干又相克，所以为冲。具体来说，子午相冲、丑未相冲、寅申相冲、卯酉相冲、辰戌相冲、己亥相冲。如子水和午火都为阳支且相克；子为正北方，午为正南方；子藏阴干癸水，子藏阴干丁已，癸水克丁火，己土克癸水，相互克制也。在四柱命理中六冲是一种很重要的地支之间的关系。六冲一般不吉，尤其流年太岁受冲，容易有伤灾。在命局中，逢冲易破格，喜用神逢冲更是不吉，凶神逢冲一般主吉利。

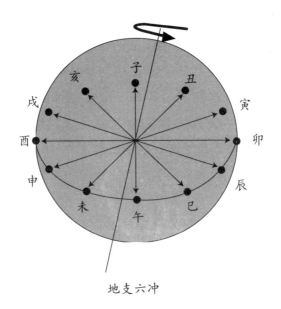

地支六冲

33. 如何从爻的顺序和阴阳推测出吉凶

卦爻的作用除了用来表示世间的事物外，还可以从中判断吉凶。在易学中，最主要的吉凶判断是卦爻是否"中正当位"。内卦的中间一爻是二爻，外卦的中间一爻是五爻，所以二爻和五爻是处于"中"的位置。中，象征事物能保持中道，行为不偏不倚，是非常吉祥的。凡是阳爻在中位，就象征着刚中之德，凡是阴爻在中位，就象征着柔中之德。尤其是五爻，处于卦爻的最佳位置，是尊位，如果占卦时得到此爻，就尤为吉祥。

在易学中，奇数代表阳，偶数代表阴，这就是"正"。如果阳爻在奇数位，或阴爻在偶数位，那么就叫作"得正"或"当位"，这就是吉祥的象征，反之则是"失正""不当位"，是背离正道，违反规律的意思，是不好的现象。如果二爻的位置为阴爻，五爻的位置为阳爻，那么就有"中"有"正"，叫作"中正"，是吉祥的象征。

不过对卦爻的判断不是绝对的。通常来说，如果占得的爻得正即使不当位也是吉祥的，而在某些条件下，得正的爻可能向失正转化，失正的爻也可能向得正转化。

34. 先卜后筮还是先筮后卜

在古代，"卜"和"筮"是两个不同的概念。《礼记·曲礼上》有过专门解释："龟为卜，策为筮。卜筮者，先圣王之所以使民信时日、敬鬼神、畏法令也；所以使民决嫌疑，定犹与也。"也就是说，"卜"是用火烧龟甲，观察龟甲裂痕断定凶吉的方法；而"筮"是以蓍草为用具断定凶吉的方法。

二者不但起卦工具有区别，所处的地位也不相同。《周易》中，龟与象相对，筮与数相对。象为本，数为末。筮是采用经文拟事，而依据的是五行八卦原理，是筮的发展。因此，卜的地位更加重要。古人认为"小事则筮，大事则卜"，所以，一般情况下先筮后卜。遇到大事时，筮法和卜法都要用，如果先用筮法占得凶兆，后用卜法求得吉兆，则以卜法所测为准。

35. 卜筮最多可以进行几次

卜筮不能随便进行，一般来说同一件事连续卜筮不能超过三次。在具体操作中，占卜和筮法也有所不同。如果占卜结论是吉兆，说明前景一片光明，或是眼前的困难很快就能解决，那便没有必要再三求证，按照自己的原计划进行就可以了。如果占卜结论是凶兆，就必须取消原来的计划，等待一段时间，虔诚祷告之后进行第二次占卜。如果连续三次都得到凶兆，就应当改变或放弃原计划。

筮法则没有时间限制，可以连续进行三次，直至得到吉兆为止。但总数不能超过三次。

36. 为什么说六十四卦方圆图很重要

六十四卦方圆图是易学非常重要的一个图，也称伏羲六十四卦方圆图，简称方圆图或先天图。此图外面是圆图，里面是方图，取外圆内方之义。圆图为时间，方图为空间。所谓研易，即推演此图，图中包括了易学的意、言、象、数和阴阳消长之说。宇宙、时空、人类、文明乃至万物，全在此图中。

六十四卦方圆图是研究《周易》的重要内容，方圆图外面的圆图，其方位与先天八卦相同。重卦和三划卦相同，乾、坤分居上下，离、坎各列左右。乾一兑二离三震四逆数，巽五坎六艮七坤八顺行，自然地将六十四卦分成了八宫。左半圈从复到乾，共三十二卦，一百一十二个阳爻，八十个阴爻，阳由少渐多，为"阳升阴消"的过程。右半圈从姤卦坤，共三十二卦，一百一十二个阴爻，八十个阳爻，阴由少渐多，是"阴升阳消"的过程。由此六十四卦形成了运动变化的圆，金木水火土五行依次运行，就形成了四季，配合十二地支和二十四节气，就是一幅完整的天体运行图。

从大方图来看，从西北角至东南角是条斜线，以先天八卦的次序排列着八纯卦：乾、兑、离、震、巽、坎、艮、坤，这样就将六十四卦分成了两半。四层对角的卦象相反，第一层震、巽相对，表示"雷风相薄"；第二层离、坎相对，表示"水火相射"；第三层兑、艮相对，表示"山泽通气"；最外一层乾、坤相对，表示"天地定位"。因此可以看成这是一个古代大地的方位图。

37. 六十四卦中有着怎样错综复杂的关系

成语"错综复杂"是指头绪众多、情况复杂，它其实来源于易学，是用来表示六十四卦之间的关系，反映了卦爻的变化，由此又被称为变卦。

易学中的错卦，是指阴阳相对的卦；综卦是上下爻均相反的卦；交互卦，上卦为三四五爻组成，下卦为二三四爻组成的卦。由于交互卦表达的是复杂的道理，所以错卦、综卦和交互卦这三种关系组合起来就是错综复杂。

但是，错卦、综卦和交互卦并非卦名，而是六十四卦之间的关系。所以在占卜中，求得的卦象并非孤立存在的，它们都有与自己有联系的变卦。通过变卦来研究占卜结果，才是《周易》的奥秘所在。

38. 什么是"大衍筮法"

《周易》中提到的占卜法，就是"大衍筮法"，这是用大衍之数来占卜的方法。《周易》将一、三、五、七、九这五个奇数定为天数，将二、四、六、八、十这五个偶数定为地数。如果将天数相加可得到二十五，将地数相加可得到三十，它们各自是天地间最大的奇偶数，也就是极数。两个极数相加之和为五十五，这就是"大衍之数"两个极数的变化，代表和反映了天地的变化，古人就通过用五十五根蓍草或竹签来占卜，得出六十四卦以问吉凶，这就是"大衍筮法"，是对六十四卦的一种检索方式。

39.影响爻卦预测的因素有哪些

我们用爻卦预测事情的吉凶趋势，其实就是在确定用神与世爻后，通过分析卦中日令、月令以及卦中各爻围绕世爻与用神的变动作用，利用六爻各式应用卦理，综合判断其旺衰来实现预测的。

（1）卦中的月令（也称月建），能同时影响卦中所有爻的旺衰、生克冲合卦中的爻。

（2）卦中的日令（也称日建），能同时影响卦中所有爻的旺衰、生克冲合卦中的爻。

（3）卦中的动爻，能生克冲合卦中的爻。卦中静爻即使旺相也没有生克他爻的功能（静卦除外）。

（4）爻自己发动，而变化出来的变爻，能回头生克冲合变出它的本位爻。要注意的是，卦理上变爻除了可以回头作用本位爻之外，无论什么条件下，都不能跨越作用其他的动爻或静爻，这是基本卦理。

40.什么是卦身

卦身是一个多功能用神，是卦的灵魂，是六亲以外的第七亲。卦身是万能百搭。当在卦中无法确定以何为用神之时，可以看卦身；当占来意而卦象信息显现不明显时，可以看卦身；当用生克制化无法锁定应期时，可以看卦身；难以判断应期时，可以参看卦身在何年何月何日出现。

41.易学中的"○"和"×"各表示什么

在易学发展出来的各种卜卦方式中，凡是遇到老阴或老阳，都会将阴阳互换，这是取盛极必衰的道理。在记录的时候，会用"○"表示变数老阳，用"×"表示变数老阴。

后世的一些易学人士认为，这些符号不仅表示这里要发生阴阳的变化，还各自有其实际的意义。由于老阳是阳气极盛的代表，因此

"〇"代表了一切圆形或畅通的事物，如窗户、水井、孔洞、镜子、项链、绕圈子、口袋、张嘴求人、事情已经结束、到此为止等。

老阴是阴气极盛的代表，所以"×"代表了一切交叉的或封闭的事物，如电线天线、交通关卡、有毒物品、伤口上了绷带、被人绑架、不能动弹、袖手旁观、拒绝接见、物体的支架、十字路口等。

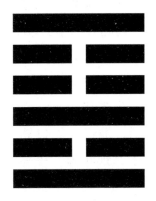

〇和×都是变数，其中〇是老阳数，×老阴数。

42. 如何用卦身来预测吉凶祸福

卦身主事情，指所测事物的实质，卦身入卦时，表示此事已在运，有定向。有些事情，卦身不上卦时，表示此事只是一种意向，还没落实。另外对于入卦的卦身，可以看作卦主的身体形貌，配合六神以判断卦主的性格特征。卦身出现两处，表示事关两处。

另外，问卦者测何类事可以从卦身中判断，卦身在初爻为心事，在二爻为身事，在三爻为家事，在四爻为人事，在五爻为公事，在六爻为国事。卦身生合的爻代表事情的实质；卦身冲克的爻代表发展的趋势；冲克卦身之爻代表事情会因何种因素造成不利。卦身生合世爻、用神则对我方有利；生合应爻则对他方有利；冲克世爻、用神则对我方有利；冲克应爻则对他们不利。

43.如何用六神来断卦

六神，俗称六兽，在具体断卦中主要是用来区分实物的类别，揭示一种信息之象，一般不主吉凶。

青龙：青龙方位为东方，五行属木，青龙主喜庆之事也主酒色。青龙代表蛇、蟒、大树、柱子、大雨、河流等粗而直之物。测人的性格、职业时，青龙临世用，则此人从事公职，在国家企事业单位工作。性格上主为人耿直、正义、光明磊落。

朱雀：朱雀方位为南方，五行属火，朱雀主口舌是非、文书、信息、通讯、文化之类事物。朱雀代表鸟、雀，能发声之类事物，如汽笛、音乐歌声、说话、电话、演讲、靠口靠声音表达之物，测工作为翻译、教师、律师、传教士、预测师，等等。朱雀主文印、口舌，世临朱雀表明此人性格像火一样急切，热情多礼，为人爱说，口才好。

勾陈：勾陈方位代表中央，五行属土，勾陈主田土、文章、契约之事。测风水，勾陈主中间地带。测职业，勾陈临世用主田土之类工作，如房地产、农民、专业技术，主合作伙伴，占性格休囚主为人处世死板，不够圆滑，自我约束力强，旺相主诚实老练，成熟稳重。

螣蛇：螣蛇方位为中央，五行属土。螣蛇主虚惊怪异之事，也主牢狱之灾。螣蛇代表蛇、蟒、神鬼、仙妖、怪事、奇事，代表细而长之物，如绳子、线、软水管、小河。在风水学上代表路。螣蛇主捆绑、环绕、缠绕，有戴手铐之象，也引申出拘留审查之意。

白虎：白虎代表西方，五行属金，主凶灾、横祸，主伤病灾、血光之灾。白虎持世主人性格沉稳，城府深，工于心计。职业为医生、律师、屠夫等。白虎代表坚硬之物、金属物。测人体临世、用主肥大、体胖、面恶。

玄武：玄武代表北方，五行属水，玄武主暧昧不明、隐私、盗窃、不能光明正大去做之事，主暗地里、心里、隐性之事物、不易被察觉之事物。玄武持世，主人轻浮，说话华而不实，做事没有信用，明里一套暗里一套。

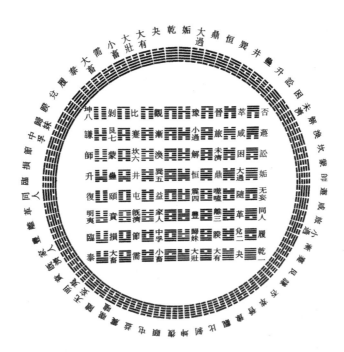

下篇

断易天机
——六十四卦详解

乾（卦一）乾为天

 乾下乾上

【原文】

乾①，元亨利贞②。

初九③：潜龙，勿用④。

九二：见龙在田⑤，利见大人⑥。

九三：君子终日乾乾⑦，夕惕若厉，无咎⑧。

九四：或跃在渊⑨，无咎。

九五：飞龙在天，利见大人。

上九：亢龙，有悔⑩。

用九：见群龙无首⑪，吉。

【注释】

①乾：《周易》的六十四卦全部由上下卦组合而成，下卦为内卦，上卦为外卦。乾，健，象天。

②元亨利贞：是表示吉祥的"贞兆辞"。元，开始。亨，通。利，适宜。贞，正而固。

③初九：与"九二""九三""九四""九五""上九"等一起表示本卦的第一爻至第六爻，表示爻位的阴阳性和排列顺序。在《周易》中，每一卦都由六爻组成，从下向上依次排列，这里的"初""二""三""四""五""上"表示的是从下往上的顺序。九代表阳爻"——"，六代表阴爻"——"。

④潜龙：指龙潜藏。勿用：不可施用。

⑤见：同"现"，出现。田：田地。

⑥大人：指德才兼备并身居高位的人。

⑦君子：这里指的是有才德的贵族。乾乾：勤勉努力的样子。

⑧夕：夜晚。惕：安闲休息。厉：形容危险的情况。咎：小的过失或灾难。

⑨或：未定之辞。渊：深潭。

⑩亢：过而不能止。有悔：悔恨。

⑪群龙无首：宋代程颐将"无首"解释为无自为首，意思是刚健的英雄人物不要自为天下之首，要天下人推举其为首，才吉利。

【译文】

乾卦包含万物的开始、亨通、适宜、贞正四个方面的意义。

初九爻，就像龙潜藏于水中，还不能急于动作。

九二爻，水中的龙到了田野上，有利于拜见贵人。

九三爻，君子要整天戒慎恐惧、勤奋不懈，晚上要安闲休息、因时而止，以保证即使遇到险境，也能平安无事。

九四爻，龙或跳跃离渊，或安居深潭（随时进退），这种情形没有过错。

九五爻，龙已经飞上天空，有利于见有道德并居于高位的人。

上九爻，龙已经飞得太高，有悔恨之事。

用九爻，群龙相聚而无人以首领自居，是大吉的象征。

【原文】

《象》①曰：大哉乾元②，万物资始③，乃统天④。云行雨施，品物⑤流形⑥。大明⑦终始，六位⑧时成，时乘六龙⑨以御天。乾道变化，各正性⑩命。保合大和⑪，乃利贞⑫。首出庶物⑬，万国咸⑭宁。

【注释】

①《彖（tuàn）》：《彖传》，是对卦辞进行解释的话，相传为孔子所作。

②乾元：天的元气。

③资始：依赖其开始。资，凭借、依赖。始，初始、开始。

④统天：犹言"统属于天"，受天统率。统，统率。

⑤品物：指世间繁华的万物。

⑥流形：像流水一样可以变动成形。

⑦大明：太阳是天上最光明的事物，所以被古人称为"大明"。

⑧六位：指上、下、东、西、南、北六个方位，也用来指乾卦的六爻。

⑨六龙：这里紧承前句，也是指乾卦的六爻，意在说明六爻的变动就像是六龙按时御天一样。

⑩性：这里指属性、活性。

⑪大和：也就是"太和"，指的是冲和之气，其最佳状态在于和谐与协调。

⑫贞：正。

⑬庶物：万物。

⑭咸：皆，都。

【译文】

《彖传》说：真是伟大啊！天的元气，为世间万物提供了演变的初始条件，是属于天的。于是，流云、降雨、万物繁衍，便有了具体的形态。太阳周而复始地升降运行，上下四方的方位形成，按时驾驭六条龙所驾之车在天空中运行。天道的这种变化，使得万物各自端正自己的性命。保持住天地冲和之气，有利于守持正固。天地生出万物，各国都安宁祥和。

【原文】

《象》①曰：天行健，君子以自强不息②。"潜龙勿用"，阳在下③也。"见龙在田"，德施普④也。"终日乾乾"，反复道⑤也。"或跃在渊"，进无咎也。"飞龙在天"，大人造⑥也。"亢龙有悔"，盈不可久⑦也。"用九"，天德不可为首也。

【注释】

①《象》：也就是《象传》，是解释卦爻的一种辞。古时将对卦辞的解释称为"大象"，将对爻辞的解释称为"小象"，是"形象""象征"的意思。"大象"通过对上下相叠的两卦进行分析，得出它们之间的关系，进而指导人事。

②自强不息：就是自我激励，自我找寻永远向上的力量。

③阳在下：指的是乾卦的最下一爻——初九爻，此时代表事物还处在很弱小的阶段，无法经受风霜的考验。

④德施普：形容事物生长就像庄稼刚从土里冒出芽来，享受着阳光雨露无所不在的恩泽。德，这里指生养之德。施普，即"普施"，广泛地给予。

⑤反复道：反反复复都合于道。

⑥造：帮助。

⑦盈不可久：过于满就不会太长久。盈，满。

【译文】

《象传》说：天体周而复始地运行着，永不停息。君子要像天体的运行一样自强不息。（初九爻）"潜龙勿用"，阳气还潜伏在地下（所以要隐居不出）。（九二爻）"见龙在田"（大人出世），遍施恩德。（九三爻）"终日乾乾"，反复都合于天道。（九四爻）"或跃在渊"，前进没有害处（但不能冒进）。（九五爻）"飞龙在天"，比喻大人（有君德与君位）可以有所作为。（上九爻）"亢龙有悔"，其实是因为认识到"盈不可久"的道理。用九，说明天的美德在于不能自居首位（因天德动静无端、阴阳无始、互相转化，不偏于一端）。

【原文】

《文言》①曰："元"者，善之长②也；"亨"者，嘉③之会也；"利"

者，义之和④也；"贞"者，事之干⑤也。君子体仁⑥足以长人，嘉会足以合礼，利物⑦足以和义，贞固⑧足以干事。君子行此四德者，故曰"乾，元亨利贞"。

【注释】

①《文言》：又称为《文言传》，是乾卦和坤卦独有的部分。《文言》从理论上对乾、坤两卦爻辞进行解释和发挥，从而引出了伦理学的概念和范畴。

②长：首长，首领。

③嘉：形容"大美"。

④和：相应，呼应。

⑤干：主干，（做事的）根本。

⑥体仁："以仁为体"的意思，也就是说个人立身处世的出发点。

⑦利物：有利于人、物。

⑧贞固：坚固的意思，也就是"坚定地守持正道"。

【译文】

《文言》说："元"是善之首，"亨"是各种美好事物的集合，"利"是诸多义的应和，"贞"是做事取得成功的根本。君子体会到仁义的含义就足够号令大众，聚集起各种美德就足够符合礼义规范，对人与物有利就能够与义相应和，坚守正道就足够成就事业根基。君子身体力行地彰显这四种美德，所以说（他们就如同）乾卦的卦象所蕴涵的哲理，具有"开始、亨通、适宜、贞正"的品德。

【原文】

初九曰"潜龙勿用"，何谓也？子曰："龙，德而隐者也。不易乎世，不成乎名，遁世无闷，不见是而无闷，乐则行之，忧则违①之，确乎其不可拔②，'潜龙'也。"

九二曰"见龙在田，利见大人"，何谓也？子曰："龙，德而正中③者也。庸言之信，庸行之谨，闲④邪存其诚，善世⑤而不伐⑥，德博而化。《易》曰'见龙在田，利见大人'，君德也。"

九三曰"君子终日乾乾，夕惕若厉，无咎"，何谓也？子曰："君子进德修业。忠信，所以进德也；修辞立其诚，所以居业也。知至至之⑦，可与言几也；知终终之⑧，可与存义也。是故居上位而不骄，在下位而不忧。故乾乾因其时而惕，虽危无咎矣。"

九四曰"或跃在渊，无咎"，何谓也？子曰："上下无常⑨，非为邪⑩也；进退无恒，非离群也。君子进德修业，欲及时也，故无咎。"

九五曰"飞龙在天，利见大人"，何谓也？子曰："同声相应，同气相求。水流湿，火就燥。云从龙，风从虎。圣人作而万物睹。本乎天者亲上，本乎地者亲下，则各从其类也。"

上九曰"亢龙有悔"，何谓也？子曰："贵而无位，高而无民，贤人在下位而无辅，是以动而有悔也。"

【注释】

①违：回避，避让。

②拔：移动，挪动。

③正中：中正之道。

④闲：防止，预防。

⑤善世：指引导世人变好。善，这里为名词用作动词，意为"引导……行善"。

⑥伐：夸赞，夸耀。

⑦知至至之：知道进德的程度就努力达到它。前一个"至"为名词，意为发展、程度；后一个"至"为动词，是达到、实现的意思。

⑧知终终之：知道修业能达到的结果，就努力实现它。前一个"终"字，名词，指结果、方式；后一个"终"字为动词，指达到、实现。

⑨上下无常：与"进退无恒"形成互文用法，指的是第四爻位的地位非常灵活，位置也可上可下，可以依据情况的不同决定上下、进退的状态，没有常规可循。常，常规，恒定。

⑩非为邪：此句与"非离群"形成互文用法，指的是九四爻的位置上下进退，可以顺从形势的需要，意为"不是为了私人的欲望，也不是要脱离众人"。

【译文】

初九的爻辞说"潜龙勿用"，这是什么意思呢？孔子说："这时候的龙指那些隐居起来的有才德的君子。他们的操行非常坚定，不为世俗而转移，不追求名声，远离世事而没有苦闷，没有因为言行不受世人赏识而感到烦恼。他们对喜欢做的事情就积极地去实现，对可忧虑的事情就避开，坚守自己的正道而不为外物所动，这就是潜龙。"

九二的爻辞说"见龙在田，利见大人"，这是什么意思呢？孔子说："这里的龙，指的是那些有德行并坚守中正之道的君子。他们平常注重诚信，并且行为谨慎。阻止邪恶的侵蚀，坚守忠诚的品格，引导世人为善但从不自我夸耀，用博大的德行来感化人民。《易》说'见龙在田，利见大人'，是君子的美德。"

九三的爻辞说"君子终日乾乾，夕惕若厉，无咎"，这是什么意思呢？孔子说："君子该培育品德、治理事业。讲求忠信，才能提高品德修养；修饰言辞，确立诚实的品德，才能治理好事业。知道（进德的程度）而努力达到它，就距离自己的目标不远了。知道（修业所能达到的）结果就实现它，就可以守义不变了。因此，居于上位而不骄傲，处在卑微的位置而不感到忧愁。所以，君子白天始终保持勤奋，到了夜晚该休息时休息，即使处在危险的境地中也不会招致灾害。"

九四的爻辞说"或跃在渊，无咎"，这是什么意思呢？孔子说："像龙一样或上或下，没有一定，这不是为了邪僻；或进或退，不是要离开群众。就好像君子进德修业，要随时准备有所作为，所以能够避免灾祸。"

九五的爻辞说"飞龙在天，利见大人"，这是什么意思呢？孔子说："如果声息相同就彼此应和，如果气味相投就彼此求助。就像水注定要向湿润的低处流动，火苗要向干燥的地方延伸一样。云跟随着龙，风追随着虎。于是，圣人在这个过程中形成，受到世间万人景仰。在天上的，就附丽于天空。在地上的，就依附于大地。世间万物都按它们自己的类别相从相应。"

上九的爻辞说"亢龙有悔"，这是什么意思呢？孔子说："身份显贵而没有地位，地位崇高但没有人民的支持，就像有才德的人居于下位，没有得到人民的辅助和支持，因此如果妄动就会发生悔恨之事。"

【原文】

"潜龙勿用"，下也。"见龙在田"，时舍①也。"终日乾乾"，行事也。"或跃在渊"，自试也。"飞龙在天"，上治②也。"亢龙有悔"，穷之灾也。乾元③"用九"，天下治也。

"潜龙勿用"，阳气潜藏。"见龙在田"，天下文明。"终日乾乾"，与时偕行④。"或跃在渊"，乾道乃革。"飞龙在天"，乃位乎天德。"亢龙有悔"，与时偕极。乾元"用九"，乃见天则。

乾元者，始而亨者也。利贞者，性情也。乾始能以美利利天下，不言所利，大矣哉。大哉乾乎！刚健中正，纯粹精也。六爻发挥，旁通⑤情也。时乘六龙，以御天也。云行雨施，天下平也。

【注释】

①舍：舒展放松。

②上治：最好的统治。

③乾元：乾即元，是万物始生。

④偕行：指相互之间同行并进。

⑤旁通：指到处开放、到处通达的样子。

【译文】

（初九爻）"潜龙勿用"，是因为它的地位处于下位。（九二爻）"见龙在田"，是说处境稍稍宽松、舒展。（九三爻）"终日乾乾"，勤奋地去做事。（九四爻）"或跃在渊"，（或进或退）全由自己试着决定。（九五爻）

"飞龙在天"，是最理想的统治。（上九爻）"亢龙有悔"，到了极点，就会有灾祸。天有元德，天有善德，因此至"用九"则有化刚为柔，由阳变阴，阴阳合和，天下安定。

（初九爻）"潜龙勿用"，是因为阳气还潜藏（在地下）。（九二爻）"见龙在田"，是说阳光显现，天下文明。（九三爻）"终日乾乾"，是说该到什么时候就做什么事。（九四爻）"或跃在渊"，是说天道也发生了很大的变化。（九五爻）"飞龙在天"，是说处于天德的位置，登上了君位。（上九爻）"亢龙有悔"，是说此时的阳气已达到极盛的状态（将由盛转衰）。乾有出生万物之德，"用九"能够看到天道运行的规律。

"乾元"，开始化生万物，使之亨通发展。"利贞"，这是万物性情的中正。天开始能将美好的恩泽施撒于天下，让天下得利，却从不让人想起它的恩德，多么伟大啊！伟大的天！刚健又中正，纯粹又精妙。乾卦六个阳爻一起发挥作用，广通于天地万物之性情。就像按时乘着六龙驾驭的车在天空中巡行一样，云儿因此而飘动，雨水因此而下降，给天下万物带来太平。

【原文】

君子以成德为行，日可见之行也。"潜"之为言也，隐而未见，行而未成，是以君子弗用也。

君子学以聚之，问以辩之，宽以居之，仁以行之。《易》曰"见龙在田，利见大人"，君德也。

九三重刚①而不中，上不在天，下不在田②，故乾乾因其时而惕，虽危无咎矣。

九四重刚而不中，上不在天，下不在田，中不在人③，故或之。或之者，疑之也，故无咎。

夫大人者，与天地合其德，与日月合其明，与四时合其序，与鬼神合其吉凶。先天④而天弗违，后天而奉天时。天且弗违，而况于人乎！况于鬼神乎！

亢之为言也，知进而不知退，知存而不知亡，知得而不知丧。其唯圣人乎？知进退存亡而不失其正者，其唯圣人乎！

【注释】

①重刚：指阳刚重合在一起，这是从"九三"的爻象上说的。乾卦的"九二"是阳爻，"九三"又是阳爻，都是表示刚健的爻象，所以说"九三"是"重刚"。

②上不在天，下不在田：在复卦的六条爻象中，下卦的两爻是地位的象征，中间两爻是人位的象征，上面两爻是天位的象征。"九三"属于人位，所以说"上不在天，下不在田"。

③中不在人：在复卦中，"九四"和"九三"都处在"重刚而不中，上不在天，下不在田"的地位，但二者又有所区别，那就是"九四"还有"中不在人"的特征。虽然"九三""九四"都属人位，但"九四"没有与属于地位的"九二"产生联系，形成了下不落地的势头，所以说"中不在人"。

④先天：指先于天象而出现。

【译文】

君子将自身品德的养成作为个人行为的目的，并且每天都落实在自己的行动上。（初九爻）"潜"的意义，隐伏而没有显露，行动而没有成就，因此君子暂时就不要有所作为。

君子通过不断学习来完成知识的积累，通过诘疑来完成对是非的辨析，用宽容来存心，用仁心来做事。《易》（九二爻）说"见龙在田，利见大人"，这是君主的德行。

九三爻处在两重刚位，没有处在上、下卦的中位上，向上不像九五那样居天位，向下不像九二那样在田野，所以该努力时努力，该休息时休息。虽然处境险恶，不至于招致灾难。

九四爻处在三重刚位，没有处在上、下卦的中位上，向上不像九五那样居天位，向下不像九二那样在田野，向中不像九三那样占据人位，所以说"或"，表示人们内心犹豫不决，没有灾难。

（九五爻）"大人"，其德与天地之德相合，其明察与日月的光明相合，其恩威与四时的顺序相合，其赏罚与鬼神福祸相合。虽然他的行动先于天道，但不会遭到上天的背弃；虽然他的行动落后于天道，但是在以天时的规律行事。上天尚且不会背弃他，更何况是人呢！更何况是鬼神呢！

（上九爻）所讲的"亢"，就是知道前进而不知道后退，只知道存在而不知道消亡，只知道得到而不知道丧失。只有圣人吧？知道进退存亡而不失正道，恐怕只有圣人了！

【占测范围】

占天时：春大旱，秋方有雨。

望事：只宜自求，不可依靠别人。

风水：其穴平，一子第九位，为贵地葬后吉，有争议。

胎孕：初生女，次生男，或双胎。

交易：戌亥日成。

求事：有女贵人或僧尼道相助，可成，不可存疑。

求官：有贵人提拔，大吉。

家宅：前后有人家，两边有门相对，宜防火烛。

寻人：在东南方遇，九日可于途中相见。

疾病：寒热头痛，身热心寒。

词讼：讼有理，有口字偏旁或草头人调解和平。

婚姻：有二人说媒，若有口字或带草头人说不成，所择女美丽。

田蚕：有七分收成。

见贵：巳酉丑日可见权贵。

出行：不宜独行，宜结伴行，吉。

行人：一人独行，伙伴分散，遇九日亥卯未日时有信，出旬可归。

捕盗：要急，藏于寺庙，门前和左右有二三条路，行人常行来或藏于竹林中。

遗失：往西南方寺庙边寻，若见人可询问，失为器物，可往木石堆砌处寻。

求财：应亥卯未寅午戌日时，宜自求可得。

【得卦典故】

在占卜中，"乾为天"卦代表不停地运动，这是宇宙运行的重要规律。此卦是六十四卦中最尊贵的一卦，它象征着潜藏的能力遇到了合适的时机，得以不断上升，最后由量变达到质变。如果显贵的或者正直、兢兢业业的人遇到这一卦，便能得到机会提升，能获得成功；身份低贱的或懒惰虚伪的人遇到这一卦，则为凶。

《定命录》中记载了一则与"乾为天"有关的例子。唐朝时越州有个叫沈七的人，擅长占卜，唐玄宗天宝十四年的时候，一个叫王诸的人去京城赶考路过越州，就来找沈七算命。沈七一算，得到了乾卦，其中初九到九四都是动爻。于是沈七对王诸说："你恐怕没到京城就要中途返回了。"王诸走到洛阳时，正好遇到安禄山起兵反叛，唐玄宗出逃了，科举考试无法举行，王诸只好返回了。

坤（卦二）坤为地

坤下坤上

【原文】

坤①，元亨②，利牝马之贞③。君子有攸往，先迷后得主，利。西南得朋，东北丧朋④。安贞⑤吉。

初六：履⑥霜，坚冰至。

六二：直方⑦大，不习⑧无不利。

六三：含章⑨可贞⑩。或从王事⑪，无成有终。

六四：括囊，无咎无誉。

六五：黄裳⑫，元吉。

上六：龙战于野，其血玄黄⑬。

用六⑭：利永贞。

【注释】

①坤：坤卦在六十四卦中是两个坤卦上下相叠，且六画都是阴爻，用以代表世间事物纯阴柔顺的状态，以及相关的人伦义理。

②元亨：与乾卦中的"元亨"意思相同。

③利牝（pìn）马之贞：指的是雌性马的正道是跟随领头的牡马（雄性马）。牝，指雌性的动物。贞，这里指的是守持正道。

④西南得朋，东北丧朋：在方位上，西南方属阴，东北方属阳。"西南得朋"表示要联合众人之力竭尽忠诚地为乾之主效劳，"东北丧朋"表示尽忠效力的时候不可自成朋党。"西南得朋"也有解释为阴气自六月起逐渐增长，"东北丧朋"解释为阴气自十二月起逐渐丧失。

⑤安贞：安然稳定，忠贞不贰。安，指安稳。贞，世间的正道。

⑥履：原指鞋子，这里指踏过、走过。

⑦直方：正直方正。

⑧习："摺"的假借，与"折"同义，可训败。

⑨含章：指有文采。

⑩可贞：可以得到称心如意的卜象，吉。

⑪王事：大事，这里指战争。在古代，战争和祭祀是君王最重要的事。

⑫黄裳：指黄色的下衣，象征着地位的尊贵，也代表着吉祥。

⑬玄黄：形容血流不止的样子，这里是说流了很多血。

⑭用六：是坤卦独有的爻名。乾卦"用九"也同样是乾卦独有的。

【译文】

坤卦象征的是大地的纯阴至顺、元始亨通的状态，就像是雌马要选择领头的雄马一样。所以，君子在投奔领路人时，开始的时候找错了地方，但后来终于找到了，就会对双方都产生有利的影响。要联合众人之力竭尽忠诚为乾之主效劳，但不可自成朋党。安然稳定，忠贞不二，就会吉利。

初六爻，踩在霜上，知道坚冰即将到来。

六二爻，正直方正，就会广大，不败，没有不利的事情。

六三爻，含晦章美，长久贞守，从事王事时，有功而不居，尽职尽责。

六四爻，扎好口袋，（不为恶）不会有危害，（不为善）不要求赞誉。

六五爻，穿上黄色裙裳（表现出柔顺之德），将会大吉。

上六爻，龙在旷野里大战，它的鲜血将天空大地全都染红了（阳与阴战，天地混杂，乾坤莫辨，阴阳相伤）。

用六爻，只有懂得了阴阳转换进退的道理，才能让事物永远向着有利的一面转化。

【原文】

《象》曰：至哉坤元①，万物资生，乃顺承②天。坤厚载物，德③合无疆④。含⑤弘⑥光大，品物⑦咸亨。牝马地类，行地无疆。柔顺利贞，君子攸行。先迷失道，后顺得常。西南得朋，乃与类行。东北丧朋，乃终有庆。安贞之吉，应地无疆。

【注释】

①至：形容恰到好处。坤：这里代指大地，为阴。元：这里指最初的阴元气及最初的状态。

②承：这里是承受的意思。

③德：是《周易》中表示事物形态性质的一个常用哲理性概念。

④无疆：兼指地域上的宽广无边，及时间上的无限。

⑤含：蕴含，蕴藏。

⑥弘：宏大、深厚的样子。

⑦品物：也就是品类的意思，指世间的各种事物。

【译文】

《彖传》说：伟大啊！坤的元始，万物靠它成长，顺承天道而来。载育着万物的深厚大地，其美德广阔无边。涵容广大，万物畅达。就像雌马与大地都属于阴性，可顺行（乾健），行走无疆，性情柔顺，美德贞正。而有所求的君子，最开始的时候找错了方向，后来找到了正路，回归了常道。西南可得到朋友，与同类人同行；东北失去朋友（不结党营私），最终完满成功。安于正道的人，是对大地无边恩德的应和，前途将一片光明。

【原文】

《象》曰：地势坤①，君子以厚德载物。"履霜坚冰"，阴始凝也，驯致②其道③，至坚冰也。六二之动④，直以方也⑤。"不习无不利"，地道光也。"含章可贞"，以时发也。"或从王事"，知光大也。"括囊无咎"，慎不害也。"黄裳元吉"，文在中也。"龙战于野"，其道穷也。用六"永贞"，以大终也。

【注释】

①坤：顺。

②驯致：顺从。

③道：这里指的是自然之道。

④动：行动。

⑤直以方也："直"和"方"同义，指的都是人的行为。

【译文】

《象传》说：地势是顺应的，君子以大地为效仿对象，用宽厚的德性接纳天下万物。（初六爻）"履霜坚冰"，阴气开始凝结，顺着这一自然变化，结成坚冰的日子自然会到来。六二爻中显示的行动，直且方。"不习无不利"，这是地道与坤道之德。（六三爻）"含章可贞"，根据时机行动。从事王事（无往不利），因其眼光深远。（六四爻）"括囊无咎"，做事谨慎则无害。（六五爻）"黄裳元吉"，文采蕴于内。（上六爻）"龙战于野"，则表示阴盛不退，已经到穷途末路的程度。用六爻（阴阳转换），永远保持正直之心，也就可以获得以阴之柔顺而归之于阳气的结局。

【原文】

《文言》曰：坤至柔而动也刚[①]，至静而德方[②]，后得主[③]而有常[④]，含万物而化光[⑤]。坤道其顺乎，承天而时行[⑥]。

积善之家，必有余庆；积不善之家，必有余殃。臣弑[⑦]其君，子弑其父，非一朝一夕之故，其所由来者渐矣，由辩之不早辩也。《易》曰"履霜，坚冰至"，盖言顺也。

直，其正也；方，其义也。君子敬以直内，义以方外，敬义立而德不孤。"直方大，不习无不利"，则不疑其所行也。

阴虽有美，含之以从王事，弗敢成也。地道也，妻道也，臣道也。地道无成，而代有终也。

天地变化，草木蕃。天地闭，贤人隐。《易》曰"括囊，无咎无誉"，盖言谨也。

君子黄中通理，正位居体。美在其中，而畅于四支，发于事业，美之至也！

阴疑于阳必"战"，为其嫌于无阳也，故称"龙"焉。犹未离其类也，故称"血"焉。夫"玄黄"者，天地之杂也。天玄而地黄。

【注释】

①刚：坤卦六条爻象都为阴，但阴是由阳变来，所以是以柔动刚之象。

②方：方正、规矩。这与古人"天圆地方"的认识有关，同时，此处还有

"流布四方"的意思。

③后得主：指母马找到公马，是地道在顺应天道，就如同臣子投奔君主一样。

④有常：规律性的存在，日常存在的法则等。

⑤化光：使天地化育光大。

⑥时行：以时间的推移顺序而产生相应变化。

⑦弑：古代臣子杀害国君、晚辈杀害长辈的行为，是悖逆行为的一种。

【译文】

《文言》说：地道虽然非常柔顺，运动起来也极为刚健，它显得极静但品德方正，地道总是在天道后面行动，但运动的规律性是明显的，包容万物而化生广大。地道是多么柔顺啊，总是顺承天道并依照四时变化运行。

总是行善的人家，必有多的吉庆；累积了恶行的人家，必有多的灾祸。臣子谋杀国君，儿子刺杀父亲，这样的结果不是一朝一夕间形成的，是逐步发展而来的，人们没有及早辨别真相（才导致灾祸来临）。《易》说"履霜，坚冰至"，这大概就是循序渐进的现象吧！

直是心地上的正直，方是坚持行为上的道义。君子恭敬谨慎地矫正思想上的偏差，用道义来对悖乱的行为进行规范。树立起了恭敬、道义的精神，品德的影响就会变得更加广泛。（六二爻）"直方，大，不习，无不利"，是说人们不会对君子的行为有所怀疑。

阴虽然自身美丽而不表现出来，以此来从事王者的事业，不敢制定法式。这符合地道，也符合妻道，同样符合臣道。虽然地道无法单独化育，但它始终为天道服务，完成功业。

天地变化，草木茂盛。天地阻隔不通，贤人选择隐退。《易》（六四爻）说"括囊，无咎无誉"，是说要谨慎行事。

君子以美好的内心，以及对事理的通达，整肃自己的职责，恪守应尽的礼节，将美德在内心积聚起来，然后体现在行动上，融合在事业中，达到最为完美的状态。

当阴与阳势均力敌的时候，必然会发生争斗。（本是阴与阳战，阳来应战）怕人们认为无阳，所以称"龙"。阴无法脱离它的属类而存在，所以又称"血"（也就是阴类的意思）。所谓"玄黄"，即天玄地黄，指的也就是天地混合相交形成的色彩。

【占测范围】

占天时：雨极当晴之象，应期在辰巳日。

风水：后有枯木，前有门路，左右无人烟。

求官：难求，改求有阻，用草头及张姓人则会成功。

见贵：虽有是非口舌，但并不妨碍。

家宅：靠近神庙，田畔有田，前有坑圳，居之安地。

交易：宜进，有成就。

田蚕：一如常日。

求财：难求，宜缓不宜急，不宜与军卒同求，否则有损。

寻人：有空亡，纵再也不相见，忧中忧之兆。

婚姻：有破宜缓，终会成功。

胎孕：生贵子胎未动，逢木遇猴则产妇不足，六爻动，是死胎气瘿。

行人：未归，卯戌日占得，可能有信，亦未见回，如果非常官事，即有失脱。

望事：有始无终，枉费心力，遇张姓人则败己，财不可进前，田土之事有不足。

遗失：生物在寺庙或窟中土堆处，死物则在家神处。

捕盗：在西北岭下人家，左右有崩败土，申酉月日可见。

疾病：腹内疼痛，四肢沉重，宜向东南方求医。

词讼：会因田土争比，宜和，为有始无终之象。

【得卦典故】

坤卦为西汉建立者刘邦（公元前259~前195）在与西楚霸王相争时占得，最终经过四年的楚汉战争，他终于战胜项羽，建立了大汉王朝。

屯（卦三）水雷屯

 震下坎上

【原文】

屯①，元亨，利贞。勿用有攸②往，利建侯③。

初九：磐桓④，利居贞，利建侯。

六二：屯如邅如⑤，乘马班如⑥。匪寇，婚媾。女子贞不字⑦，十年乃字。

六三：即⑧鹿无虞，惟入于林中。君子几，不如舍，往吝。

六四：乘马班如，求婚媾。往吉，无不利。

九五：屯其膏⑨，小贞吉，大贞凶。

上六：乘马班如，泣血涟如⑩。

【注释】

①屯（zhūn）：本指钻出地面生长，这里是一种初生的象征。

②攸（yōu）：所。

③侯：诸侯。

④磐桓（pán huán）：本指房屋柱石。这里喻指困难重重导致徘徊不前的状态。

⑤屯如邅（zhān）如：形容堆聚在一起让人难以行走。屯，聚积。邅，难于行走。

⑥班如：原地回旋、不向前走的样子。

⑦字：许嫁。

⑧即：本意为接近，这里指追逐。

⑨膏：膏泽。

⑩涟如：形容水波荡漾的样子，这里用来形容血和泪不断流淌的样子。

【译文】

屯卦，有大亨通之道，只要守持正道，必然会达到顺利畅达的境地。不要遽然有所往，利于先建国封侯。

初九爻，徘徊难进，固守贞正才有利，建国封侯有利。

六二爻，徘徊难进，骑着马也只能原地转圈。不是抢劫，而是来求婚。女子若此时没有应许，则十年之后才能结成姻缘。

六三爻，追逐野鹿却没有可以帮忙的虞人，稍有迟缓就会让野鹿逃入深不可知的树林。与其穷追，不如舍弃。这是明智君子的做法，追捕不利。

六四爻，骑在马上徘徊不进，想去求婚却又犹豫不前，但这次将会吉而无所不利。

九五爻，聚敛财富时不知分给别人，（六二阴爻而贞正，则）小贞吉，（九五阳爻而贞，非其宜，则）大贞凶。

上六爻，骑在马上徘徊不前，哭泣不止，泣血涟涟。

【原文】

《彖》曰：屯，刚柔始交①而难生。动乎险中，大亨贞。雷雨之动满盈，天造草昧，宜建侯而不宁。

《象》曰：云雷，屯②。君子以经纶③。虽"磐桓"，志行正也。以贵下贱，大得民也。六二之难，乘刚也。"十年乃字"，反常也。"即鹿无虞"，以从禽也。君子舍之，往吝穷也。求而往，明也。"屯其膏"，施未光也。"泣血涟如"，何可长也？

【注释】

①刚柔始交：屯由震下坎上相叠组成，其中震为雷，坎为水，雷雨并作，表现

的正是一种阴阳相交的状态。

②云雷，屯：这也是从屯卦的卦象上说的。坎为水、为险，震为雷、为动。此卦表现的是上险下动之象。

③经纶：本意为整理丝线，这里引申为治理国家。

【译文】

《象传》说：屯卦所象征的，是刚柔始交，天地始生万物，还未畅通的状态。前进中危险时刻伴随左右，但这是非常容易通达目的的正途。就好像雷雨交加的天气里大水涌动的状态，又好比天地产生之初原始混沌的状态，利于建国封侯，就就业业、不遑宁处。

《象传》说：云和雷的卦象组成了屯卦，让君子能够从中学习治国之道。（初九爻）虽然前进途中困难重重，但只要是志向和行动没有错误，尊贵却能谦和待下的君子是可以大得民心的。（六二爻）艰难是因为受到刚阳的逼迫，要再等十年才能结成姻缘很反常。（六三爻）"即鹿无虞"，是因为被禽（利禄）所蒙蔽。如果君子不能选择放弃，那么一味地追下去将会徒生悔意，一无所获。（六四爻）为求婚而去，将是一种非常明智的举动。（九五爻）"屯其膏"，布施不广大。（上六爻）"泣血涟如"的情况，只是暂时的，不会长久持续。

【占测范围】

占天时：春占雨多，夏占多于往年。

家宅：路不正，有外姓人来往，需防盗及火灾。

求官：得官，六二若动主官司。

婚姻：为再婚再嫁之兆，先奸后娶。

求财：远求有，近求无，迟遂，急难，不可与人同求。

行人：二人同行，中途有阻。

寻人：至中途相遇不见人当见信，防口舌。

见水：两边山高无水，甲庚向改。

见贵：求见不得。

田蚕：收成不佳。

望事：主他人与我求财吉。

交易：有阻。

遗失：在墙篱空处，破屋草木中，过三日难寻。

捕盗：西北方可寻，在公吏人所。

祸行：必有进退，宜缓，往西北方吉。

六甲：生男，产妇有惊无险。

疾病：头日昏闷，饮食不进，往东北方求医。

词讼：为凶象。

【得卦典故】

屯卦为季布落难时卜得。季布为项羽手下大将，曾数次击败刘邦。刘邦得天下后，通缉季布。相传季布在落难时即卜得此卦，于是他不再逃窜，而是隐匿于周家，静观待变，后来刘邦果然赦免了季布。

蒙（卦四）山水蒙

坎下艮上

【原文】

蒙①，亨②。匪③我求童蒙④，童蒙求我。初筮⑤告，再三渎⑥，渎则不告。利贞。

初六：发⑦蒙。利用刑人，用说⑧桎梏⑨。以往吝。

九二：包蒙，吉。纳妇⑩，吉。子克家。

六三：勿用取女⑪，见金夫⑫，不有躬，无攸利。

六四：困蒙，吝。

六五：童蒙，吉。

上九：击蒙，不利为寇⑬，利御寇。

【注释】

①蒙：卦象为下坎上艮，也就是上为山下为水，象征的是蒙稚的样子。蒙卦排在屯卦的后面，也表现出事物发展的先后顺序，正像《周易浅述》中说的那样："物生必蒙，蒙在物之稚。"

②亨：这里指事物处在蒙稚时，如果能得到合理的启发，就会达到亨通的状态。

③匪：通"非"，不。

④童蒙：也就是"蒙童"。古代小孩进入私塾接受教育，称发蒙、开蒙。

⑤筮（shì）：原指以蓍草进行演卦占问的过程，这里指占卦。

⑥渎（dú）：形容亵渎、不恭敬的态度。

⑦发：启发。

⑧说：通"脱"，含解脱之意。

⑨桎梏（zhì gù）：古代刑具，是一种木制的脚镣、手铐。

⑩纳妇：指娶妻。

⑪取女：指抢夺女子与自己成婚。

⑫金夫：指手拿武器的男人。

⑬寇：强盗，侵略者。

【译文】

蒙卦表现的是蒙昧未开，可至亨通的状态。不是我去请求蒙童学习，而是蒙童主动来请求跟从我学习。通常，占卜一次就会得出正确的结果，如果不相信而一再占卜，就成了亵渎的举动，这是没有好结果的。所以说蒙卦是有利于坚守正道的。

初六爻，启蒙教育，用明确的法规晓示民众。如果一开始就去掉对他们的束缚，使他们无所惧，就要有害了。

九二爻，包容蒙昧是吉祥的，迎娶新媳妇同样也是吉祥的，儿子可以治家。

六三爻，如果女子的品行不端，就不能娶她，因为她见到武夫就会动心，娶这样的女子注定不会有好结果。

六四爻，当人困于蒙昧状态时，就会变得孤陋寡闻，结果也不会太好。

六五爻，幼童受到启蒙，吉祥。

上九爻，以敲打的方式启发幼童的蒙昧，对做伤害别人的盗寇之事不利，对抵抗侵略则有利。

【原文】

《彖》曰：蒙，山下有险①。险而止②，蒙。蒙"亨"，以亨行时中③也。"匪我求童蒙，童蒙求我"，志应也。"初筮告"，以刚中也。"再三渎，渎则不告"，渎蒙也。蒙以养正，圣功也。

《象》曰：山下出泉，蒙。君子以果④行育德。"利用刑人"，以正法也。"子克家"，刚柔接也。"勿用取女"，行不顺也。"困蒙"之"吝"，独远实也。"童蒙"之吉，顺以巽也。"利用御寇"，上下顺也。

【注释】

①山下有险：这是针对蒙卦卦象的说法，蒙卦坎下艮上，艮代表山，坎代表水，代表险，所以说是"山下有险"。

②险而止：这也是从蒙卦的卦象上说的。艮代表山，又含有止的意思。

③时中：这里是说九二与上卦六五正应，是时；处在下卦的中间，是中。

④果：指卦象所显示的答案。

【译文】

《彖传》说：蒙卦的卦象是山下有险，有危险就要停下来，就是蒙。

蒙卦亨通，是因为能遇险而止，行动及时而中正。不是我去请求蒙童学习，而是蒙童主动来请求跟从我学习，因为双方志趣相同。初次卜筮（初次来求童蒙）则刚健中正（可启发他）。渎乱不敬之人来求蒙，则不用启发他（指六三、六四两爻）。养蒙，以保持它天真纯粹的品性，这是圣人的功业。

《象传》说：山下出泉水，是蒙卦。君子要以此象来进行启蒙，培养有德性的人。（初六爻）"利用刑人"，以使百姓逐渐受到约束教化。（九二爻）"子克家"，能够调剂上下尊卑的关系。（六三爻）"勿用取女"，因为她走了邪路。（六四爻）人被困于蒙昧之地，是因为应比皆无阳爻。（六五爻）以童蒙自处，虚心向老师求教，教育的效果会很好。（上九爻）只是"御寇"，没有采取暴力的手段，所以上下都顺当。

【占测范围】

占天时：有雨不晴，甲子日晴。

风水：前有茅房竹林，前山不正，后山高。

见贵：迟则吉，见之有喜。

求官：宜进不宜退，有草头，木姓人为助。

家宅：有竹林之所，不然则有茅舍，前有桥，宜作福。

婚姻：防人作梗，多反复，娶其妇损子。

行人：在他处，出门时未定，又往西北。

求财：过旬方有，失而复得。

出行：不宜出去，破财且有是非。

六甲：生女不利，未产时产妇有灾。

寻人：东西无定，难。

交易：迟可成。

遗失：在茅舍前，园林坟墓中，小物在门下。

捕盗：未能见，在草头人茅屋中，否则难捕。

疾病：咽喉疼痛，眼目昏闷，往西北方求医。

词讼：久缠不结案。

【得卦典故】

蒙卦为王莽（公元前45~前23）篡汉时卜得之卦，乃知汉室必有中兴之主。王莽篡夺了汉室江山，建立新朝。但其为政却激起了绿林、赤眉起义，最终被推翻，而参加起义的西汉宗室刘秀统一天下，延续汉祚。

需（卦五）水天需

乾下坎上

【原文】

需①，有孚②，光亨③，贞吉。利涉大川。

初九：需④于郊，利用恒，无咎。

九二：需于沙⑤，小有言，终吉。

九三：需于泥⑥，致寇至。

六四：需于血⑦，出自穴。

九五：需于酒食，贞吉。

上六：入于穴⑧，有不速之客⑨三人来，敬之终吉。

【注释】

①需：需卦的下卦为乾，代表着天；上卦为坎，代表着水、云，表现的是天上积聚着浮云，即将降雨。所以卦名为需。

②孚：诚信。

③光亨：形容非常通畅。光，大。

④需：此处为等待、停留。

⑤沙：沙地，这里引申为难走的地方。

⑥泥：这里指的是泥泞不堪的地方。

⑦血：染有血污的地方。

⑧穴：指上古时期人们的住所，为依地势所建的建筑，通常是在地下挖出一个洞穴，然后在洞穴的上面搭建一部分屋顶。

⑨不速之客：指没有受到邀请的人。速，邀请。

【译文】

需卦的卦象是等待的象征。诚信充实于内心，光明正大，事情就会变得亨通顺利，卜卦才能得到吉祥的结果。外出远行的时候，虽有险阻也会顺利通畅。

初九爻，在郊野等待，一定要有耐心和恒心，能够静候时机出现，才不会招来祸患。

九二爻，在沙地等待，会遭到别人一点言语之伤，但只要耐心等待终会吉祥。

九三爻，在泥泞的道路中等待，招致盗寇的到来。（濒临险难之边缘）

六四爻，停留在血泊里，离开自己安居的巢穴。

九五爻，停留在酒食中（安养百姓，休养生息），问卜的结果也会吉祥。

上六爻，主动回到安居的巢穴中，有三位客人不请自到，但仍然很恭敬地对待他们，结果也会吉祥。

【原文】

《彖》曰：需，须①也。险在前也②，刚健而不陷，其义不困穷矣。"需，有孚，光亨，贞吉"，位乎天位，以正中也。"利涉大川"，往有功也。

《象》曰：云上于天，需。君子以饮食宴乐③。"需于郊"，不犯难行也。"利用恒，无咎"，未失常也。"需于沙"，衍在中也。虽"小有言"，以终吉也。"需于泥"，灾在外也。自我"致寇"，敬慎不败也。"需于血"，顺以听也。"酒食，贞吉"，以中正也。"不速之客"来，"敬之终吉"。虽不当位，未大失也。

【注释】

①须：等待。

②险在前也：这是从需卦的卦象上说的，坎在上乾在下，所以说"险（坎）在前也"。

③君子以饮食宴乐：需卦卦象启示人们要学会等待。在等待期间，君子要无为，与民休息，积蓄力量。

【译文】

《彖传》说：需卦，等待，因为前面存在着险阻的情况。对于刚健中正而又不恃勇冒进的人，是不至于落到无路可走而误了大事的地步的。从需卦的卦象上看，心怀诚信，光明正大，前途会显得光明而畅通，所以坚持正道就会吉利，因为（卦主九五爻）居于天位，又得正中（所以其位其德都十分有利，只需等待时机）。大江大河也可以安全无虞地渡过，所以结果必定是能建立功业的。

《象传》说：水汽聚集天上成为云层，虽然乌云满天，但还没下雨，因为时机不成熟，还需等待。在这个时候，君子就需要在饮宴中等待，积蓄力量。（初九爻）"需于郊"，不再冒险轻率前行。"利用恒，无咎"，才能不偏离正道。（九二爻）"需于沙"，宽裕得当。虽受到小责难，终能化险为夷。（九三爻）"需于泥"，灾祸在外面。自我招致盗寇，谨慎行事，不要急躁，就不会失败。（六四爻）"需于血"，顺从地听取别人的意见。（九五爻）"酒食，贞吉"，因为有中正的品德。（上六爻）即使有不速之客到来，也要态度恭敬并热情地招待，最终是吉利的。能够如此，即使是位置有不当之处，也不会有大的损失。

【占测范围】

占天时：一直下雨不止，五至七日后方晴，应在己酉日。

风水：甲庚向，有路，内有死木，前有水，出好色入。

求官：虚费劳力，枉费钱财，不成，唯己午未月可求。

家宅：住处未安，人烟不旺，福德无力，家宅有灾。

婚姻：似娶命妇之女，男占贪婚、女占贪嫁之兆。

胎产：生贵女，难招兄弟，六四爻动，克产妇。

捕盗：在北方相识人处，目下要动，应在己酉日方可捉。

遗失：因喜乐中有失，失物在竹林中可寻。

谋事：与人同求可成，忌与赌博或吃酒人同事。

行人：在东北方向，欲动有阻，初九或九三爻动，方能回来。

寻人：在近处，不久就会遇见。

出行：有贵人和合，也会有得财禄之喜。

见贵：人宜进，宜守旧。

交易：不可成。

求财：宜向西北方向求，虽然用力辛勤，但是难以入手。

疾病：主酒中得病，言语癫狂，初病可保，久病必死。

词讼：恐女人不足，眼下未了。

【得卦典故】

需卦为蔡顺（西汉末东汉初人，生卒年不详）遇赤眉乱占得。蔡顺生活在西汉末王莽乱政之时，虽是乱世，但十分孝顺母亲。一次巧遇赤眉军，赤眉军感其孝心，赠其食物，以示敬意。

讼（卦六）天水讼

 坎下乾上

【原文】

讼①，有孚②，窒惕③，中④吉，终凶。利见大人，不利涉大川。

初六：不永所事⑤，小有言，终吉。

九二：不克⑥讼，归而逋⑦。其邑⑧人三百户，无眚⑨。

六三：食旧德⑩，贞厉，终吉。或从王事，无成。

九四：不克讼，复即命，渝⑪，安贞吉。

九五：讼，元吉。

上九：或锡之鞶带⑬，终朝⑫三褫⑭之。

【注释】

①讼：下卦为坎，为水；上卦为乾，为天。从卦象上来看，这一卦象与需卦恰恰相反，阐述的是"争"，含有争论之意，也有诉讼之意。

②孚：让人信服的事情。

③窒（zhì）：窒塞，意不得伸。惕（tì）：警觉，谨慎。

④中：中间的位置。

⑤永所事：指长期坚持所争讼的事情。永，长久、持久。所事，所争讼的事情。

⑥克：这里是成功、胜利的意思。

⑦逋（bū）：逃亡。

⑧邑：封邑，封地。

⑨眚（shěng）：本义是眼睛出了毛病，泛指身体上出现的各种病症，可以引申为灾祸或过错。

⑩旧德：指继承先人的遗产。

⑪渝：变。

⑫鞶（pán）带：指主要供贵族佩戴的、用皮革做成的宽大腰带。

⑬终朝：指从日出到日落，也就是一整天。

⑭褫（chǐ）：剥夺，剥离。

【译文】

讼卦象征着诉讼、打官司。之所以这样，是因为人们心中诚实守信的德行被阻塞了。如果有所畏惧，就可能会坚守不偏不倚的正道，就会出现好的局面；而如果坚持诉讼到底，则可能会有所凶险。如果有德高望重的大人物出面调和，则可能会比较有利；如果不接受调和，则可能会被拖入争讼的深渊，让事情变得更加复杂。

初六爻，不做长期的诉讼，可能会有一些小的争议和指责，但结果是好的。

九二爻，如果在争讼中落败了，就赶紧逃回家，用小邑中的三百户人家作掩护，可以避开灾祸。

六三爻，靠着祖业生活，仍需处处小心，坚守正道，才能化险为夷。或从事战事，但不要把功绩归于自己。

九四爻，没有胜讼，回来就复其本来之位（不再争讼），安于已变之正位就吉利。

九五爻，争讼得到公正的裁决，大吉。

上九爻，有人赐给他大带，一天赐予他多次，又剥夺多次。

【原文】

　　《彖》曰：讼，上刚下险①。险而健，讼。"讼，有孚，窒惕，中吉"，刚来而得中也。"终凶"，讼不可成也。"利见大人"，尚中正也。"不利涉大川"，入于渊也。

　　《象》曰：天与水违行②，讼。君子以作事谋始。"不永所事"，讼不可长也。虽"小有言"，其辩明也。"不克讼"，归逋窜③也。自下讼上④，患至掇⑤也。"食旧德"，从上吉也。"复即命渝"，安贞不失也。"讼，元吉"，以中正也。以讼受服，亦不足敬也。

【注释】

　　①上刚下险：讼卦卦象下坎上乾，乾表刚强，坎表危险。

　　②天与水违行：形容争讼是因双方两相乖戾而导致的。

　　③窜：伏蹿。

　　④自下讼上：处在低位的人诉讼处于高位的人，也可以引申为"民告官"的现象。

　　⑤掇（duō）：收拾，拾取。

【译文】

　　《彖传》说：讼卦卦象上刚强下凶险，象征着凶险的人和刚强的人碰到一起，必然会产生争讼。"讼，有孚窒惕，中吉"，要做到刚健而行动中正。"终凶"，争讼是不可能成功的。"利见大人"，由大人物给出公正的判决。"不利涉大川"，可能被拖入（诉讼的）深渊。

　　《象传》说：天和水相背而行，这是要产生争讼的卦象。君子从这样的卦象中领悟到，不管做什么事，一开始就应该谋虑好（不要陷入争讼之中）。（初六爻）"不永所事"，是说长久争讼对谁都没有好处。即使某些小争议暂时得不到解决，但是非已很明白。（九二爻）如果没有胜诉，就只能赶紧往回逃，以免有祸患。下级去诉讼上级，祸患都是自取的。（六三爻）"食旧德"，顺从上位的人，就会得到吉利的结果。（九四爻）"复即命渝"，安于己变之正位则不会有失误。（九五爻）"讼，元吉"，是因为合于中庸的正道。（上九爻）如果因为争讼而得到显贵的服饰等赏赐，大家也不会敬服他。

【占测范围】

占天时：虽有雨，但过三天晴，应寅午日。

风水：旁有树木，必被侵动，葬后有口舌事，破财。

家宅：主人口舌不宁，欲移难动，或三人同屋。

婚姻：宜进不宜退，有口舌无妨，公人为媒。

胎孕：生男是第三胎。

行人：只有口信至。若行人，有口舌之非。

出行：不利，防口舌之非，与公差吏人同行则吉。

求财：不能多得。

求官：须迟当得，为佐职，六三动则不遂。

捕盗：难逃，在西方近路口人家。

寻人：有公门之人见之，宜动不宜静。

谋事：利人不利私，三人用事吉，或文书动。

见贵：难遂，宜守旧。

交易：不成，久后有是非。

田蚕：丰收。

遗失：有所居左右，三人得知亦不可寻，失物在山畔，或松树下。

疾病：心腹疼痛，眼目昏沉，往西北方求医。

词讼：言语口舌引起，宜撤诉。

【得卦典故】

讼卦为汉高祖斩丁公疑惑时卜得，后果遭戮。丁公为项羽手下大将，曾背着项羽放了刘邦，刘邦得天下之后，赦免了同是项羽手下的季布并封他为郎中。丁公也向刘邦求官，但刘邦却认为他不忠，将其斩首示众。

师（卦七）地水师

 坎下坤上

【原文】

师①，贞②，丈人③吉。无咎。

初六：师出以律，否臧④凶。

九二：在师中，吉，无咎。王三锡命⑤。

六三：师或舆尸⑥，凶。

六四：师左次，无咎。

六五：田有禽，利执言⑦，无咎。长子⑧帅师，弟子⑨舆尸。贞凶。

上六：大君⑩有命，开国承家，小人勿用。

【注释】

①师：本卦下坎上坤，坎为水，坤为地。地下出现了大量的水，并且水流是随势而行的，所显现的正是军旅的象征，所以卦名为师。

②贞：正，指打仗的目的要正确。

③丈人：原指德高望重的人，这里引申为军队的主帅。

④否臧（pǐ zāng）：形容不好的事情，这里指军人不守军纪的事情。

⑤锡命：嘉奖。锡，通"赐"。

⑥舆尸：许多人占据要职发号施令。

⑦言：语词。

⑧长子：这里指战争的指挥官。

⑨弟子：这里是相对于"长子"而言的，指副将。

⑩大君：君主，君王。

【译文】

师卦象征用兵，坚守正的用兵之道，由德高望重富有经验的人统率军队，就吉祥，没有灾祸。

初六爻，军队出征必须有严明的纪律，军纪不良则会有凶险。

九二爻，身在军中，就吉利，没有灾害，可以得到君主的多次嘉奖并委以重任。

六三爻，作战时有太多人发号施令，有凶险。

六四爻，军队暂时撤出战场，不会遭到更大的损失。

六五爻，田中有野兽，应该把它擒住，敌人来攻击我，应该出战，没有灾祸。长子统率军队出征，又让弟子去分权，这件事是很凶险的。

上六爻，（军队凯旋时）君王可以颁布诏命，分封德高望重的人做诸侯、上卿、大夫，但不可以重用小人。

【原文】

《彖》曰：师，众也。贞，正也。能以众正，可以王矣。刚中而应①，行险而顺，以此毒天下，而民从之，吉，又何咎矣！

《象》曰：地中有水，师。君子以容民畜②众。"师出以律"，失律凶也。"在师中，吉"，承天宠③也。"王三锡命"，怀万邦④也。"师或舆尸"，大无功也。"左次，无咎"，未失常也。"长子帅师"，以中行也。"弟子舆尸"，使不当也。"大君有命"，以正功也。"小人勿用"，必乱邦也。

【注释】

①刚中而应：在六爻之中，"九二"阳爻，性刚，位置在下卦的中位，而另有一个"六五"阴爻，处在上卦中位，两者阴响应阳，故而相"应"。应，响应。

②畜：通"蓄"，积蓄。

③天宠：喻指"九二"与"六五"之间的相互关系。

④怀万邦：指招徕周边诸侯国。怀，招徕。邦，指城邦、国家。

【译文】

《彖传》上说：军旅之事，是由众多人组成的军队。贞代表要坚守正义。能够使群众组成正义之师，就能称王天下了。刚健中正而上下相应，在遇到险境时就能顺利通过。以这样的方式来督治天下，百姓也乐意追随，大吉，怎么会有灾难呢！

《象传》中说：地中蓄积了很多水，这种情况象征着兵众和军旅之事。君子要懂得其中的道理而爱护百姓，积蓄民力。（初六爻）"师出以律"，没有良好军纪的军队作战必定发生凶险。（九二爻）"在师中，吉"，承受天子君王的宠爱。"王三锡命"，而招徕周边诸侯国民。（六三爻）"师或舆尸"，没有战功。（六四爻）"左次，无咎"，没有失去战争的正道。（六五爻）"长子帅师"，用正道行事。"弟子舆尸"，则是用人不当。（上六爻）"大君有命"，是用来端正奖赏（使功与赏匹配）。"小人勿用"，如果对小人加以重用，必然会危害并扰乱邦国的安宁。

【占测范围】

占天时：云收雨散，晴。六五爻动则日中有雨，清早散。

求官：文书信远，有贵人用力，主有上品之官。

家宅：有三等人同居。

风水：墓有石，丁癸向，后人出富贵，生二三子孙。

求财：先难后易。

田蚕：中平。

寻人：有公事阻隔，难见之兆。

交易：寅午戌日成。

行人：动在途，亥日见信。

婚姻：乃市井中女，手艺人为媒。

遗失：虽在屋篱内，当回原处，若不见，在井灶所可寻，为难寻之兆。

捕盗：必得，问得他人信息便可捕。

六甲：生女，产妇有难，初六若五交动，不利其母，六爻动利母不利子，壬日生。

出行：欲行不行，与众人同行，宜迟不宜速。

望事：能成，在市井见贵人。

疾病：宜往南北方求医。

词讼：有贵人为福，先有忧，后有财。

【得卦典故】

相传师卦为周亚夫（公元前199~前143）将排阵时卜得，周亚夫奉景帝之命，前往镇压七国之乱，布阵前卜得师卦，从而得知此行必胜。后来七国之乱不到三个月就平定了。

比（卦八）水地比

坤下坎上

【原文】

比①，吉。原筮②，元永贞，无咎。不宁方③来，后夫④凶。

初六：有孚，比之，无咎。有孚盈缶⑤，终来⑥有它⑦，吉。

六二：比之自内，贞吉。

六三：比之匪人⑧。

六四：外比之，贞吉。

九五：显^⑨比。王用三驱^⑩，失前禽。邑人不诫^⑪，吉。

上六：比之无首^⑬，凶。

【注释】

①比：本卦下坤上坎，地在下而水在上，象征水从地面流过，是水与地亲近依附的意象。比，形容紧密地靠在一起。

②原筮：再次占卜。

③不宁方：指不愿表示臣服的邦国。方，方国，古代诸侯国。

④后夫：指代迟来的诸侯。

⑤盈缶（fǒu）：指用瓦盆装满酒食。缶，一种瓦制容器。

⑥终来：即使。

⑦有它：指出现变故、意外。

⑧匪人：指不正派的人。

⑨显：这里有光明无私的意思。

⑩王用三驱：指古代君王打猎的时候，会让卫队在猎物的左、右、后三面前进，从而把猎物赶到君王的正对面，以便成功射猎。

⑪诫：诫约。

⑬无首：没有头，这里指没有好的开始。

【译文】

比卦是彼此间亲密无间，团结互助的象征，吉利。再次占卜，依然长期无害。不愿臣服的诸侯国也已来到，少数迟迟不来的诸侯将有凶险。

初六爻，德行上诚实守信，与人亲密团结，不会有灾祸。诚信的德行会像酒缸里注满美酒（内充实而外无纹饰），即使出现变故，也是吉兆。

六二爻，与人亲近，坚守正道，吉利。

六三爻，结交不正派的人。（有凶兆）

六四爻，和外部的人亲近，坚守正道则吉利。

九五爻，光明正大的亲近之道，就像是跟随君王去围猎的时候，对待猎物网开一面，邑人也不相警备以求必得，这当然是吉兆。

上六爻，关系亲密，而没有好的开始，有凶险。

【原文】

《彖》曰：比，吉也[①]。比，辅也，下顺从也。"原筮，元永贞，无咎"，以刚中[②]也。"不宁方来"，上下应也。"后夫凶"，其道穷也。

《象》曰：地上有水，比。先王以建万国，亲诸侯[③]。比之初六，有它吉也。"比之自内"，不自失也。"比之匪人"，不亦伤乎！"外比"于贤，以从上也。"显比"之吉，位正中也。舍逆取顺，"失前禽也"。"邑人不诫"，上使中也。"比之无首"，无所终也。

【注释】

①比，吉也：《彖》辞开篇便会对卦名进行解释，"吉"便是对"比"的解释。

②刚中："九五"性质阳刚，居于中位，代表了众人亲近的核心。

③亲诸侯：用怀柔的方法亲近诸侯。

【译文】

《彖传》说：比卦，吉利。比是辅佐的意思，是下级对上级的顺从态度。"原筮，元永贞，无咎"，是因为刚毅中正。"不宁方来"，表明上下呼应的状态。"后夫凶"，是说那些诸侯可能会孤立无援。

《象传》说：地上有水，就是比卦（象征着亲密比辅的关系）。君王明白这个道理，所以将土地分封给诸侯王，安抚亲近的诸侯。比卦的初六爻，即使有其他问题，也是吉兆。（六二爻）"比之自内"，就不会自失。（六三爻）"比之匪人"，其结果是悲伤的。（六四爻）和外部的人亲近，用来服从上级。（九五爻）"显比"能够吉利，是因为居正位。放弃不顺于我的，选择顺着我的，就像打猎时网开一面，邑人也听其自然，就是君王用了正确的方法。（上六爻）"比之无首"（没有好的开始），就没有好结果。

【占测范围】

占天时：天顺人意，晴雨适时。

风水：其处山低，有破石在穴前，有曲路在后，如果无屋岸，则有斜树，乙辛向，出入离祖后归。

家宅：两姓或胖人同居，不在闲处，屋有高低，坐西北向东南，左右有池塘。

求官：自然和合，无反复，其职不高。

婚姻：十四日内有信，其妇人矮小，性情不定。

胎孕：孕安。生女婴，秋占生男婴，六二或六四爻动，皆生女婴，不动生男婴。

出行：内忧外吉，中途有相识人说话，一同干事完备，路也不远。

行人：主回家，有口舌，内外皆有忧。

求财：必然顺利，但须二人同求，不然则在女人之上，求则不远。

望事：半月当成，眼下不利，但无须忧虑。

见贵：可依时进见，免于被羞辱。

田蚕：大熟。

遗失：生物在东北方向，可问少妇，其处有竹林。

交易：反复难成之兆，勿贪则有利可成。

捕盗：有二人在东南方，不用远捉，辰戌日当败，可前往捉拿。

寻人：不在香火处，则是妇人相留，不可寻找，恐有不足之事。

疾病：主心腹病热结、食物不落，宜往东方求医。

词讼：宜和，只需两日便见分晓。

【得卦典故】

比卦为陆贾（约公元前240~前170）将说蛮邦时占得。陆贾为汉初的政治家，口才极佳，曾两次出使南越国，使其归顺大汉王朝，为大汉的统一做出了巨大的贡献。

小畜（卦九）风天小畜

乾下巽上

【原文】

小畜①，亨。密云不雨②，自我西郊。

初九：复自道③，何其咎？吉。

九二：牵④复，吉。

九三：舆说辐⑤，夫妻反目⑥。

六四：有孚，血⑦去惕出，无咎。

九五：有孚挛如⑧，富⑨以其邻。

上九：既雨既处⑩，尚德载⑪，妇贞厉，月几望⑫，君子征凶。

【注释】

①小畜：本卦下乾上巽（xùn）。乾代表天，巽代表风，本卦代表和风满天、风调雨顺的意象。畜通"蓄"，兼有畜聚、畜养、畜止等意思。所谓"小畜"，就是一点点地积累，有逐渐、慢慢增加的含义。

②密云不雨：形容大雨将至，也代表着将有更多的财富慢慢积累起来。

③复自道：指阳爻回到自己上升的路。

④牵：指九二的阳爻与初九的阳爻相连，故称牵。

⑤舆说辐：车子脱离了车轮。说，脱。辐，这里代指车轮。

⑥反目：无法朝着同一个方向看，形容各向一方的情态。

⑦血：通"恤"，形容担忧的样子。

⑧挛（luán）如：形容捆绑得很紧的样子。

⑨富：富厚。

⑩既处：已经停止。既，已经。

⑪尚德载：雨泽下降，地得载其德。

⑫月几望：差不多到了月中。

【译文】

小畜卦是积蓄的象征，会变得亨通顺利。天空中已经布满乌云，可是还没有降下雨来，乌云是从我们城市的西郊慢慢飘过来的。

初九爻，回到自己的道路上，哪里会有什么灾祸呢？这本来就是吉利的。

九二爻，与初九牵连着回到自己（上升的）路上，所以吉祥。

九三爻，车子脱离了车轮，这种情况象征着夫妻反目。

六四爻，中心诚信，不忧虑，不恐惧，可免于伤害。

九五爻，中心诚信，（与六四爻）紧密联系，用蓄积的丰富厚的力量左右它的邻居（指六四爻）。

上九爻，密云成雨，雨落后止，大地承载了天的雨泽。妇人占问有危险，一月过半，君子出外，就会遇到凶险。

【原文】

《彖》曰：小畜，柔得位①而上下应之②，曰小畜③。健而巽，刚中而志行，乃亨。"密云不雨"，尚往也。"自我西郊"，施未行也。

《象》曰：风行天上，小畜。君子以懿④文德。"复自道"，其义吉也。"牵复"在中，亦不自失也。"夫妻反目"，不能正室也。"有孚""惕出"，上合志也。"有孚挛如"，不独富也。"既雨既处"，德积载也。"君子征凶"，有所疑也。

【注释】

①柔得位：指小畜卦中唯一一个阴爻"六四"，正好处在阴位，又居上卦，故

而得名。

②上下应之：指的是"六四"上下五爻均为阳爻的情况。

③小畜：本卦六爻中只有一个阴爻，以一阴聚合五阳，力量对比悬殊，只能慢慢来。

④懿（yì）：形容德行美好。

【译文】

《彖传》说：从小畜卦的卦象上看，阴柔者正处于合适的位置，上下有五个阳爻与之形成呼应，为小畜。乾卦刚健，巽卦柔顺，刚健居中，而志在上行，亨通。所谓的"乌云已布满天空，仅仅是还没有下雨"，其实是在鼓励人继续努力，不要放弃。其所说"乌云从城市的西郊慢慢地飘过来"，其实是说力量还没有充分地展露出来。

《象传》说：本卦乾（天）在下，巽（风）在上，象征风在天上飘行，是小畜。君子应该文饰自己的仪表、气度、品行等。（初九爻）"复自道"，它的意义是吉的。（九二爻）与初九牵连着上升，又不失中道，不会自失。（九三爻）"夫妻反目"，不能正其妻室。（六四爻）"有孚""惕出"。（九五爻）与其志气相合。（九五爻）"有孚挛如"，不专享其财富。（上九爻）"既雨既处"，是德行长期积累的结果。"君子在阳气盛时前进，有凶险"，因此心存疑忌。

【占测范围】

占天时：主三五日之雨，见风发方晴。

求官：迁，职不高，子年月可见。

风水：后有两小山峰，左右有田，甲庚向。

寻人：只在原处，若六四爻动，则不在原处。

家宅：大家，有两样人同居，若非离祖则过房人，田围有墙，外有田路有堆筑物，阴人不足。

婚姻：其女再嫁，不然再说方成，此妇矮肥且性格孤独。

胎孕：生男，若秋冬则生女，若初胎则子不成。

求财：亦有不多，主反复，望小则得，与妇交关，则有口舌。

行人：二来一去，丑午日见。

遗失：可去田里或小巷壁后寻，急向东南方觅。

捕盗：走非过，目下难捉，在东北方园内可寻。

望事：后必有口舌，只宜与女人求事。

出行：被风雨阻，去不利。

见贵：不遂，难成。

田蚕：平平。

疾病：往南方求医，胸腹疼痛、饮食不下。

词讼：似不成，若成，未见官事未了，因为有阴人小口作梗。

【得卦典故】

小畜卦为韩信（公元前228~前196）击取散关不破卜得，后再击破之。韩信击取散关即用了著名的"明修栈道，暗度陈仓"之计，韩信暗中从陈仓小道击取散关，从而取得陈仓。韩信一击不成，说明遭遇小的堵塞，后来再击才获得成功，与卦象提示一致。

履（卦十）天泽履

兑下乾上

【原文】

履①虎尾，不咥②人，亨。

初九：素履③往，无咎。

九二：履道坦坦④，幽人⑤贞吉。

六三：眇⑥能视，跛⑦能履。履虎尾，咥人，凶。武人为于大君。

九四：履虎尾，愬愬⑧，终吉。

九五：夬履⑨，贞厉。

上九：视履⑩考祥⑪，其旋元吉。

【注释】

①履：本卦下兑上乾，兑代表泽，在地位上与臣相对应，乾代表天，在地位上与君王相对应，所以人们必须小心谨慎。履，原意为踩踏，引申为行为和行为准则。

②咥（dié）：噬，咬。

③素履：形容人行为清正纯洁的样子。素，没有纹饰。

④坦坦：平坦。

⑤幽人：独处、与世无争的人。

⑥眇（miǎo）：指一只眼睛丧失视力的人。

⑦跛：瘸腿，一只脚有毛病。

⑧愬（sù）愬：形容非常恐惧的样子。

⑨夬（guài）履：形容人做事果决决断。夬，刚决、决断。

⑩视履：形容人行为审慎的样子。视，察看、审视。

⑪考祥：检查和推求事情发生、发展的预兆。

【译文】

（履卦，象征着）轻轻地踩了一下老虎的尾巴（因此没有让老虎感到疼痛），老虎没有咬人。这种情况是亨通无事的。

初九爻，穿着素淡的鞋子出去（心地淳朴，品行端正），没有灾害。

九二爻，所走之路很平坦，与世无争、安恬进退的人，吉利。

六三爻，一只眼睛失明的仍然能看到，一只脚跛的仍然能走路。（但是这样的人）跟在老虎尾巴后面，老虎就会咬他，是凶兆。武人要效力于大人君主。

九四爻，跟在老虎尾巴后面走路，因为恐惧而小心谨慎，最终将平安无事。

九五爻，刚毅的人行事果敢，若长久不变会有危险。

上九爻，始终行事小心谨慎，考虑周到，完满周旋，大吉。

【原文】

《彖》曰：履，柔履刚也。说①乎乾，是以"履虎尾，不咥人，亨"。刚中正，履帝位而不疚，光明也。

《象》曰：上天下泽，履。君子以辩上下，定民志②。"素履"之往，独行愿也。"幽人贞吉"，中不自乱也。"眇能视"，不足以有明也。"跛能履"，不足以与行也。"咥人"之凶，位不当也。"武人为于大君"，志刚也。"愬愬终吉"，志行也。"夬履，贞厉"，位正当也。"元吉"在上，大有庆也。

【注释】

①说（yuè）：通"悦"。应：心理上的感应，情绪上的相通。

②辩上下，定民志：指君子要明辨上下之分，确定人民的志愿。辩，通"辨"。定，测定。

【译文】

《彖传》说：履卦是阴爻紧蹑着阳爻后面走。兑应该和悦地应着乾，所以才能"履虎尾，不咥人，亨"。（九五爻）阳刚中正，居于君位而无害，是光明的。

《象传》说：上天下泽，是履卦。君子要明辨上下，确定人民的志向。（初九爻）"素履"之往，是为了实现自己最初的志愿。（九二爻）"幽人贞吉"，是因为内心恬然安静。（六三爻）"眇能视"，但还不能明察。

"跛能履"，还不能称为能走。有被虎咬的凶险，是因为（这一爻）能力与地位不相称，"武人为于大君"，容易刚愎自用。（九四爻）"愬愬终吉"，志愿能够实现。（九五爻）"夬履，贞厉"（因为这一爻为刚爻且居中正至尊之位），正居其位（居高临下，自专自决，危险）。（上九爻）"元吉"在上，大吉大利。

【占测范围】

占天时：无云无雨，其暗必久，虽有雨乃一时之雨，随后即放晴。

求官：多反复，费力。

见贵：须待马日、羊日。

行人：身动，至中途有阻。

捕盗：易捉，在西方破屋之中。

田蚕：半收。

家宅：有伏尸，屋后有物不洁。

婚姻：乃三四嫁之女，主反复，其妇孤克夫，媒人再说可成。

求财：则爻动方有财，三四人同求有。

望事：先难后易，久议可得。

出行：两处左，心下不定，利远行，近失利。

交易：事难成，牛马猴月日方成，防是非口舌之事。

寻人：纵寻不见，未申日可行。

风水：有二墓上卦，一墓左畔有香火，前有路乃他人古墓在左，近有一墓。

六甲：生男，未产必生女，秋占生男，利子不利母。

疾病：心腹疼痛，行动不得，往西方求医。

遗失：失物可寻，有小儿或带疾人见，死物难寻。

词讼：乃他人来侵我，有头无尾。

六畜：鸡牛平，犬怪，猪晦，马牛瘴。

【得卦典故】

相传此卦为子路出行时卜得，后遇虎拔其尾。传说子路和孔子出行，子路去河边取水时碰到了老虎，他将老虎打死，又取下虎尾作为凭证。实际上这不过是后人根据《论语》中"暴虎冯河，死而无悔者"所附会的，历史上并无此事。

泰（卦十一）地天泰

乾下坤上

【原文】

泰^①，小往大来^②，吉，亨。

初九：拔茅茹^③，以其汇，征吉。

九二：包荒^④，用冯^⑤河，不遐遗^⑥，朋亡。得尚于中行^⑦。

九三：无平不陂，无往不复。艰贞^⑧无咎。勿恤^⑨其孚，于食有福。

六四：翩翩^⑩，不富^⑪以其邻，不戒以孚。

六五：帝乙^⑫归妹，以祉^⑬，元吉。

上六：城复于隍^⑭，勿用师，自邑告命。贞吝。

【注释】

①泰：本卦下乾上坤。乾为天，此处代表的是阳气；坤为地，代表的是阴气。阳气上升而阴气下沉，两相交融而产生各种变化，进而达到顺畅通达的状态，所以卦名为"泰"，象征亨通、太平的社会景象。

②小往大来：喻指阴阳两气此消彼长的关系。

③茅茹：指拔了这一棵茅草根，连带着那一棵也拔了出来。茅，茅草。茹，根相连，也就是相互牵连的意思。

④包荒：包容荒秽。

⑤冯（píng）：通"凭"。

⑥不遐遗：不弃遐远。

⑦得尚于中行：合乎中行之道。

⑧艰贞：在困难中坚守正道。

⑨恤：忧。

⑩翩翩：群飞向下的样子。

⑪不富：谦虚不自满。

⑫帝乙：殷代末代帝王纣王的父亲。

⑬以祉（zhǐ）：有福，得福。祉，福。

⑭隍（huáng）：指干涸了的用以护城的壕沟。

【译文】

泰卦是通达的象征，小的去了大的来（阳气上升，阴气下降，阴阳相交和畅之象），吉利，亨通。

初九爻，拔茅草根，这根带着那根，因为它们是同类。外出，吉利。

九二爻，能够包容荒秽，刚决果断，不弃遐远，不结朋党，可谓行乎中道。

九三爻，平地会变成陡坡，去的还会再回来。在困难中依然坚守正道，便可以无咎。还要无忧无惧，诚信不移地做事，反而有福。

六四爻，（坤卦三阴爻）翩翩地向下飞来，（六四爻）不自满而其邻自然跟从，不戒备而保持信任。

六五爻，商代帝王乙嫁女（给周文王，属于下嫁），有福，大吉。

上六爻，城墙倒塌，填平了久已干涸的护城沟，不要用兵，（因此此时）命令只有自己附近的城邑能够听从了，即使做到守正，也无济于事。

【原文】

《彖》曰："泰，小往大来，吉，亨。"则是天地交而万物通也，上下交①而其志同也。内阳而外阴，内健而外顺。内君子而外小人，君子道长，小人道消也。

《象》曰：天地交，泰。后以财②成天地之道，辅相天地之宜，以左右民。"拔茅""征吉"，志在外也。"包荒""得尚于中行"，以光大也。"无往不复"，天地际也。"翩翩不富"，皆失实也。"不戒以孚"，中心愿也。"以祉元吉"，中以行愿也。"城复于隍"，其命乱也。

【注释】

①上下交：指君主与臣民的交流。上，喻指君主。下，喻指臣民。

②财：此处意义同"裁"，裁剪。原意是裁布制成衣服的行为。

【译文】

《彖传》说：泰卦卦辞中所说的"阴与阳相交往，达到吉祥、亨通状态"，是指阴气与阳气相互交感，让万物蓬勃生长；而君上与臣下的沟通，是在向同一个目标努力。阳在内阴在外，阳气主动而阴气顺从。就像君子掌握着朝纲，小人就在朝堂之外，君子影响扩大，小人影响就会衰减一样。

《象传》说：泰卦，天地间阴气与阳气相交。君王应该根据天地自然的规律，辅助天地自然之所宜，来统治百姓。（初九爻）"拔茅""征吉"，志在进取。（九二爻）"包荒""得尚于中行"，因此而得广大之气象。（九三爻）"无往不复"，是天地的极限（阴阳相接之际，快要发生转变）。（六四爻）"翩翩不富"，长久失实（失去阳爻做依靠）。"不戒以孚"，是发自内心的，没有丝毫勉强。（六五爻）"以祉元吉"，（帝乙下嫁女儿）不是出于强迫，是心中的志愿决定的。（上六爻）"城复于隍"，这是因为阴乘于阳，尊卑颠倒，政令不顺。

【占测范围】

占天时：三天后才晴，应在申酉日应验。

风水：有树根穿墓，左右有倒木，为申庚向，出子孙二人，必损。

求官：有升迁之喜，会有三贵人相助。

家宅：三人上卦，损小口，不利女人，如无女人，主外妇口舌致灾。

望事：望小得大，事易成。

婚姻：为大娶小，或士大夫女，庶人求婚，有三人说，其妇带小儿来，嫁主反复，男有婚，女再嫁则可。

六甲：生贵子，为第三胎，后则不孕，无灾危。

出行：不宜自行，与他人行则吉利。

行人：身动，三人行，人久当见。

捕盗：有三四人，相同在东方有水碓处，子午日见信。

遗失：非偷，乃自失。

田蚕：大熟。

见贵：宜进前，顺利。

谋事：宜用力，必然成就。

寻人：已往别处，如果辛日占六二爻动，未见其人，只见信。

疾病：主腰背疾病，心中热结，包含不进，应往东南方向求医。

词讼：为三人之事，或因小儿引起，宜和，不宜见官。

【得卦典故】

泰卦为尧帝将禅位时占得。尧为上古时代的圣王，相传他在位时，政治清明，天下安宁，后来他将王位禅让给有才能的舜，传下一段佳话，为后世所景仰。

否（卦十二）天地否

 坤下乾上

【原文】

否①之匪人，不利君子贞。大往小来。

初六：拔茅茹，以其汇②。贞吉，亨。

六二：包承③，小人吉，大人否，亨。

六三：包羞④。

九四：有命⑤无咎，畴离⑥祉。

九五：休否⑦，大人吉。其亡其亡⑧，系于苞桑。

上九：倾否⑨，先否后喜。

【注释】

①否（pǐ）：本卦下坤上乾，表现的是阳气在上却还要上升，阴气在下却还要下沉，难以形成阴阳相接的局面，导致万物不生。

②汇：同类。

③包承：承顺。

④包羞：忍受耻辱。

⑤有命：有天命。

⑥离：受到，得到。

⑦休否（pǐ）：停止否的状态。

⑧其亡其亡：形容危险到了极点。亡，危险、败亡。

⑨倾否：否的状态到了尽头。倾，覆灭、倒下。

【译文】

否卦所象征的是闭塞不通的状况。在封闭的社会中，人们无法自由来往，就会形成黑暗闭塞的环境，不利于君子坚守正道。于是强大者离去，弱小者到来。（即阳往阴来）

初六爻，拔茅草根，这根带着那根（应该联合六二和六三两爻），同类共同守正不动，才能吉利亨通。

六二爻，阿谀奉承，小人吉利，大人不受迷惑，则亨通。

六三爻，忍受耻辱，固守地位。（无所作为）

九四爻，顺应天命，与同类（诸阳爻）一起接受福祉。

九五爻，停止否的状态，大人就会得到吉祥。衰亡啊衰亡，以此而戒惧危亡，就像系于桑树一样坚固。

上九爻，否的状态已经倾覆，先有忧，而后喜。

【原文】

《彖》曰："否之匪人，不利，君子贞。大往小来。"则是天地不交而万物不通也。上下不交，而天下无邦①也。内阴而外阳，内柔而外刚，内小人而外君子。小人道长，君子道消也。

《象》曰：天地不交，否。君子以俭②德辟③难，不可荣以禄。"拔茅""贞吉"，志在君也。"大人否，亨"，不乱群也。"包羞"，位不当也。"有命无咎"，志行也。"大人"之吉，位正当也。否终则倾，何可长也！

【注释】

①无邦：形容国不成国的危险状态。邦，国。

②俭：约束，收敛。

③辟：通"避"。

【译文】

《彖传》说：否卦之窒塞不通的状态，不利于君子坚守正道。于是强大者离去，弱小者到来，就是说阴气与阳气不能交感，导致万物不能生长。君主不能与臣子交流意见，致使天下混乱，邦国危亡。阴在内而阳在外，柔在内而刚在外，对应小人在内而君子在外的情况，随着小人影响力的扩大，君子的影响力势必衰微。

《象传》说：天高地低，彼此间无法交流互通，因而闭塞不通。这是否卦的卦象。君子们必须收敛才华，避开危险的境地，不可以仕禄为荣。（初六爻）"拔茅""贞吉"，君子（隐藏才德），志在报君主之恩。（六二爻）"大人否，亨"，是说君子不肯与小人为伍。（六三爻）"包羞"，是说小人们（之所以含羞忍辱，是因为）正处在不当的位置上。（九四爻）"有命无咎"，是自行其志的表现。（九五爻）"大人"吉利，是因为处在恰当的位置上。（上九爻）闭塞达到顶点后，必然会倾覆。这说明任何局面都不会持续太久。

【占测范围】

占天时：亥卯日晴。

田蚕：必获丰收。

求官：先否后泰终有成，文书印信有气，职位不高，若得名字带口偏旁的贵人为力，可得高位。

出行：有口舌是非，迟则吉。

行人：身未动，平安，卯日有信。

婚姻：有口舌，目下未就，纵成亦长远。

求财：有口舌是非，得七分财。

六甲：有喜，但逆生，头在里，脚在外，先生女次胎男。

捕盗：两盗相侵，在东南方山林逃避，四周有水。

遗失：女人及小孩因闹中失，可于东南方寻得。

家宅：门外有竹林小巷，外姓人来居不稳，或女与夫妇来，要招连累，需防儿辈口舌成灾。

谋事：先难后易。

风水：其穴不利，主损人口，绝后代。

交易：可行，有贵人，应在午未申日。

疾病：往东南方求医。

词讼：有不明之事，有口难言，更逢盗贼之冤，后得理，大吉。

【得卦典故】

否卦为战国苏秦（约前340—前284）所占得。一开始苏秦周游列国，却一无所成，被亲人冷淡对待，他占得否卦，正应了否卦天地不合、夫妻不合之兆。后来苏秦发愤读书，悬梁刺股，终于得到诸侯赏识，身佩六国相印，地位显赫，说明否到极点而后反复。

同人（卦十三）天火同人

 离下乾上

【原文】

同人^①于野^②，亨，利涉大川。利君子贞。

初九：同人于门^③，无咎。

六二：同人于宗^④，吝。

九三：伏戎于莽^⑤，升其高陵^⑥，三岁不兴^⑦。

九四：乘其墉^⑧，弗克攻，吉。

九五：同人先号啕而后笑，大师克，相遇。

上九：同人于郊，无悔。

【注释】

①同人：本卦下离上乾。离为火，乾为天，代表着处在上位的君王能够聚集民众。同，会合、聚集。

②野：古代邦国的都城称为"国"，都城以外的地方叫作"郊"，"郊"之外的地域称为"野"。

③门：王门，官门。

④宗：指用来祭祀祖先的宗庙。

⑤伏戎于莽：让军队埋伏在茂密的树林、草丛中。戎，军队。

⑥升其高陵：将军队驻扎在高地上。

⑦三岁不兴：很多年都没有兴起。三岁，此处表示多年。

⑧乘其墉（yōng）：登上那里的城墙。

【译文】

同人卦所象征的是集合众人。聚集天下之人，亨通，有利于渡过大江大河，有利于守正道的君子。

初九爻，将众人集合在王门外（不分厚薄亲疏，广博无私），没有灾祸。

六二爻，在宗族里聚集众人，会招致麻烦。

九三爻，将军队驻扎在树林草丛里，虽然占据附近的制高点，但仍多年戒备，没有打仗。

九四爻，虽然准备向对方的都城进攻，但终究没有进攻，而自行返回，吉利。

九五爻，众人先是高声哭喊，后又放声大笑，大军初战告捷，胜利会师。

上九爻，聚集众人于城的近郊（既不能做到同天下之人，也没有在宗族中聚众，可算得上无私），没有悔恨。

【原文】

《彖》曰：同人，柔得位得中而应乎乾，曰同人。同人曰"同人于野，亨，利涉大川"，乾行也。文明以健，中正而应，君子正也。唯君子为能通天下之志。

《象》曰：天与火，同人。君子以类族辨物①。出门"同人"，又谁咎也？"同人于宗"，吝道也。"伏戎于莽"，敌刚也。"三岁不兴"，安行也。"乘其墉"，义弗克也；其"吉"，则困而反则也。同人之"先"，以中直也。"大师""相遇"，言相克也。"同人于郊"，志未得也。

【注释】

①类族辨物：区分种群，辨别物象人事等。类，名词用作动词，是分析、区别的意思。族，族类、种类。辨，辨别。物，物类。

【译文】

《彖传》说：（离下乾上，阴爻六二作为一卦之主）出入柔顺的正位，又（与九五阳爻）相应，就是同人卦的卦象。同人卦说"同人于野，亨，利涉大川"，因为这样的举措顺乎天意。（离下为文明，乾上为刚健）文明而又刚健，中正而无偏颇，这是君子行正道。只有君子的心志能够和天下人相通。

《象传》说：天与火，构成了同人卦的卦象。君子应该将天下万物加以分类和辨别。（初九爻）到门外去聚集众人（无偏无私），有谁会害怕招来灾祸呢？（六二爻）"同人于宗"，有困难。（九三爻）"伏戎于莽"，因为敌人力量太强大。"三岁不兴"，（欲斗而力不支）不能行动。（九四爻）"乘其墉"，发现自己不正义，因此没有进攻；最终获"吉"，是因为知困能返。（九五爻）同人之"先"，是因为战争是正义的。"大师"能够相遇，是因为打了胜仗。（上九爻）"同人于郊"，这说明（同天下之人的）志向没有实现。

【占测范围】

占天时：一日雨，来日晴。

家宅：有进人口之喜，左右有树，前有三路。

风水：双穴单立，水远，山遥，葬后出二子孙。

求官：二人用力，一人虚，木字口字姓及同姓人相利济。

婚姻：用一口字人为媒，久方成，其女司年长克夫，若再嫁宜可为之。

六甲：门主一口，乃贵子，春夏火蛇，占之当望。

出行：同行和顺，无须疑虑。

求财：宜与口字及木字人同求可得。

捕盗：应辰亥日可捉。

田蚕：大占利。

见贵：宜前进。

遗失：此是妻失不出产，或因外妇色上有失，在西南方，失物在相识人处。

望事：用二人谋可成，但自有疑无妨。

疾病：头痛腹痛、血气聚心、饮食不进，往东北方求医。

词讼：不久将和，上九动为他侵我，九三动变我伤他。

【得卦典故】

同人卦为刘文龙在外求官卜得之卦，后果然衣锦荣归。此为民间故事。相传刘文龙为西汉元帝时的状元，后来汉匈和亲，王昭君远嫁匈奴，刘文龙被赐为御弟，扶送昭君出塞和番。从此汉匈和睦，天下太平。刘文龙十六年后回中原朝拜天子，高官厚赏，衣锦还乡。

大有（卦十四）火天大有

乾下离上

【原文】

大有①，元亨。

初九：无交害②，匪咎。艰③则无咎。

九二：大车以载，有攸往，无咎。

九三：公用亨于天子④，小人弗克。

九四：匪其彭⑤，无咎。

六五：厥孚交如⑥，威如⑦，吉。

上九：自天佑之。吉，无不利。

【注释】

①大有：本卦下乾上离。象征着太阳光照充足，表现的是政治清明、天下富裕的繁盛景象。

②无交害：没有涉及害处。

③艰：艰苦忧惧。

④用亨于天子：将所有朝献给天子。亨，即享，朝献。

⑤彭：盛多之貌。

⑥厥孚交如：上位的人孚信待下，臣子诚信待上。交如：上下交信的样子。

⑦威如：形容国君的威仪。

【译文】

大有，大通顺。

初九爻，未涉于害，（大有）本来无害，如果能以艰难戒惧之心行事，就无祸害。

九二爻，用大车运载，任重行远，无祸害。

九三爻，公侯将其所有朝献给天子，小人（普通人）做不到这一点。

九四爻，能够谦损戒惧，警惕自己，不处其太盛，就没有祸害。

六五爻，他的诚信，使得上下互信，并且有威严，吉祥。

上九爻，上天来保佑他，吉祥，无往而不利。

【原文】

《彖》曰：大有，柔得尊位大中^①，而上下应之^②，曰"大有"。其德刚健而文明，应乎天而时行，是以"元亨"。

《象》曰：火在天上^③，大有。君子以遏恶扬善^④，顺天休^⑤命。大有初九，无交害也。"大车以载"，积中^⑥不败也。"公用亨于天子"，小人害也。"匪其彭，无咎"，明辨晢也。"厥孚交如"，信以发志也。"威如"之"吉"，易而无备也。大有上吉，自天佑也。

【注释】

①大中：这里指六五爻处君位，而又居中得正。

②上下应之：大有卦中，六五阴爻居上卦中位，其余五条阳爻都来应和它。

③火在天上：喻指太阳在天空正中照耀。

④遏（è）恶扬善：明察善恶。遏，制止。扬，表扬、发扬。

⑤休：使美好。

⑥积中：大车载物于其中，象征道积于其中。

【译文】

《彖传》说：从大有卦的卦象上看，因为阴柔处在尊位，居中得正，并能够得到其他阳爻的响应，所以称为"大有"。它的卦德刚健而文明，遵照天道的要求变化，无所不通。

《象传》说:(乾下离上)火在天上,(普照万物)所以称大有。君子应当阻止恶行、弘扬善行,顺应上天的德行,保护世间万物的性命。大有的初九爻,强调什么祸患都没有发生。(九二爻)"大车以载",就像大车载物一样,道积于其中,不会覆败。(九三爻)"公用亨于天子",小人处于这个位置,就要为害了。(九四爻)"匪其彭,无咎",是因为非常明智(知道盛极必衰的道理)。(六五爻)"厥孚交如",说的是诚信从心中发出,并没有勉强。"威如"之吉,是说对臣下坦诚无私,推行简易。大有卦(不仅包括上九爻)的吉祥,是受到上天护佑的缘故。

【占测范围】

占天时：晴占得雨，雨占得晴。

求官：显达，应于丑未月日时。

家宅：大人不会，屋宇修整，门户不正，或有两门外姓人同居。

六甲：为双生，过月生无虞。

婚姻：必成，或入赘或再嫁之女，而且其妇人有破相。

求财：动有静无，得木姓人助，不用再求。

行人：戌日归。

遗失：向半新旧屋处寻，在沟边。

捕盗：难捉。

求事：用而必得。

出行：宜往西方。

风水：不吉之兆。

见贵：初阻后顺。

交易：可成，防酒中是非。

疾病：寒热往来，头痛眼昏，胸痛，往东南方。

词讼：大事成，小事有头无尾，以木姓人为贵人。

【得卦典故】

大有卦为蔺相如（生卒年不详）出使秦国时卜得，当时蔺相如持和氏璧前往秦国，面临危险，占得大有卦说明尊柔得位、抑恶扬善，此行必定吉无不利，后来蔺相如以机智化解了秦王的刁难，最终完璧归赵。火天大有卦代表着宽裕，是有能力、万事圆满之象。

谦（卦十五）地山谦

 艮下坤上

【原文】

谦①，亨，君子有终②。

初六：谦谦君子③，用④涉大川，吉。

六二：鸣⑤谦，贞吉。

九三：劳⑥谦，君子有终，吉。

六四：无不利，撝谦⑦。

六五：不富以其邻，利用侵伐⑧，无不利。

上六：鸣谦，利用行师⑨，征邑国。

【注释】

①谦：本卦下艮代表山，上坤代表地，是高者在下的卦象。谦，谦虚、谦让。

②有终：指做事能善始善终，得到好结果，有所成就。

③谦谦君子：指态度谦虚但自我要求严格的人。

④用：对……有利。

⑤鸣：声音发于外。

⑥劳：功劳。

⑦㧑（huī）谦：发挥谦德。

⑧侵伐：讨伐。

⑨行师：指带兵出征作战。

【译文】

谦卦象征着谦逊，亨通，只有君子能做到有始又有终。

初六爻，始终谦逊的君子，能够渡过大江大河（克服一切艰难险阻），吉祥。

六二爻，君子有谦逊的美名，依然保持谦虚，中正又吉祥。

九三爻，有功劳还能保持谦卑自处，君子能终生如此，吉祥。

六四爻，没有任何不利的地方，只要进退动息就能发挥谦虚之德。

六五爻，即使作为"不富"之阴爻，依然能得到别人的拥护，（有不服从的）就去讨伐他，征伐则无不利。

上六爻，有谦逊的名望，利于使用武力，征服自己管辖的地域。

【原文】

《彖》曰：谦，亨。天道下济①而光明，地道卑而上行。天道亏②盈而益③谦，地道变盈而流谦，鬼神害盈而福谦，人道恶盈而好谦。谦尊而光，卑而不可逾，君子之终也。

《象》曰：地中有山④，谦。君子以裒⑤多益寡，称⑥物平施⑦。"谦谦君子"，卑以自牧⑧也。"鸣谦，贞吉"，中心得也。"劳谦"君子，万民服也。"无不利，㧑谦"，不违则也。"利用侵伐"，征不服也。"鸣谦"，志未得也。可"用行师，征邑国"也。

【注释】

①济：周济，普济。

②亏：亏损，减少。

③益：增益，补益。这里指自然生态系统的自在均衡。

④地中有山：这是对谦卦卦象的描述，其下艮上坤，分别代表了山和地，故名。

⑤裒（póu）：同"掊"，取出、减少。

⑥称：这里是衡量、评判的意思。

⑦施：施展。

⑧自牧：指自我调养、自我调整。

【译文】

《彖传》说：谦则亨通。（艮下坤上）天道成就万物而光明，地道谦卑而地气上升。天道损害满的而增加谦逊的，地道将高处倾陷而将多余的流到更低处，鬼神损害满的而施加福气于谦逊的，人道讨厌盈满的而爱好谦逊的。谦虚，处于尊位则宽广涵容，处于卑位却不可超越，这就是君子的好结果。

《象传》说：地中有山，是谦卦。君子取多补少，称量物品以保持公平。（初六爻）"谦谦君子"，是说君子能以谦卑之道自处，并坚持不懈。（六二爻）"鸣谦，贞吉"，是身处中正，而有所得。（九三爻）"劳谦"君子，必然得到百姓的拥护。（六四爻）"无不利，撝谦"，因为这没有违背法则。（六五爻）"利用侵伐"，是要征伐那些蛮横顽固、不可一世的人。（上六爻）"鸣谦"，是自己感到谦之不足，便用武力征服自己的城邑。

【占测范围】

占天时：未动晴，主有风，甲子日才能停。

风水：有竹林近人家，如无竹林，必有茅屋在附近，葬后必有破财或口舌。

家宅：在竹林居住，有两间屋，主损两小儿，人烟少。

寻人：未见不可去。因为有草头口字人在内，所以枉费心力。

求官：难以求成。三五次用心，徒然费力，应在寅午戌日。

婚姻：有二人说，用口字媒人则利，其妇淫佚。

胎产：会生女孩，产妇无灾，小儿难养。

出行：有阻碍，无灾害。虽有口舌，也不为伤。

遗失：在茅屋竹林下，自己人得知，失后更有口舌，失物问草头人得见。

求财：可言其有财，不可取财，取则有伤。

交易：终会成功。虽有小是非，但并不妨碍。

见贵：可近前。

田蚕：大吉之兆。

望事：二人同求，一人在内相让，再求有成。

行人：未动，有是非，防失脱。己亥日占得，会有信至。

疾病：病留连难脱体，饮食不落，日轻夜重，宜往东南方向求医。

词讼：有二三人在内，大忌草头人说口舌。

【得卦典故】

谦卦也为唐玄宗（685~762）避安禄山之乱时占得。唐玄宗前期开创开元盛世，后因宠爱杨贵妃及其家族，以致爆发安史之乱，避难蜀地。但占得谦卦，知会亨通，做事有终，所以知干戈必息。

豫（卦十六）雷地豫

坤下震上

【原文】

豫①，利建侯行师。

初六：鸣豫②，凶。

六二：介于石③，不终日，贞吉。

六三：盱④豫悔，迟有悔。

九四：由豫⑤，大有得。勿疑，朋盍簪⑥。

六五：贞疾，恒不死。

上六：冥豫，成有渝⑦，无咎。

【注释】

①豫：本卦下坤上震，分别代表着地和雷，有顺而动之象，所以名豫。豫，有安闲和乐之意，也有事有预备之意。

②鸣豫：耽于逸乐的样子。鸣，心中有感而发。

③介于石：形容像岩石一样坚硬。介，坚硬。于，如、像。

④盱：睁开眼睛向上看。

⑤由豫：犹豫。

⑥盍（hé）簪：迅速聚集，有嫉妒、非难之意。

⑦渝：变化。

【译文】

豫卦，利于建国封侯，出兵打仗。

初六爻，耽于逸乐，有凶险。

六二爻，坚持自守而坚介如石，不待终日便能思虑明审，守正然后得吉。

六三爻，一味取悦上级，又优柔寡断，迟了就会产生悔恨。

九四爻，对大有得的事情，不要犹豫不决，不要疑惑，不要怕别人的非难之辞。

六五爻，因有人辅助救正，所以只是有疾病，虽久，不会死。

上六爻，昏昧而耽于逸乐，事情在向好的方面转化，所以无灾害。

【原文】

《彖》曰：豫，刚应而志行①，顺以动，豫。豫顺以动，故天地如之，而况建侯行师乎！天地以顺动，故日月不过，而四时不忒。圣人以顺动，则刑罚清而民服。豫之时义大矣哉！

《象》曰：雷出地奋②，豫。先王以作乐崇③德，殷荐④之上帝，以配祖考。初六"鸣豫"，志穷凶也。"不终日，贞吉"，以中正也。"盱豫""有悔"，位不当也。"由豫，大有得"，志大行也。六五"贞疾"，乘刚也。"恒不死"，中未亡也。"冥豫"在上，何可长也！

【注释】

①刚应而志行：指豫卦的六爻中，只有九四是阳爻，其余五个阴爻全部在上下围绕相应，以五柔应一刚，所以说是"刚应"，志向自然也能得以实现。

②雷出地奋：豫卦卦象中"坤"为地，"震"为雷，故名。奋，努力振动的样子。

③崇：推崇，发扬。

④殷荐：热烈地进献。殷，盛。荐，进献。

【译文】

《象传》说：豫卦刚（九四爻）得到柔（五阴爻）的相应，君的志向得以实行。以合乎规律的方式行动，自然界尚且如此，何况是人世间封侯建国、出师征战的事。天地按照自然规律而动，所以日月的运行与四时的循环都没有差错。圣人根据自然的规律行动，就会刑罚清明，百姓顺从。豫卦的顺时而动真是意义重大啊！

《象传》说：雷出地动，是豫卦。先王据此创制了音乐，将自己的功德发扬光大。在祭祀时将这盛大的音乐奏给上帝听，又将自己的德与祖考匹对。初六爻"鸣豫"，欢乐之极，乐极生凶。（六二爻）"不终日，贞吉"，就是因为能坚守中正之道。（六三爻）"盱豫""有悔"，因为（此爻）位置不中不正。（九四爻）"由豫，大有得"，是他的志向得到了广泛推行。六五爻"贞疾"，（处逸豫之时，正应该耽于逸乐而死，却仅得病，因其）恰好受到阳刚之臣（九四爻）的辅佐；"恒不死"，是因为中气尚存，命脉还在。（上六爻）"冥豫"，处于昏昧状态还高高在上，这种情况（必然会发生转变），怎么能长久呢？

【占测范围】

占天时：晴，六二爻动，有风晴。

求官：假以时日可成。

求财：逢四五吉，有三重财。

望事：成，主他就我。

田蚕：熟。

行人：不久便归，略有所失，申酉日占，行人在外平安。

风水：无水不近人家，或近人家有水火。

交易：宜秋成，得贵人之助力，午未日成。

出行：身未动必有来方可出。

寻人：他人自动来相寻，有好事有利于己，先见信，后和合，无须疑虑。

遗失：或在小屋，或在舍间，有奴婢人见可问，小儿得知，其物为青白色。

家宅：或有茅屋，竹门扇处破损难补。

婚姻：能成，但有所丧失，其妇有子随嫁。

六甲：生女之兆，季夏则生男，产妇有小灾。

见贵：宜速。

疾病：气急咳嗽，咽喉痛，骨节疼痛，宜往东南方求医。

词讼：有头无尾，不见官，只破财，亦主有人牵连。

【得卦典故】

豫卦为诸葛亮（181~234）征讨南蛮时卜得之卦，兆示蜀军此去必定大获全胜。诸葛亮于225年南征，深入不毛之地，七擒七纵，终于使南蛮首领孟获心服口服，不再反叛。

随（卦十七）泽雷随

震下兑上

【原文】

随①，元亨，利贞，无咎。

初九：官②有渝，贞吉。出门交有功。

六二：系小子③，失丈夫④。

六三：系丈夫，失小子。随有求得⑤，利居贞。

九四：随有获，贞凶。有孚在道，以明⑥，何咎？

九五：孚于嘉⑦，吉。

上六：拘系之，乃从维⑧之，王用亨于西山。

【注释】

①随：本卦下震上兑，分别代表着"动"和"悦"，并且是动在内而悦在外。

②官：指初九这一阳爻为随主，主是官。

③小子：六三这一爻，它是阴爻，故称小子。

④丈夫：指初九这一阳爻。

⑤求得：指获得利益。

⑥明：明哲保身。

⑦嘉：善。

⑧维：用绳子绑。

【译文】

随卦，大通顺，固守贞正有利，无灾害。

初九爻，不可以主自居，要知变从权，还要固守正道，利于出门与他人结交。

六二爻，跟随（六三爻）小人，将失去（初九）君子。（君子和小人之道不可兼得）

六三爻，跟随（九四爻）君子，失去（六二爻）小人。借随的机会有求必有得，但最好还是保持贞正而弗求。

九四爻，相随（九四爻）出外必有所收获，（然其势力凌驾于九五这一君位之爻）虽正仍凶险。保持诚信，又合于道，明哲保身，又会有什么危害呢？

九五爻，保持诚信于美善之道中，吉祥。

上六爻，将他拘留拴住，又去说服他，（周文王）让他去祭祀岐山。

【原文】

《彖》曰：随，刚来而下柔，动而说①，随。大亨贞，无咎，而天下随时。随时之义大矣哉！

《象》曰：泽中有雷，随。君子以向晦②入宴息③。"官有渝"，从正吉也。"出门交有功"，不失也。"系小子"，弗兼与也。"系丈夫"，志舍下也。"随有获"，其义凶也。"有孚在道"，"明"功也。"孚于嘉吉"，位正中也。"拘系之"，上穷④也。

【注释】

①动而说（yuè）：从随卦的卦象上看，表示动的"震"在内，而表示悦的"兑"在外，所以有此说。说，通"悦"。

②向晦：向晚。向，方向。晦，阴暗、日落。

③宴息：休息。

④上穷：上六爻是随卦的最上爻，体现着物极必反的道理。

【译文】

《彖传》说：随卦，（震下兑上，刚下柔上）阳刚来屈居于阴柔之下，震动而喜悦，因此有众人相随。固守贞正则大亨通，无灾害，天下人都能伺机跟随他。随的时机和意义真是重大啊！

《象传》说：泽中有雷，是随卦。君子在入夜后就入室休息。（初九爻）"官有渝"，所从得正，吉；"出门交有功"，不失其正。（六二爻）"系小子"，（君子与小人）没有办法兼得。（六三爻）"系丈夫"，坚定地舍了下边的小人（六二爻）。（九四爻）"随有获"，可能会导致凶险；"有孚在道"，有实际的作为而把功劳让给别人（能获得吉利）。（九五爻）"孚于嘉吉"，是因为它既得正又居中。（上六爻）"拘系之"，已发展到了穷尽的地步（穷尽则要发生改变）。

【占测范围】

占天时：大风雷雨，亥日才会晴。

风水：有水入井，葬后雨下。

遗失：并不是被偷，而是自己遗失，可迅速寻找。

家宅：有过房子，二姓同居，靠近神庙。

求官：只宜顺随，待文书遇时自然而至，应当在卯日。

六甲：生田无惊险，五爻动，产妇有灾祸。

婚姻：可以成功，他人说者可顺之。

求财：未可变动，如果遇人相寻则可看大财，并不是买卖而是不义之财。

出行：通达，路虽有阻但不应担忧。

行人：随时而动，有留则目，遇行则行。

交易：虽有阻碍，但最后可以成功。

田蚕：大吉大利。

见贵：有阻碍，要尽力去见。

捕盗：在东方，田畔有水处人家，有口字及陈姓人可以咨询。

寻事：迟则可用，遇人可以询问。

寻人：行止无定，不在原处，须费力寻找。

疾病：头疾、咽喉痛、四肢沉重、饮食不安、呕吐不止，宜往西南求医。

词讼：无忧，不久有变，可用有耳口字姓人说和。

【得卦典故】

随卦为孙膑破魏所卜得，后来果然获胜。孙膑是战国时期著名的军事家，他为同门师兄庞涓所害，后来逃到齐国并担任军师，两度击败庞涓率领的魏军，扬名天下。后著有《孙膑兵法》传世。

蛊（卦十八）山风蛊

巽下艮上

【原文】

蛊①，元亨。利涉大川。先甲三日，后甲三日②。

初六：干③父之蛊④，有子，考⑤无咎，厉终吉。

九二：干母之蛊，不可贞。

九三：干父之蛊，小有悔，无大咎。

六四：裕⑥父之蛊，往见吝⑦。

六五：干父之蛊，用誉⑧。

上九：不事王侯，高尚其事。

【注释】

①蛊（gǔ）：本卦下巽上艮，分别代表风和山。

②先甲三日，后甲三日：甲日的前三天和甲日的后三天，也就是辛日和丁日。这句话是在说，用蛊的过程中，必须接受严格的时间和剂量上的限制。在我国上古历法中，每年分为十二月，每月分三旬，每旬的十天分别以甲、乙、丙、丁、戊、己、庚、辛、壬、癸来记数，以每旬的第一天作为甲日，第二天作为乙日，并以此类推。

③干：繁体为"幹"，意为调正、理直、滤干、去除等。

④父之蛊：父辈的蛊乱，就是余毒。

⑤考：先秦时期，无论父亲在世或亡故，都可称作"考"。

⑥裕：放松。

⑦吝：形容艰难的样子。

⑧用誉：受到赞誉。

【译文】

蛊卦，大亨通，利于渡过大河大川（艰难险阻）。（治蛊不易，需深谋远虑），需"先甲三日"即辛日（分析研究治蛊的缘由及方法），再"后甲三日"即丁日（分析研究发展趋势，巩固治蛊的成果）。

初六爻，有儿子将父亲留下的蛊乱治理好，父亲则不会造成太大的危害。有儿子能纠正并继续父亲未竟的事业，最终也是吉利的。

九二爻，儿子治理母亲留下的蛊乱，不能过于固执己见（因为九二刚而不正，六五柔而居尊位，以刚承柔，故不可）。

九三爻，儿子治理父亲留下的蛊乱，虽有小问题，但不会有大灾祸。

六四爻，悠游度日，不抓紧解决父辈留下的蛊乱，长此以往，将会很艰难。

六五爻，成功挽救遭父辈败坏的基业，就会受到人们的称赞。

上九爻，不去侍奉王侯贵族，保持自己高尚的志行。

【原文】

《彖》曰：蛊，刚上而柔下，巽而止蛊。蛊"元亨"，而天下治也。"利涉大川"，往有事也。"先甲三日，后甲三日"，终则有始，天行也。

《象》曰：山下有风，蛊。君子以振民育德。"干父之蛊"，意承考也。"干母之蛊"，得中道也。"干父之蛊"，终无咎也。"裕父之蛊"，往未得也。"干父用誉"，承以德也。"不事王侯"，志①可则②也。

【注释】

①志：指人的志气、勇气。

②则：准则、榜样、效法等。

【译文】

《彖传》说：蛊卦，阳刚居于上位而阴柔处于下位，（巽谦艮止）止于谦逊，是蛊卦。蛊卦，大亨通（的开始），必然使得天下大治。"利涉大川"要断然而往，有所行动。"先甲三日，后甲三日"，有终局，才有开始（循环往复），这是天地运行之道。

《象传》说：山下有风，是蛊卦。君子要振奋民心，培育百姓的品德。（初六爻）"干父之蛊"，是顺承了父亲的意志。（九二爻）"干母之蛊"，得到中道（九二爻居下体之中，是得中道）。（九三爻）"干父之蛊"（不免有小问题），终究不会产生大麻烦。（六四爻）"裕父之蛊"，会使问题变得越来越严重。（六五爻）"干父用誉"，是因为他传承了父亲的美德。（上九爻）"不事王侯"，这种高尚的心志是可以效仿的。

【占测范围】

占天时：雨多晴少。

风水：有两墓，一丙壬向，一乙辛向，前有园路，阴日占乙辛吉，丙壬凶。

家宅：前左有小屋，或两头居符香火得力。

婚姻：内有三人或跛脚人说破，难成。

求官：二次求方遂，巳午方见。

出行：三人同行，主足灾，亦有口舌是非。

寻人：宜急，不宜缓。

交易：不可成。

田蚕：如常。

见贵：先难后易，用力可见。

遗失：生物在水沟中或小桥小茅舍边，死物在田边小树旁。

捕盗：藏在东南方远处，水碓之所可捉。

求财：用三人同求，有二三分财。

望事：用口姓与穿青衣人为福。

胎孕：生男若为第三胎，上皆不成，如末胎可养，主有患手或血脓之灾。

疾病：心腹疼痛、寒热往来、风劳气急及疮瘤之灾，宜往北方求医。

词讼：三五人为事，不依议论，先是他生我，中途我害他，有张姓人和解，可从之。

【得卦典故】

蛊卦为伯乐疗马所卜得，后知马难医。伯乐，相传是秦穆公时期的人，姓孙名阳，善于相马，曾为楚王和秦公访得数匹千里马。据说伯乐曾发现一匹年老生病的千里马，为它占得蛊卦，为腐烂之象，知此马将死。

临（卦十九）地泽临

兑下坤上

【原文】

临①，元亨，利贞。至于八月有凶②。

初九：咸③临，贞吉。

九二：咸④临，吉，无不利。

六三：甘⑤临，无攸利。既忧之，无咎。

六四：至临⑥，无咎。

六五：知⑦临，大君之宜，吉。

上六：敦⑧临，吉，无咎。

【注释】

①临：本卦下卦为兑，象征水泽，上卦为坤，象征堤岸。地下有泽便是临。

②至于八月有凶：朱熹《周易本义》说："'八月'，谓自复卦一阳之月，至于遁卦二阴之月，阴长阳遁之时也。或曰：'八月'谓夏正八月，于卦为观，亦临之反对也。"

③咸（初九爻）：用作"感"，感化。

④咸（九二爻）：此处的咸用作"诚"，温和。

⑤甘：甜。

⑥至临：指君王亲自处理国事。

⑦知：通"智"，明智。

⑧敦：形容敦厚、诚实的样子。

【译文】

临卦，大亨通，固守贞正则有利，到八月则有凶险（阳德从复卦一阳初长，到临卦二阳浸长，直到八月逐渐生长，最盛之时将是转衰之时）。

初九爻，用感化的方式进行统治，又贞正又吉利。

九二爻，用温和的政策督导人，大吉，而无往不利。

六三爻，用甜美的巧言去取悦他人，自然无所利。如果能及时醒悟，知危而忧，则无过失。

六四爻，以极为亲近的方式统治百姓，无过失。

六五爻，君主明智地处理国家政事，是最适宜伟大君主的统治之道，大吉。

上六爻，用笃诚敦厚的方法治理百姓，吉祥，无过失。

【原文】

《彖》曰：临，刚浸而长①，说②而顺，刚中而应③。大亨以正，天之道也。"至于八月有凶"，消④不久也。

《象》曰：泽上有地，临。君子以教思无穷⑤，容保⑥民无疆。"咸临，贞吉"，志行正也。"咸临，吉，无不利"，未顺命也。"甘临"，位不当也。"既忧之"，咎不长也。"至临，无咎"，位当也。"大君之宜"，行中之谓也。"敦临"之吉，志在内也。

【注释】

①刚浸而长：这是就临卦的六爻说的。在本卦中，只有最下的两爻是阳爻，以上都是阴爻，所象征的是阳气正在升起的情形。浸，逐渐、渐渐。

②说（yuè）：通"悦"。

③刚中而应：本卦的六爻中，位于二位的是阳爻，五位上是阴爻，从而在下卦的中位与上卦的中位位置形成刚柔相应的关系，所以说"刚中而应"。

④消：指阴气正在减少。

⑤教思无穷：指对老百姓的教导、关心要尽可能地持久。

⑥容保：容纳并给予保护，就像堤岸给水泽提供的保护一样。容，容纳。保，保护。

【译文】

《彖传》说：临卦，（初九与九二两个阳爻在下）刚渐渐生长，（下兑上坤）悦而顺。（九二爻居于下体之中，且与上卦之中六五爻正应）所以刚居中与柔居中相应，大亨通，且贞正，这是天道。"至于八月有凶"，则是阴气消减的时间不会太久。

《象传》说：（下兑上坤）泽上有地，是临卦。君子应坚持不懈地教民念民，容民保民。（初九爻）"咸临，贞吉"，是因为志行中道。（九二爻）"咸临，吉，无不利"，没有顺从命令。（六三爻）"甘临"，因为（六三爻）的位置不当（产生不好的结果），但"既忧之"，危害便不会长久地持续。

（六四爻）"至临，无咎"，是因为（此爻）在合适的位置上。（六五爻）"大君之宜"，是说其奉行中正之道。（上六爻）"敦临"能获得吉利，是因为主动顺应阳刚，敦厚笃诚。

【占测范围】

占天时：久雨，三天不止，直到午未日方晴。

风水：丁癸向，其山火烧，穴中边湿润平坦，前山低，主子孙富贵。

家宅：会有外姓人同居，如果无，则有口舌是非。

求官：迁职之兆，应期在卯酉日。

望事：与人相约日，求到无虑，吉利。

婚姻：虽有人破，最终会成功，但有口舌是非。

交易：多有口破，为不成之兆。

见贵：只宜守旧，如果要进前，恐有未遂。

胎产：宅贵子，如果春夏占只生女孩，没有危险。

寻人：不宜急，急则空，行迟缓，必相遇，其人当下身动。

出行：三人同行，当有一人到别处去，自身虽有疑，但不为患。

行人：三人等一人，不久即见，会有口舌。

求财：与人同求，先难后易，两重财，一重空手可得，一重将花本求。

遗失：生物在三窟中或藏于三人家，死物宜灶下寻，在外不在内。

捕盗：有三五人相同，在东南方向，火烧山下，难以捉到，逢己辛日见信。

疾病：夜梦颠倒、狂言妄语、因酒得病、心腹疼痛，应向东南方求医。

词讼：主有三人之事，一人望信，宜求口姓贵人，本欲讼他人，反伤于己，身宜和。

【得卦典故】

临卦为蔡文姬（东汉末期人，生卒年不详）在匈奴时占得。蔡文姬是中国古代有名的才女，东汉末被掳往匈奴，受尽异乡之苦，后得曹操相救，回到汉地。

观（卦二十）风地观

 坤下巽上

【原文】

观①，盥②而不荐③，有孚颙若④。

初六：童观⑤，小人无咎，君子吝。

六二：窥观，利女贞。

六三：观我生，进退。

六四：观国之光⑥，利用宾⑦于王。

九五：观我生，君子无咎。

上九：观其生⑧，君子无咎。

【注释】

①观：本卦下卦为坤，代表地，上卦为巽，代表风，所表现的是风行大地、吹拂万物的景象。朱熹《周易本义》中说此卦"有以示人，而为人所仰也"。

②盥（guàn）：古代祭祀的一个环节，朱熹《周易本义》解释为："将祭而洁手也。"

③荐：古代庙中祭祀的一个步骤，贡献祭品。

④颙（yóng）若：头颈挺直，尊严之貌。

⑤童观：犹如儿童，童蒙稚昧地看。

⑥光：盛德光辉。

⑦宾：作为宾客，这里指等待朝觐君王。

⑧其生：其他姓氏的部族。

【译文】

观卦，国君要像祭祀前先洁净双手那样（精诚专一，严肃谨慎），不能像贡献祭品时那样（心里散漫）。臣民们要头颈挺直，庄严诚敬。

初六爻，蒙昧无知地观看，对于小人而言，没有过失，对于君子而言，则为可羞之事。

六二爻，从门缝中观察外面的景物，对于女人来说，有利于坚守正道。

六三爻，观察自己的处境，时机可进则进，可退则退。

六四爻，观察国君的盛德光辉，最适宜于仕进于王朝。

九五爻，观察自己的言行，君子远离祸患。

上九爻，观察天下百姓（忧国忧民），君子远离祸患。

【原文】

《彖》曰：大观①在上，顺而巽，中正以观天下②，观。"盥而不荐，有孚颙若"，下观③而化也。观天之神道，而四时不忒。圣人以神道设教，而天下服矣。

《象》曰：风行地上，观。先王以省④方，观民设教。初六"童观"，小人道也。"窥观""女贞"，亦可丑也。"观我生进退"，未失道也。"观国之光"，尚宾也。"观我生"，观民也。"观其生"，志未平⑤也。

【注释】

①大观：是对卦象最上的两个阳爻而言的，用来喻指天下子民对君王仰观的情态。

②中正以观天下：中正地观察天下。中，这里指九五爻。

③下观：从下往上看。

④省：查看，视察。

⑤志未平：用意还未能辨明。

【译文】

《象传》说：国君（九五爻）在大观之位，有顺巽之德，坚持中正地观察天下，这就是观卦。"盥而不荐，有孚颙若"，通过对国君的瞻仰就可以感化天下臣民。体察天道的运行，如四季交替没有出现过偏差。盛德的人用神圣的道法来教化人民，自然得到天下臣民的信服。

《象传》说：（下坤上巽）风吹拂大地及地上的万物，是观卦。先王巡视各方，留心民风民俗，以求能教化民众。初六"童观"，这是小人之道。（六二爻）"窥观""女贞"，（但如果男人这样做）就显得可耻了。（六三爻）"观我生进退"，是说没有失掉做事的标准。（六四爻）"观国之光"，是志愿仕进于王朝。（九五爻）想要"观我生"，（通过）观察百姓（的德行就知道了）。（上九爻）"观其生"，用意还未能辨明。

【占测范围】

占天时：时阴时晴，有风无雨。

求官：得贵人力，带草头姓氏人相助，巳丑日可得任命文书。

寻人：其人在西南方，丑未日可见。

出行：不宜独行，结伴行吉。

见贵：巳酉丑日见吉。

风水：有古墓相近，左右有路及竹林，损女人，主离散。

家宅：若非竹林，则近寺庙，可居，或夜有梦寐不祥。

婚姻：二人为媒，难成，女貌美。

行人：有三四人结伴，四九日有信至，行未归。

遗失：往西南方寺庙边找，后路有两人，见之可询问，若为器物，可往木石堆积处找。

捕盗：急，可往寺庙边，有二三条路往来处，或竹林中见。

【得卦典故】

观卦为唐明皇（即唐玄宗，685~762）与叶静能同游月宫所得之卦。传说唐明皇于中秋之夜赏月，突发奇想，让术士叶静能助自己月宫一游。叶静能果然办到，唐明皇还将他在月宫中听到的曲子记了下来，这就是著名的《霓裳羽衣曲》。

噬嗑（卦二十一）火雷噬嗑

 震下离上

【原文】

噬嗑①，亨。利用狱②。

初九：屦校灭趾③，无咎。

六二：噬肤④，灭鼻，无咎。

六三：噬腊肉，遇毒，小吝，无咎。

九四：噬干胏⑤，得金矢⑥。利艰贞，吉。

六五：噬干肉，得黄金⑦。贞厉，无咎。

上九：何⑧校灭耳，凶。

【注释】

①噬嗑（shì hé）：本卦下震上离。"噬"为用牙齿咬，"嗑"为合拢上下颚。噬嗑，本意为吃喝、咀嚼，此处象征国家政治统治中的刑侦、刑罚、治狱等。

②狱：指各种狱讼之类的事情。

③屦（jù）校（jiào）灭趾：给双脚戴上刑具，遮盖住了脚趾。屦，鞋。校，也

就是所谓的桎梏，古代木制的囚人刑具，用来固定颈项的叫作"枷"，用于囚禁手臂的叫作"梏"，用于囚禁双脚的叫作"桎"。

④肤：肥肉。

⑤干胏（zǐ）：指带着骨头的干肉。

⑥金矢：指铜制的箭头。

⑦黄金：是说六五具有某些卓越的条件。

⑧何：古同"荷"。

【译文】

噬嗑卦，亨通无阻，对治狱、使用刑法有利。

初九爻，脚上戴着脚镣，遮盖住了脚趾（是轻微的惩罚），无祸害。

六二爻，咬肥肉，把鼻子都遮住了（用刑森严但适宜），无祸害。

六三爻，咬腊肉，中了毒，只是小困难，无祸害。

九四爻，撕咬带骨头的干肉（象征去除奸邪），得到了箭矢（象征刚直不阿的品德），不怕艰难，坚守原则，代表吉祥。

六五爻，咀嚼干肉脯（象征治狱），得到刚硬之物（象征此爻的中正之位，又得到九四阳刚的辅佐），坚守正道且心存危惧，无祸害。

上九爻，头上的枷具遮住了耳朵，有凶险。

【原文】

《彖》曰：颐①中有物，曰"噬嗑"。噬嗑而"亨"，刚柔分，动而明，雷电合而章②。柔得中而上行，虽不当位，"利用狱"也。

《象》曰：雷电，噬嗑，先王以明罚敕③法。"屦校灭趾"，不行④也。"噬肤灭鼻"，乘刚也。"遇毒"，位不当⑤也。"利艰贞吉"，未光⑥也。"贞厉无咎"，得当也。"何校灭耳"，聪⑦不明也。

【注释】

①颐：指人脸的两颊部位或两腮部位，此处借指嘴。

②章：彰显。

③敕：整理。

④不行：指无法自由行动。

⑤位不当：指"六三"阴爻出现在阳位上。

⑥光：光明，清楚。

⑦聪：此处指人的听觉，听得清楚。

【译文】

《象传》说：嘴中有物（九四爻），就是噬嗑。噬嗑是亨通的，（下震上离，下阳上阴）刚柔分明，（震为雷、为动，离为火、为明）所以动而明，雷电合而彰显，（六五爻）居上体中位，虽然（阴爻居阳位，以柔居刚位、尊位）位置不当，却适宜于刑罚。

《象传》说：雷电聚集在一起，就像是牙齿咬合在一起一样（雷能释放出威慑力，电能释放出光明），先王（从中得到启示）明确刑罚，整理法令。（初九爻）"屦校灭趾"，使人不能行走（轻微的惩罚以使罪犯不再作恶）。（六二爻）"噬肤灭鼻"，（惩罚措施严厉）是因为凌驾在阳刚（初九阳爻）之上。（六三爻）"遇毒"，是因为没有在正当的位置上（不中不正）。（九四爻）"利艰贞吉"，没有见到光明。（六五爻）"贞厉无咎"，是处理得当的结果。（上九爻）"何校灭耳"，是因为耳朵听不清楚（听不进别人的劝告）。

【占测范围】

占天时：虽有雷鸣，仍无大雨，戌申日住。

风水：近竹林及水路边，出子孙多有血光之灾。

求官：得中品之职，午卯日得。

寻人：去庙观市井中寻当见。

田蚕：七分。

交易：力求则可。

见贵：申子辰日可见。

遗失：失物在竹林水碓边，死物为两人得，寻有口舌之争，要防失。

捕盗：在市井之中，不然在竹林之所，必易捕难逃。

家宅：做事多忧，门户修改不利。

婚姻：若非口字人说，必有口舌，终成，只是不利。

六甲：生女或双生，秋冬则生男，六四动，临巳午，九月产妇不全。

行人：欲行不行之兆，不久见信。

出行：与草头人同行免口舌。

望事：用两人求，先难后易，或有口舌。

求财：若独求可，若两人求，则不得。

疾病：手足灾，口齿疼痛，寒热往来，饮食少进，应往西北方求医。

【得卦典故】

嗑嗑卦为苏秦游说六国所得之卦，后果为六国相。嗑嗑象征咬合，也比喻口舌之事。苏秦曾游说燕、赵、韩、魏、齐、楚六国，成功说服六国联合起来抗击强秦，六国也都任命苏秦为相。

贲（卦二十二）山火贲

 离下艮上

【原文】

贲^①，亨。小利有攸往。

初九：贲其趾^②，舍车而徒。

六二：贲其须③。

九三：贲如濡如，永贞吉。

六四：贲如皤④如。白马翰⑤如，匪寇，婚媾。

六五：贲于丘园，束帛戋戋⑥。吝，终吉。

上九：白贲，无咎。

【注释】

①贲（bì）：本卦下离（火）上艮（山），表现的是山下有火、锦绣壮丽的景象。贲，本意为修饰、文饰，引申为美化的意思。

②贲其趾：给脚趾修饰上花纹。趾，脚趾。

③贲其须：修饰胡须。须，胡须。

④皤（pó）：头发白色。

⑤翰：马头高昂的样子，这里形容马飞快奔跑的样子。

⑥戋（jiān）戋：形容很少。

【译文】

贲卦，亨通，有所行动可得小利（不可过于文饰）。

初九爻，文饰他的脚，舍弃了车子而选择徒步前行。

六二爻，文饰他的胡须。

九三爻，文饰得鲜艳华丽，润泽充盈（已到最盛的时候），永久保持贞正才能获得吉利。

六四爻，无所文饰，崇质返素。白马飞奔，不是盗寇，而是去求婚的人（去和初九爻相应，志同道合）。

六五爻，装饰园圃，礼物却很少，有困难，最终是吉祥的。

上九爻，文饰是纯白的，（素朴无文），无祸害。

【原文】

《彖》曰：贲亨，柔来而文刚，故亨。分刚上而文柔，故"小利有攸往"。刚柔交错，天文也。文明以止，人文也。观乎天文，以察时变。观乎人文，以化成天下。

《象》曰：山下有火，贲。君子以明庶政^①，无敢折狱^②。"舍车而徒"，义弗乘也。"贲其须"，与上兴^③也。"永贞"之"吉"，终莫之陵也。六四当位，疑也。"匪寇婚媾"，终无尤也。六五之"吉"，有喜也。"白贲，无咎"，上得志也。

【注释】

①庶政：指需要处理的日常政务，此处代指决狱。

②无敢折狱：指不敢随随便便地断案。

③上兴：指六二爻依附于它上面的九三爻，随其而动。

【译文】

《彖传》说：贲卦象征着亨通，是用柔文饰阳刚，所以亨通。（上九这一阳爻）文饰下卦之柔（使之光明）。刚柔交错是天文。（下离上艮，离为文明，艮为止）文明而止，就是人文。观察天文可以知道四时的变化，观察人文可以感化天下人。

《象传》说：山下有火，是贲卦。君子在审理案件时要及时，不留狱，同时又要谨慎行事，不可草率。（初九爻）"舍车而徒"，因为不乘车是合宜的。（六二爻）"贲其须"，是为了随着它的上一爻（九三爻）而动。（九三爻）持续永远如此，则获得吉祥，是因为没人能欺凌它。六四爻（在离明之外，艮止的时候，是返璞归真的临界点，是继续文饰，还是由文返质），在两种意向中犹豫不决。"匪寇婚媾"（最终还是走向返质之途），最终没有怨尤。六五爻显示出吉祥，是因为心中对由文返质充满喜悦。（上九爻）"白贲，无咎"，是因为符合（上九）崇尚实质的心志。

【占测范围】

占天时：久雨阴未晴，待久后方晴。

见贵：宜向前方，应亥未卯日。

求官：初未遂，后得声名之职。

田蚕：大熟。

交易：成，防破碎，有贵人，应申子辰日。

出行：欲行不行，心中反复不定。

婚姻：成，其妇在疾，恐要破相，须要外为媒。

家宅：不是祖居，乃孤独成立，若非手艺人，则为军卒之家，不安之兆。

求财：不宜在买卖中求，应在东南方。

六甲：生男，主母子俱亡，生女则有险无伤。

望事：他人无心，与他人同谋，宜迟不宜早，待他人信至方可。

行人：去不远，动有阻，不与他人同去乃独行，辰卯日占得此卦可见端倪。

遗失：喜中有失，非偷盗，近水井边寻。

捕盗：盗未远，在东北方相识人家逃避，此人难走，不宜六四爻动，若动必见迟。

风水：前山近，后山高，路遇两处水相交，甲庚向宜守常。

寻人：四六爻动难对，不动必见。

疾病：头痛手脚无力，饮食不下，东南方求医。

词讼：先喜，中忧，未久和。

【得卦典故】

贲卦为春秋时期管仲与鲍叔牙共同卜得，当年两人合伙做生意，分利时管仲故意多占一点，但鲍叔牙并不生气，因为他知道管仲家贫。管仲对此铭记在心，说："生我者父母，知我者鲍子也！"

剥（卦二十三）山地剥

 坤下艮上

【原文】

剥①，不利有攸往。

初六：剥床②以足，蔑③，贞凶。

六二：剥床以辨④，蔑，贞凶。

六三：剥之，无咎。

六四：剥床以肤，凶。

六五：贯鱼，以宫人宠，无不利。

上九：硕果不食，君子得舆，小人剥庐⑤。

【注释】

①剥（bō）：本卦下坤上艮，分别代表地和山，是高山屹立于大地之上的形象，象征着高山历经风雨的侵蚀，导致山石剥落，世事变迁。剥，这里是击打、使分离、使掉落的意思。

②床：廖名春将其释作"壮"，认为"床"与"壮"通，即阳。剥卦就是阴不断剥阳的过程，可通。

③蔑：通"灭"。

④辨：半。

⑤剥庐：离开居住的草房子。庐，草房子。

【译文】

剥卦，不宜有所行动。

初六爻，阴开始剥阳，凶险。

六二爻，阴剥阳刚到（下卦的）一半，凶险。

六三爻，（因为与上九阳爻相应，尽管也在）剥阳，没有危害。

六四爻，阴剥到阳的表皮（上卦），凶险。

六五爻，像贯穿鱼串（那样串起众阴爻），像宫人（侍奉国君）那样（因而）得到宠爱，没有什么不利的迹象。

上九爻，像一颗硕大的果实没有被吃掉，（如果是）君子就能得到车舆（得到众人的拥护），（如果是）小人就要倾覆掉自己所住的屋子（将君子全部剥尽后，连自己也没有了安身之地）。

【原文】

《彖》曰：剥，剥也，柔变刚①也。"不利有攸往"，小人长②也。顺而止之，观象也。君子尚消息盈虚，天行也。

《象》曰：山附于地，剥。上以厚下安宅。"剥床以足"，以灭下也。"剥床以辨"，未有与③也。"剥之，无咎"，失上下也。"剥床以肤"，切近灾也。"以宫人宠"，终无尤也。"君子得舆"，民所载也。"小人剥庐"，终不可用也。

【注释】

①柔变刚：剥卦的六爻中，前五爻全部为阴，只有最后一爻为阳，显示的是阴柔不断侵蚀阳刚的过程。

②小人长（zhǎng）：用阴强阳弱的卦象喻指人事，表现小人的力量正在向上发展，迅速壮大。

③未有与：这里指没有应爻。

【译文】

《彖传》说：剥卦，是说剥落，（一阳爻，五阴爻，正是阴盛阳衰之象），柔要不断侵蚀刚。不利于有所作为，是因为小人势力正强。要观察顺止之象，顺时而止。君子看重事物的消长盈虚，正是天道运行的规律。

《象传》说:（下坤上艮）山附于地上，是剥卦。处于上位的人应该厚待下民，以便自己也能安居。（初六爻）"剥床以足"，是阴剥阳的开始。（六二爻）"剥床以辨"，（六二爻阴柔居中得正）是因为没有人（阳爻）来应和帮助它。（六三爻）"剥之，无咎"，脱离了上下（其他四阴爻）的同类（独与上九阳爻相应）。（六四爻）"剥床以肤"，说明灾祸马上就要来临。（六五爻）"以宫人宠"，终究没有过失。（上九爻）"君子得舆"，说明受到了百姓的拥戴，"小人剥庐"，结果终究是不好的。

【占测范围】

占天时：时间，时雨。

求官：先难后易，望小得大位，丑辰日月应。

求财：与三人同求，却有五七个人分，无厚利。

出行：宜二三人结伙出行。

寻人：向东南方，卯丑日可见。

见贵：可见，但需防小人嫉妒。

交易：能成，但宜托人。

婚姻：娶克夫之女，三人为媒，三人争婚。

六甲：是第三胎，母生时有惊，如有凶神，必亡其母子。

求事：宜远，需三次方可成。

行人：三人同行，不和睦，欲动不动，多惊疑。

遗失：难找，器物在水中。

捕盗：向西南去十里内方见，又近池塘边，房屋倒塌处，其人面有破相。

【得卦典故】

剥卦为唐将尉迟敬德（585~658）东征，与高句丽大将铁勒金牙征战时卜得。尉迟敬德当时年迈患病，金牙却单向尉迟敬德下战书。哪知尉迟敬德一上战场便精神抖擞，最后将金牙生擒，立下大功。

复（卦二十四）地雷复

 震下坤上

【原文】

复①，亨。出入无疾②，朋③来无咎。反复其道，七日来复④。利有攸往。

初九：不远复，无祗⑤悔，元吉。

六二：休⑥复，吉。

六三：频复，厉，无咎。

六四：中行⑦独复。

六五：敦复，无悔。

上六：迷复，凶，有灾眚⑧。用行师，终有大败，以其国君凶，至于十年不克征。

【注释】

①复：本卦下震上坤，震为阳、为动，坤为阴、为顺。从卦象看，一个阳爻在五个阴爻之下，正是阴极阳返之象，故卦名为复。

②疾：害。

③朋：诸阳。

④七日来复：剥与复是反对卦，剥卦阴长阳消，经过七次变化，就变为复卦。

⑤祗：病。

⑥休：美满。

⑦中行：持中而行。

⑧眚（shěng）：灾祸，过错。

【译文】

复卦，亨通顺畅。（初九爻这一阳）生于内长于外都没有害处，因为诸阳都会来协助它，所以没有阻碍。朋友前来也不会有什么过失。阴阳随着规律消长，过七天就会到了回复之时（君子道长，小人道消），行动有利。

初九爻，往而不远回来，这样做无病无灾，大吉。

六二爻，美满地走回正道，吉祥。

六三爻，蹙额皱眉地回来，有危险但最终无害。

六四爻，位居阴爻的正中，持中而行，独自复归正道。

六五爻，敦厚忠实地回来，没有悔恨。

上六爻，迷入歧途而难以走回正道，有凶险。有灾祸，行师作战终究会大败。国君治国效果也不好，以至于十年之期也不能出征。

【原文】

《彖》曰：复亨，刚反①，动而以顺行，是以"出入无疾，朋来无咎"。"反复其道，七日来复"，天行也。"利有攸往"，刚长也。复其见天地之心乎！

《象》曰：雷在地中，复。先王以至日②闭关，商旅不行，后不省方。"不远"之"复"，以修身也。"休复"之吉，以下仁也。"频复"之"厉"，义无咎也。"中行独复"，以从道也。"敦复，无悔"，中以自考也。"迷复"之凶，反君道也。

【注释】

①刚反：复卦下震上坤，阳卦震为刚，阴卦坤为柔，按下为内、上为外的原则，形成"刚返于内"，代表一阳生，在不断反复之后逐渐壮大起来。

②至日：指冬至那一天。

【译文】

《彖传》说：复卦的卦象象征着亨通，阳刚之气返回（下震上坤，震为动，坤为顺），顺乎自然地行动，因此"出入无疾，朋来无咎"。阴阳随着规律消长，过七天就会到了回复之时，这是天地运行的规律。利于有所行动，是因为刚在生长。从复卦中，我们可以看到天地之心（不以人的意志为转移的自然规律）啊！

《象传》说：（下震上坤）雷在地中，就是复卦。先王从中得到领悟，到了冬至这天，就开始关闭城门，让商人们都暂停经商活动，君主也暂停巡视地方。（初九爻）刚刚开始时知错能改，就能回复正途，吉祥，目的是加强自身修养。（六二爻）完美地走回正道，是因为（六二爻）能向下亲近仁德之人。（六三爻）蹙额皱眉地回来，有困难，但只要努力回归正道，总是无害的。（六四爻）"中行独复"，说明遵循了正道。（六五爻）"敦复，无悔"，是因为（六五爻）用正道来成就自我。（上六爻）停止回归正道而面临险境，是因为违背了君主应该遵行的道。

【占测范围】

占天时：乍阴乍晴，三五次后天才能晴。

求官：不利，即使得到也会失去。

家宅：人口不和，离而再合，背后有三条路。

婚姻：反复终成，妇人脚大。

风水：有两路一来一去，甲庚向，主人做事有头无尾。

六甲：生男或是双生，如果六三、六四爻动，主产妇有灾。

出行：宜向北而动，中途转向西南去，不然欲动不动却无阻，有人同行。

行人：半途而回，当下未见，如遇丑未之日，行人动在近前。

求财：虽反复，但终会成。

寻人：自身反复，他人在所说之处去寻找，便可以看见。

遗失：是自丢，需向东方急寻就会找到。

捕盗：有信不准、藏无定所，盗贼难以捉到。

望事：人心不齐，后复成。

见贵：有反复，力求可见。

交易：难以成功，有是非之事。

田蚕：大熟。

疾病：饮食不进，心腹疼痛，可向东方求医。

词讼：主有五人之事，但无罪，三五次就可了结。

【得卦典故】

复卦为唐太宗（约599~649）归天时占得。唐太宗李世民是中国历史上最有作为的皇帝之一，在位23年。相传在其归天后，过了七天又苏醒过来。

无妄（卦二十五）天雷无妄

震下乾上

【原文】

无妄①，元亨利贞。其匪②正有眚③，不利有攸往。

初九：无妄，往吉④。

六二：不耕获，不菑⑤畬⑥，则利有攸往。

六三：无妄⑦之灾，或系之牛，行人之得，邑人之灾。

九四：可贞，无咎。

九五：无妄之疾，勿药有喜。

上九：无妄，行有眚，无攸利。

【注释】

①无妄：本卦下震上乾，震为雷、为刚、为动，乾为天、为刚、为健。动健相辅相成，从而使阳刚更显充沛，振奋人心，虽然会大有作为，但须遵循正道，不可妄为。无妄，行为要合乎规律的意思。

②匪：通"非"，不。

③眚：原指眼疾，此处引申为祸殃。

④往吉：初九爻以阳居无妄之始，处阴柔之下，有谦恭不妄为之象，故"往吉"。

⑤菑（zī）：指新开垦出来的荒地。

⑥畬（yú）：指翻种过三年以上的熟地。

⑦无妄：出乎意料，意料之外。

【译文】

无妄卦，大亨通，贞正有利。如果行为不遵守正道，就会有灾祸发生，有所往则不利。

初九爻，不妄为（遵循天道），行动则吉利。

六二爻，不求收获，也不耕种，不为了求三年之田而去开垦荒地，（不求富有，随遇而安，只做眼前能做的事），（抱此态度）行动有利。

六三爻，无缘无故地遭受灾祸，就像有人把耕牛拴在村边道路旁，却被从此经过的人把牛牵走，结果本村的人蒙受了不白之冤，被怀疑成偷牛的人。

九四爻，固守不动，没有灾祸。

九五爻，无缘无故地得病，不需要急着用药，它会自动痊愈。

上九爻，不要乱来，虚妄之行会造成灾祸，没有好处。

【原文】

《彖》曰：无妄，刚自外来而为主于内①。动而健，刚中而应，大亨以正，天之命也。"其匪正有眚，不利有攸往"，无妄之往，何之矣？天命不佑，行矣哉！

《象》曰：天下雷行物与②，无妄。先王以茂③对时育万物。"无妄之往"，得志也。"不耕获"，未富也。"行人"得牛，"邑人"灾也。"可贞，无咎"，固有之也。"无妄"之"药"，不可试也。"无妄"之行，穷之灾也。

【注释】

①为主于内：这是从无妄卦的卦象上说的，作为内卦的"震"由坤卦变成，其中初九爻以阳爻在内卦，且是成卦之主，即为"为主于内"。

②物与：万物参与，指的是万物随雷声而动的景象。与，语气词，无实义。

③茂：同"懋"，勉励。

【译文】

《彖传》说：无妄卦（震卦自坤体来，震指初九爻即来自卦外，同时又处于内卦，是成卦之主），（初九爻）刚从外面来，而成为内卦之主，（下震上乾，震动乾健）动而健，九五爻以刚居中得正，而与六二（以柔居中得正）相应，大亨通且贞正，正是自然的规律。"其匪正有眚，不利有攸往"，肆意地行动，能向哪里去呢？做事不符合规律，怎么行得通呢？

《象传》说：（下震上乾，震为雷，乾为天）天下雷行，世间万物开始苗壮生长，就是无妄卦。先王因此勉励人们顺应四时养育万物。（初九爻）"无妄之往"，是说这样能够得志。（六二爻）"不耕获"，是因为没有求富贵的意愿。（六三爻）行人牵走了牛，却使同村人蒙受了巨大的冤屈。（九四爻）"可贞，无咎"，是由它自身的原因决定的。（九五爻）不要因为"无妄之疾"而随意去试药（要顺时处常，泰然处之）。（上九爻）"无妄"之行，是因为正处于穷之时，而灾祸生于外。

【占测范围】

占天时：常晴，六二动有风，初九动有雨。

求官：进前则成，宜托人求之

风水：近水路旁，有大木出，女人淫乱，不然主损坏女人。

家宅：无气，做事无意，门户修改，全不利。

婚姻：难成，无心相合，若重婚再嫁可也。

六甲：生男则贵子，生女产妇有灾。

出行：未动，不久有信，主虚惊无大事，问前无虑。

求财：先难后易，不宜多求。

捕盗：在西南方香炎之所，逢巳申月日可见。

寻人：不可寻。

田蚕：如常年。

交易：宜守旧。

望事：春夏成，秋冬不可足动则有成，有阻隔，不可等待。

遗失：死物女人得之，在北方，生物向枯树下寻。

疾病：内热外冷、气急呕吐、血脓之灾，宜往西南方求医。

词讼：多因死亡之事有争斗，必主和劝，贵人未得力，终成后占。

【得卦典故】

无妄卦为李广（？—公元前119）卜得，后果然凡事不利。李为西汉著名大将，镇守边境，匈奴不敢犯，战功显赫。但时运不济，一生未曾封侯，最后竟拔剑自刎。后世用"李广难封"来比喻人生失意。

大畜（卦二十六）山天大畜

乾下艮上

【原文】

大畜①，利贞。不家食②，吉。利涉大川。

初九：有厉，利已。

九二：舆说輹③。

九三：良马逐④，利艰贞。日闲舆卫，利有攸往。

六四：童牛之牿⑤，元吉。

六五：豮豕⑥之牙，吉。

上九：何天之衢，亨。

【注释】

①大畜：本卦下乾上艮，分别代表天和山，象征着太阳的光辉照耀在山中。畜，通"蓄"，此处有蓄聚的意思。大畜，积蓄很多。

②不家食：不在家中进食，也就是说，到家乡之外的地方去谋生。

③舆说輹（fù）：指车厢脱离了车轴。舆，车厢。说，通"脱"，脱离。輹，古代木制车辆用以连接车厢和车轴的曲形部件，在形状上如同一只兔子趴在车轴上，所以又有"伏兔"的俗称，这里指代车轮。

④良马逐：这里指驾驭良马奔驰。

⑤童牛之牿（gù）：根据廖名春的解释为脱去牛的笼口。童，光、秃，引申为脱去之意。

⑥豮（fén）豕（shǐ）：去势的猪。

【译文】

大畜卦，坚守正道利于贞正。不靠家里吃饭（而是报效国家），有利于吉利。渡过大江大河（帮助国家渡过灾难）。

初九爻，有危险，停止不前进有利。

九二爻，车厢脱离了轮子（自然会停下来不再前进）。

九三爻，驾驭良马赶路，小心谨慎、坚守正道可以免除危害。把兵车闲置起来，（偃武修文，以德服人）来防护他人，这样去行动则有利。

六四爻，脱去牛的笼口，大吉。

六五爻，受过阉割的公猪牙齿锋利（却因为克服了凶猛的本性，变得没有威胁），吉利。

上九爻，天衢坦荡，任人驰骋，亨通。

【原文】

《彖》曰：大畜，刚健笃实①，辉光日新②。其德刚上而尚贤，能止健③，大正也。"不家食，吉"，养贤④也。"利涉大川"，应乎天也。

《象》曰：天在山中⑤，大畜。君子以多识前贤往行，以畜⑥其德。"有厉，利已"，不犯灾也。"舆说輹"，中无尤也。"利有攸往"，上合志也。六四"元吉"，有喜也。六五之"吉"，有庆也。"何天之衢"，道大行也。

【注释】

①刚健笃实：分别指大畜卦中"乾"所代表的刚健和"艮"所代表的厚实。

②日新：形容一天新于一天的样子。"日新"是大畜卦思想的中心。

③能止健：指代表静止的"艮"能够控制"乾"的运动节奏，代指为国家蓄养贤才。

④养贤：指培养、蓄养有贤能的人才。养，培养。贤，贤才。

⑤天在山中：天至大，却有很多小山蕴蓄在其中，便是积累深厚，是大畜。

⑥畜：通"蓄"。

【译文】

《象传》说：大畜卦，刚健笃实，辉光照耀，天天都有新的气象。它的道德以阳刚充满着上进之势（上九爻）而（六五爻）又能尊重贤人，能够止健（为国家蓄养贤才），是正确的大道。"不家食，吉"，正是国君的养贤之道。"利涉大川"，是因为这种追求符合了天道。

《象传》说：（下乾上艮），天在山中，是大畜卦。君子应该多学习前贤的言语学问，借以修养自己的品德。（初九爻）"有厉，利已"，可以避免灾难。（九二爻）"舆说辐"，（九二）以刚得中，没有冒进之尤。（九三爻）"利有攸往"，是说九三爻与上九爻相呼应，因而无所障碍。六四爻的"元吉"，（获得解放）是可喜的。六五爻所显示的"吉"，是可庆贺的。（上九爻）"何天之衢"，大道可以畅行无阻。

【占测范围】

占天时：有二三日雨，方可见晴。

求官：荣显之兆。

田蚕：大熟。

家宅：近井田，是安居之所。

求财：不宜自求，只宜隔求。

遗失：藏在草丛处，或田园池塘处，有女人出现可问。

风水：近田角荒野之所，有两条路主出入有心气，腹足之疾，亦主富贵。

婚姻：须甲口字人说方合，为士大夫女。

六甲：生女冬春二季，生男亦未能成喜，冬至得此卦主生贵子。

行人：一人往二人同归，丑戌亥日见，只恐同行有阻。

寻人：一人等待必有处，所去寻当得。

出行：有一人阻，迟可动。

见贵：吉，应戌亥日。

捕盗：在东北方水边或桥边。若勾陈不动，难寻。

交易：同商姓人交易可成。

疾病：寒热，心腹浮肿，饮食不振，日轻夜重，往东北方求医。

词讼：多因田土之争，有头无尾，要破财，忌亥卯未日见官。

【得卦典故】

此卦为尧卜得，后来果然登天子之位。相传尧父为帝喾，帝喾去世后由尧的异母兄挚继位。挚在位9年，为政不善，引起诸侯不满，最后禅让于尧，尧做了天子。

颐（卦二十七）山雷颐

 震下艮上

【原文】

颐①，贞吉。观②颐，自求口实③。

初九：舍尔灵龟，观我朵颐④，凶。

六二：颠⑤颐，拂经⑥于丘颐。征凶。

六三：拂颐，贞凶。十年勿用，无攸利。

六四：颠颐，吉。虎视眈眈，其欲逐逐⑦，无咎。

六五：拂经，居贞吉，不可涉大川。

上九：由颐，厉吉。利涉大川。

【注释】

①颐：本卦下震上艮，分别代表雷和山，象征着雷从山中出现，就是指春季气候正在逐步回暖，也是天地正在养育生发万物。颐，这里是养育的意思。

②观：观察，研究。

③口实：指口中的食物。这里指自养之道。

④朵颐：形容因咀嚼起劲且口中充塞食物而两腮隆起的样子，喻指大吃大喝。朵，原指树枝下垂的样子，这里指两腮隆起的样子。颐，指面部的两腮部位。

⑤颠：颠倒。

⑥拂经：这里指不可拘泥于《周易》常提的"应与"之常理。

⑦逐逐：坚定地要孜孜以求。

【译文】

颐卦，只要能坚守正道就可以获得吉祥的结果。观察他的养人之道，也观察他的自养之道。

初九爻，放弃你（六四爻）的灵龟靠呼吸静养的特性，而观看（六二、六三）受我大快朵颐之养，这是不吉利的。

六二爻，（六二求养于初九）虽是颠倒的养（但适宜），不可拘泥于应与之常，而去应于六五，（非正应）往必有凶险。

六三爻，违背同体相养之道（六三与上九正应，但不是同体，不能相养），虽贞正仍凶险。十年不得其养，无所利。

六四爻，（六四本与上九同体，而与初九相应，本应养于同体上九，却求养于初九，所以）颠倒之养，吉利。像老虎那样盯住一物便专心以求，非达目的不可，所以无害。

六五爻，（六五本该与六二相应，现在二阴爻却不相应，而与上九比，所以）是反常的养，需要居中静守，不可渡大江大河（不可妄动）。

上九爻，（四阴爻都赖二阳爻之养，二阳爻以上九为主，所以四阴爻）都赖其所养，需要戒慎恐惧，才能得吉，有利于渡过大江大河（解决艰难的问题）。

【原文】

《彖》曰：颐"贞吉"，养正^①则吉也。"观颐"，观其所养也。"自求口实"，观其自养也。天地养万物，圣人养贤以及万民。颐之时^②大矣哉！

《象》曰：山下有雷^③，颐。君子以慎言语，节饮食。"观我朵颐"，亦不足贵也。六二"征凶"，行^④失类^⑤也。"十年勿用"，道大悖也。"颠颐"之"吉"，上施光也。"居贞"之"吉"，顺以从上也。"由颐，厉吉"，大有庆也。

【注释】

①养正：指养身在于坚持正道。

②时：此处其实是包含时间、地点和对象的综合体。

③山下有雷：从颐卦的卦象上看，下位为震、为雷，上位为艮、为山，故说山下有雷。

④行：行为。

⑤类：指同类、朋友。

【译文】

《彖传》说：颐卦"贞吉"，养生必须遵循正道才能获得吉祥。"观颐"就是观察他的养人之道。"自求口实"，就是观察他的自养之道。天地养育万物，圣人养育贤人以及百姓（这就是养的正道）。颐养之时机真是重要啊！

《象传》说：（下震上艮）山下有雷，是颐卦。君子从中领悟到要出言谨慎、节制饮食的道理。（初九爻）"观我朵颐"，也实在是算不得高贵的行为。六二爻的"征凶"，是说失去了同类（没有求同体的初九）。（六三爻）"十年勿用"，是因为违背同体相养之道。（六四爻）"颠颐"之"吉"，是说天道能够施撒广泛的恩德。（六五爻）"居贞"之"吉"，是因

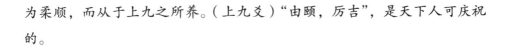

为柔顺，而从于上九之所养。（上九爻）"由颐，厉吉"，是天下人可庆祝的。

【占测范围】

占天时：天色阴沉，欲晴，欲雨不雨，午未当晴。

风水：墓下有溪涧，前有人家，后有古墓或窟。

求官：不遂，反生忧闷，亦主受骗。

婚姻：男克头妻，女克头夫，终成。

家宅：山下有路，或两头门出入，出游荡子，各宜守旧。

六甲：头胎子无害，春占生男，产妇有风疾。

出行：宜往西北方，女无阻滞，壬癸占，去不成。

求财：能得二三分财。

捕盗：在东北岩石之所，可捉。

交易：只宜守旧。

见贵：难见之兆。

求事：犯重则遂。

田蚕：如常。

行人：一往一来，事多疑虑，反复欲动不动，则见于途。

寻人：不久相逢，多虚少实。

遗失：在篱墙下水涧边。失物在堀坑中，往南北方寻。

疾病：寒热水痛，服药无效，往东北方求医。

词讼：有头无尾，我告他人，终不成。

【得卦典故】

颐卦为张骞（前164—前114）寻黄河之源时卜得。张骞曾两次出使西域，据传他考察了塔里木河与蒲昌海（今罗布泊），并确认其为黄河源头。后人还传说张骞曾乘槎溯黄河而上，最终到达银河，所以称"黄河之水天上来"。

大过（卦二十八）泽风大过

 巽下兑上

【原文】

大过①，栋②桡③，利有攸往④，亨。

初六：藉⑤用白茅⑥，无咎。

九二：枯杨生稊⑦，老夫得其女妻，无不利。

九三：栋桡，凶。

九四：栋隆⑧，吉。有它，吝。

九五：枯杨生华，老妇得其士夫，无咎无誉。

上六：过涉灭顶⑨，凶，无咎。

【注释】

①大过：本卦下巽上兑，分别代表木和泽，象征着泽水淹没了木舟，其初、上为阴爻，中壮而端弱，突出了折毁的寓意，表明事情可能遭受栋折梁摧的危险。大过，太过的意思。

②栋：木结构房屋中居于正中最高位置的横梁。

③桡：弯曲。

④利有攸往：正梁被压弯预示着房屋已变成危房，居住的人有受伤的危险，最好离开。

⑤藉：草席、竹席，此处意为"铺垫"。

⑥白茅：一种柔软洁白、较为贵重的茅草。

⑦稊（tí）：草木新生，发芽。

⑧隆：形容中间高耸起来的样子。

⑨灭顶：形容水淹过头顶的情态。

【译文】

大过卦，房屋栋梁弯曲，正好利于人到别的地方，前景顺畅亨通。

初六爻，把白茅垫放在器物底下（让器物变得更加安稳），无害。

九二爻，枯老的杨树又重新长出新芽，年老的男子娶了年轻的妻子，无不利。

九三爻，正梁弯曲，有凶险。

九四爻，正梁向上隆起，没有弯曲，结果吉祥。有别的变故，凶险。

九五爻，枯木开花，年老的妇人嫁给年轻的男人，无过失也得不到人们的赞誉。

上六爻，涉水渡过淹没头顶的河流，有凶险，但最终无祸害。

【原文】

《彖》曰：大过，大者过也①。"栋桡"，本末弱也②。刚过而中，巽而说行。"利有攸往"，乃"亨"。大过之时大矣哉！

《象》曰：泽灭木，大过。君子以独立不惧，遯世无闷③。"藉用白茅"，柔在下也。"老夫""女妻"，过以相与④也。"栋桡"之"凶"，不可以有辅也。"栋隆"之"吉"，不桡乎下⑤也。"枯杨生华"，何可久也！"老妇""士夫"，亦可丑也！"过涉"之"凶"，不可咎也。

【注释】

①大者过也：大过失。

②本末弱也：大过卦的初九爻和上九爻为阴，其余为阳，为本末弱小的卦象。

③遯世无闷：隐居也心无烦忧的样子。遯同"遁"，归隐、逃避。世，世俗。闷，烦闷、烦扰。

④相与：相处，相配。

⑤不桡乎下：不向下弯曲，也就是不给下面施加压力的意思。

【译文】

《彖传》说：大过，大的过失。正梁弯曲，是因为本末太弱（都是阴爻）。（中四刚爻强，是谓刚过；九二、九五是刚爻居中，是谓中）虽然刚过而中，但（初六、上六两爻）以巽顺和悦而行，有利于行动，有所往，则事可亨通。大过卦的时机真是重大啊！

《象传》说：大水淹没了树梢，是大过卦。君子应该入世时独立不倒、毫不畏惧，隐居遁世时也过得悠然。（初六爻）"藉用白茅"，柔软的在下面。（九二爻）"老夫""女妻"，虽（老夫）有阳之过，但与女妻相济，可相得。（九三爻）"栋桡"之"凶"，不可能再添加辅助了。（九四爻）"栋隆"之"吉"，不再向下弯曲了。（九五爻）"枯杨生华"，这样的景象怎会持久呢？"老妇""士夫"，这样的婚配让人感觉羞耻。（上六爻）"过涉"之"凶"，并不是值得追究的过失。

【占测范围】

占天时：多阴多雨，辰巳日将会大晴。

田蚕：不吉。

求官：一定可以成功，文书有阻，得官后有是非。

出行：有人相约，不久将会归来。

见贵：先难后易，不要急躁。

行人：外忧内，内忧外，不久有信，四、七、八日归。

风水：上下有四穴，路在左边，过乙辛后代葬后败家。

家宅：在西屋住，或有人过房及外姓人同居，好游四方。做事无成，夫妇不和。

捕盗：当西方神庙堂潜避，宅有人烟，亦旺处，左右有外岭。

婚姻：亲事门当户对，有人说不用疑，有三四个媒人和合。

六甲：生女。

求财：为两家之财，有外人或者口字姓人共求才能成功。

交易：难成。

望事：内外皆有人望，自然能够成就，亦待内人来有分晓，文书大利。

寻人：其人不远，亦动，见信可往。

遗失：死物不出屋，生物在重叠屋处。

疾病：宜往西南方求医，代表肝胁病，气急不通。

词讼：有内贼为患，有木姓人劝解但仍然不能了断。

【得卦典故】

大过卦为姜太公钓于渭水卜得，之后八十遇文王而佐周。相传姜太公曾垂钓于渭水之滨，恰好碰到出巡的周文王，文王通过交谈而知其才，于是拜姜尚为太公。后来姜太公辅佐周武王推翻了商朝，开创了持续八百载的周朝。

坎（卦二十九）坎为水

坎下坎上

【原文】

习坎①，有孚，维心②亨，行有尚③。

初六：习坎，入于坎窞④，凶。

九二：坎有险，求小得。

六三：来之坎坎，险且枕，入于坎窞，勿用。

六四：樽酒，簋贰⑤，用缶，纳约自牖⑥，终无咎。

九五：坎不盈，祗⑦既平，无咎。

上六：系用徽纆⑧，寘于丛棘⑨，三岁不得，凶。

【注释】

①习坎：本卦同卦相叠，两坎相重，均为险、为水，象征着险阻重重的样子。习，重复。坎，深坑、陷阱。

②维：系也，也有陷之意。心：指坎中间的阳爻。

③尚：上之意。

④窞（dàn）：指极深的坑、坑中之坑。

⑤簋（guǐ）贰：附以一簋饭。簋，古代用来装饭的一种器皿。贰，副。

⑥牖（yǒu）：窗户。古代建筑一般户在东，牖在西，是屋子的采光处。

⑦祗（zhī）：通"坻"，小山丘。

⑧徽纆（mò）：指拘系犯人用的绳索。

⑨丛棘：这里指监狱。古代的监狱在外墙上围上荆棘，以防犯人逃跑。

【译文】

坎卦，险阻重重。中实（有生生不息之机），虚灵而亨通，往上行走。

初六爻，处在重重困难之中，坠入陷阱，有凶险。

九二爻，置身于陷阱中而无法脱身，能在一定程度上解决些小问题。

六三爻，进退都有危险，甚至有险中之险，不要有所作为。

六四爻，放上一樽酒、附以两簋饭，用缶做樽做簋，在窗户处（即明处）与人交结，最终将无害。

九五爻，陷阱还没有填平，小土丘已经被铲平，没有灾祸。

上六爻，被绳索捆绑着，被囚在牢狱中，连续多年都不得释放，有凶险。

【原文】

《彖》曰：习坎，重①险也。水流而不盈②，行险而不失其信。"维心亨"，乃以刚中③也。"行有尚"，往有功也。天险不可升也，地险山川丘陵也，王公设险以守其国。险之时用大矣哉！

《象》曰：水洊④至，习坎。君子以常德⑤行，习教事。"习坎"入坎，失道凶也。"求小得"，未出中也。"来之坎坎"，终无功也。"樽酒簋贰"，刚柔际也。"坎不盈"，中未大也。上六失道，凶"三岁"也。

【注释】

①重（chóng）：形容程度极深的样子。

②不盈：不满，不停。

③刚中：指九二爻与九五爻性质阳刚，居于上下坎卦的中位。

④洊（jiàn）：一次又一次。

⑤常德：修养德行。

【译文】

《彖传》说：习坎卦象征着重重险阻。水流而永远不盈满，即使处于险地也不会失去它的诚信（不舍昼夜地流淌）。"维心亨"，是因为卦中九二爻与九五爻都是刚而居中。"行有尚"，是说（九二爻往应九五爻，即往上行）前往就能建立功业。天险，不可以升到天上。地险就像是山川丘陵这样的阻隔，王公大臣可以利用这些险阻来守卫国家的安全。把握好坎卦的时机以利用它真是太重要了！

《象传》说：水流一次次涌来，是习坎卦。君子应该修养德行，熟习教育。（初六爻）"习坎"入于险难之中，迷失了道路而面临凶险。（九二爻）"求小得"，是因为它没有离开中道（安于险境之中，不求大得）。（六三爻）"来之坎坎"，终究没有功效。（六四爻）"樽酒簋贰"，刚柔相接。（九五爻）"坎不盈"，是说九五爻居中而不自大（方可保持水不盈的状态)。上六爻没有坚守正道,所以遭受了多年凶险。

【占测范围】

占天时:久雨不晴,逢辰巳日停,但二三日后又有雨,且伴有雷声。

求官:有阻,寅卯日见分晓。

婚姻:次子娶长女。

求财:需二人同求,申子辰日见。

六甲:生男,生女养不成,临产有惊。

求事:有反复,需三四次。

寻人:在南方,坑坝河川之所,准见。

遗失:生物在坑坝处寻,器物在水边堆粪木料之所可找,宜急,有小儿见之。

捕盗:贼不远,在江河林窠下藏身。

行人:有艰险,不安,寅午日有信,未戌日归。

见贵:防小人嫉妒。

交易:问羽性人,可成。

田蚕:少收。

家宅:合有次子,必见二人成家,近江边之处居。

风水:宜坤向,而且四处无遮挡。

疾病:有气疾,饮食不进,需向东南方求医。

词讼:因田事争讼,需反复二三次,自身有理,或因盗贼事起。

【得卦典故】

坎卦为唐玄宗为了避安禄山之乱所卜得之卦。755年,节度使安禄山叛乱,长安失陷,唐玄宗逃往蜀中,虽然失败,但信心未失,因此他又整顿兵力,将安禄山赶出长安,最终得胜还都。

离（卦三十）离为火

离下离上

【原文】

离①，利贞，亨。畜牝牛②，吉。

初九：履错然③，敬之，无咎。

六二：黄离④，元吉。

九三：日昃之离，不鼓缶而歌，则大耋⑤之嗟，凶。

九四：突如其来如，焚如，死如，弃如。

六五：出涕沱若⑥，戚嗟若，吉。

上九：王用出征，有嘉折首⑦。获匪其丑⑧，无咎。

【注释】

①离：本卦为同卦相叠，下离上离，离为火，火不能自明，必须有所附丽。离，即"丽"，依附，附丽。

②牝牛：母牛。

③履错然：脚步错乱。履，脚步。错然，交错、杂乱无序。

④黄离：黄，东西南北中五色里的中色，在当时是贵色、美好的颜色。

⑤大耋（dié）：六十岁至八十岁的老人。

⑥出涕沱若：形容泪如雨下的样子。涕，眼泪。沱若，似下雨的样子。

⑦折首：铲除首领。

⑧丑：胁从。

【译文】

　　离卦，坚守正道则有利，顺利亨通。（像）畜养柔顺的母牛（那样养成温顺的性格），结果吉祥。

　　初九爻，（开始行动躁进）脚步杂乱无章，恭敬谨慎地对待，就不会有害。

　　六二爻，黄色附丽于物（六二爻以阴居阴得正，且居中，是离卦主爻），大吉。

　　九三爻，太阳西坠，附着在天空（生命将至垂暮之年），人们不是击缶而歌（不当乐而乐），便是哀叹老之将至（不当悲而悲），这本身就是一件凶险的事。

　　九四爻，太阳的起落好像突然之间来到，然后上升到高处，炎热得像焚烧着似的，再如同死亡一样的沉寂，最终因背离了柔顺中正的"离道"而被众人所抛弃。

　　六五爻，眼泪如雨滂沱而下，心中有深深的忧虑，但是结果是吉祥的。

　　上九爻，王派他去讨伐不义，他只斩杀敌军首领，俘虏敌人的部属，没有过错。

【原文】

　　《彖》曰：离，丽①也。日月丽乎天，百谷草木丽乎土。重明②以丽乎正，乃化③成天下。柔丽乎中正④，故"亨"。是以"畜牝牛吉"也。

　　《象》曰：明两作⑤，离。大人⑥以继明照于四方。"履错"之"敬"，以辟⑦咎也。"黄离，元吉"，得中道也。"日昃之离"，何可久也！"突如其来如"，无所容也。六五之吉，离王公也。"王用出征"，以正邦也。

【注释】

①丽：附丽。

②重明：离卦卦象由上下两个离卦组成，都表示光明，所以称"重明"。

③化：化育，繁衍。

④柔丽乎中正：离卦上下两卦的中位都代表着阴柔："六二"为柔，"六五"也为柔，所以称"柔丽乎中正"。

⑤明两作：离卦由两个离卦组成，离代表火，代表光明，所以称"明两作"。作，这里是兴起的意思。

⑥大人：这里是对具有大德大才的当权者的一种称呼。

⑦辟：通"避"，躲避。

【译文】

《彖传》说：离卦象征着附丽。日月附丽于天，百谷草木附丽于大地，双重的光明附丽于中正的大道，所以化育天下万物。（六二与六五两个阴爻）柔而附丽在卦的中正之位，所以亨通，因此"畜牝牛吉"。

《象传》说：光明两次兴起，是离卦。圣人应该世世代代继承前人的明德，并将其普照四方。（初九爻）"履错"之"敬"，是为了避免过错。（六二爻）"黄离，元吉"，是因为依附于中正之道。（九三爻）"日昃之离"（就像人必然会步入老年一样），怎么可能长久呢！（九四爻）"突如其来如"，天下人必然不会包容它。六五爻之大吉之象，是因为它居于王公之位。（上九爻）"王用出征"，是用来安邦定国。

【占测范围】

占天时：久阴无明之象，过一二日方晴。

风水：后有神坛及人家，前山路远或低，卯酉向，出人聪明，离祖。

家宅：不宁，鬼贼相侵，亦防火灾、口舌之事。

见贵：力求进前可也。

田蚕：半收。

求事：不宜动，有阻隔，进则有伤亡。

交易：终成，有些是非，但无妨。

婚姻：虽成，妇无定性，退夫家财，有心疾，再嫁可。

六甲：主双生，产妇不宜外出，如变风山渐，则为双生。

行人：在外多凶险，申子辰日或一五七日必回。

遗失：死物藏于箱内，生物在竹林、篱下、枯木处。

捕盗：在北方，移居南方，可托人捉得，己午日方得见。

寻人：不宜相寻恐有伤他人，若有信来，皆为虚假。

疾病：上热下冷、心腹疼痛、呕吐泻痢，宜往西北方求医。

词讼：内动则外凶，宜木姓人调停。

【得卦典故】

离卦为朱买臣被妻弃时卜得之卦，后果然显贵。朱买臣为汉武帝时期人，四十多岁时仍然贫寒，其妻引以为耻，便离他而去，印证了离卦的离散之意。后来朱买臣得人推荐官拜会稽太守，印证了离卦光明、高贵之意。

咸（卦三十一）泽山咸

艮下兑上

【原文】

咸①，亨，利贞，取②女吉。

初六：咸其拇③。

六二：咸其腓^④，凶，居吉。

九三：咸其股，执^⑤其随^⑥，往吝。

九四：贞吉，悔亡。憧憧往来^⑦，朋从尔思。

九五：咸其脢^⑧，无悔。

上六：咸其辅^⑨颊舌。

【注释】

①咸：本卦下艮上兑，艮为山、为阳，兑为泽、为阴。下阳上阴，形成阴阳交会之象，所以万物亨通，喻指男女之间的感情对国事家事的影响。咸，通"感"。

②取：通"娶"，嫁娶。

③拇：指人的大脚趾。

④腓（féi）：指人的小腿肚子部位。

⑤执：同"咸"，受伤。

⑥随：这里指随着初六、六二的躁动而动。

⑦憧（chōng）憧往来：以私心与人相感应、相往来。

⑧脢（méi）：指人背上的肌肉。

⑨辅：人的牙床骨。

【译文】

咸卦，（象征着）亨通顺畅，有利于坚守正道，（如果）娶妻子就吉祥如意。

初六爻，触碰到脚的大趾有所感应。

六二爻，触碰到腿肚子有所感应，就会有凶险，居家不出则会获得吉利。

九三爻，触碰到大腿有所感应，固执不变地跟随自己的人，如果急于行动会有困难。

九四爻，保持内心的贞正，将没有后悔的事。如果为了自己的私心而去感应、去往来（只感动了少数人），朋友会跟从你（就成了朋党）。

九五爻，触碰到腰背有所感应，没有悔恨。

上六爻，触碰到鼻子、脸颊、舌头有所感应（用口舌打动人）。

【原文】

《彖》曰：咸，感也。柔上而刚下①，二气感应以相与②，止而说③，男下女，是以"亨，利贞。取女吉"也。天地感而万物化生，圣人感人心而天下和平。观其所感，而天地万物之情可见矣。

《象》曰：山上有泽，咸。君子以虚受人。"咸其拇"，志在外也。虽"凶，居吉"，顺不害④也。"咸其股"，亦不处⑤也。志在随人，所执下也。"贞吉悔亡"，未感害也。"憧憧往来"，未光大也。"咸其脢"，志末也。"咸其辅颊舌"，滕口说也。

【注释】

①柔上而刚下：咸卦上卦为兑、为柔，下卦为艮、为刚，所以称"柔上而刚下"。

②相与：相处。

③止而说（yuè）：咸卦下卦为艮、为止，上卦为兑、为说（悦），故名。

④顺不害：顺理而动，没有危害。

⑤处：形容安静不动的样子。

【译文】

《彖传》说：咸卦，感应、感动。（下艮上兑，艮刚兑柔）柔在上而刚在下，阴阳二气互相感应而相处。（艮为止，兑为悦）止而悦，（艮为少男，兑为少女）男在女下，所以"亨，利贞。取女吉"。天地间的阴阳之气相互感应，就能繁育万物得以生长。圣人用他的德行就能感化人心，让天下得以和谐安定。观察这些感应和变化，就能明白天地万物相通的道理了。

《象传》说：（艮为山，兑为泽）山上有泽，是咸卦。君子应该以虚怀若谷的精神接纳、感化他人。（初六爻）"咸其拇"，（初六与九四正应，九四在外卦，所以说）志在外。（六二爻）虽然"凶"而"居吉"，是因为顺理而动，所以没有危害。（九三爻）"咸其股"，（看到初六、六二躁动）自己也跟着动。盲目地跟随别人，这种做法很卑下。（九四爻）"贞吉悔亡"，是说这种感出自私心有害，出自公心则无害。"憧憧往来"，是因为影响没有扩大。（九五爻）"咸其脢"，背其私心（是与其应于六二、比于上九的私心相背，去感动天下人）。（上六爻）"咸其辅颊舌"，只剩下用口舌言语来感动别人了。

【占测范围】

占天时：虽然有雨，但三日后就会晴。

风水：行二山包围，外不见穴，亦有二穴，一高一低，有龙宫之分。

家宅：得外姓人为主，成家添人口，上下有屋相围，有香火在外。

求官：有旧恩人为力，必能迁官荣达，宜进不宜退，必有一失之忧。

婚姻：必然成功，口字及张姓人为媒，其媳妇贤惠，带子而来。

出行：有相识的人阻隔，应该在申子日出行。

求财：不用出屋，乃同他人求之，有口字的同事，有希望，但难以得手。

行人：不久则见在途中，可能有小口舌，没有钱财与买卖人同行。

求事：必然成功，只是有些口舌，并不妨碍，如果有口字人在内为福。

胎产：必生男孩，但如果三四爻动，则不足为喜。

见贵：很顺利。

田蚕：一如常年。

遗失：生物在坑圳中，可近水处寻找，死物在房中及锅灶中可以找到。

捕盗：难以捉到，在东北方山下，近窄窝之所，左右有石岩，眼下不见，应在酉戌日得见。

疾病：寒多热少、内热外冷、渴不思饮食，有小便不通或血脓灾，应往西南求医。

词讼：宜和，有带疾美人在内，口字人为贵人。

【得卦典故】

咸卦为王昭君（生活于西汉元帝时期，生卒年不详）去匈奴和亲时占得。汉元帝时，匈奴呼韩邪单于请求和亲，身为宫人的王昭君愿去匈奴，在匈奴时，王昭君为父子两代单于之妻，生儿育女。

恒（卦三十二）雷风恒

 巽下震上

【原文】

恒[①]，亨，无咎，利贞，利有攸往[②]。

初六：浚[③]恒，贞凶，无攸利。

九二：悔亡。

九三：不恒其德，或承之羞[④]。贞吝。

九四：田无禽。

六五：恒其德，贞。妇人吉，夫子凶。

上六：振[⑤]恒，凶。

【注释】

①恒：本卦下巽上震，刚在上，柔在下，震动于外，巽顺于内，是恒久之意。

②有攸往：指有所往或有所行动。攸，所。

③浚：挖土挖得深。

④羞：羞辱。

⑤振：振动，动荡。

【译文】

恒卦，亨通，没有过失，宜坚守正道，宜有所行动。

初六爻，掘得深又久，固执地走下去，有凶险，没有好处。

九二爻，悔恨消失。

九三爻，不能恒久地保持德行，就可能会因此蒙羞，面临困难。

九四爻，长期在没有鸟兽之地田猎（劳而无功）。

六五爻，保持柔顺美好的品德（柔顺是妇人之德，不是夫子之德），对妇人有利，对丈夫来说则是凶险之兆。

上六爻，振动不安于恒久之道，有凶险。

【原文】

《彖》曰：恒，久也。刚上而柔下^①，雷风相与，巽而动^②，刚柔皆应，恒。"恒，亨。无咎，利贞"，久于其道也。天地之道，恒久而不已也。"利有攸往"，终则有始也。日月得天而能久照，四时变化而能久成，圣人久于其道，而天下化成。观其所恒，而天地万物之情可见矣。

《象》曰：雷风，恒。君子以立不易方^③。"浚恒"之凶，始求深^④也。九二"悔亡"，能久中也。"不恒其德"，无所容也。久非其位，安得禽也！"妇人"贞吉，从一而终也。"夫子"制义，从妇凶也。"振恒"在上，大无功也。

【注释】

①刚上而柔下：恒卦的卦象，上卦为震，代表着刚，下卦为巽，代表着柔。

②巽而动：恒卦下卦为巽、为顺，上卦为震、为动，所以具有巽顺而敢为的意蕴。

③立不易方：指立身于世，不改变自己做人的态度。立，确立。方，方针、态度。

④始求深：一开始就一味求深。

【译文】

《象传》说：恒，持久，（下巽上震，震为雷、为刚，巽为风、为柔）刚在上而柔在下，雷与风相助成势，顺而动，（六爻）刚柔都相应，是恒卦。"恒，亨。无咎，利贞"，其道是经久不变的。天地运行的规律，都是恒久不变的。"利有攸往"，终结了也会有新的开始。日月能够在天上永恒地照临万物，四季能够经久不衰地循环往复，圣人能够持守正道，用教化来成就天下人。观察这些恒久的运行规律，就能看到天地运转不息的情状了。

《象传》说：雷动风行，相辅相成，是恒卦。君子有所树立，而卓然不移。（初六爻）"浚恒"之凶，是因为事情刚刚发生，就追求过于深远的缘故。九二爻"悔亡"，是因为君子在坚持恒久的中正之道。（九三爻）"不恒其德"（上下都是阳爻），没有地方容纳它。（九四爻以阳居阴，处于变革之交，是得其时）不得其位，怎么能猎到鸟兽！（九五爻）"妇人"贞吉，是因为妻子能够从一而终。丈夫需做他应该做的，顺从妻子将会有凶险。（上六爻）"振恒"在上，必然会劳而无功。

【占测范围】

占天时：久雨，逢己午日天气可转晴。

求官：必定顺遂，有阻应寅卯日成。

婚姻：初婚有口舌之争，长婚则为娇妇，或教服后嫁，只宜娶市井中女为妻。

风水：墓前有水及人家。

田蚕：大熟。

交易：能够得到贵人的扶持，不久就可以成功。

求财：在市井中求易得，到乡村求难得。

望事：利小望大得。

遗失：其物出于外，在西南方小林处，有小儿得见，失物在林野。

出行：不利，有口舌是非，破财。

行人：从小路来，人于市井，有口舌，须要有贵人和解。

见贵：文书宜和，防人反复，午酉日能够成功。

寻人：宜缓，若欲速须二人同往。

六甲：生男，孕妇不安，酉日占之免惊。

捕盗：难捉，近则三日，远则三年才能见分晓。

疾病：四肢沉重，先寒后热，腹中翻吐，如果五月占则主血脓之灾，宜往西北方求医。

词讼：因由口舌起，有惊无害。

【得卦典故】

恒卦为宋王夺韩朋之妻时卜得。此为古代传说，韩朋出仕宋国。妻子思夫心切，遂寄书于丈夫，韩朋得书，神情恍惚，不慎将情书遗失殿前。宋王得书，甚爱其言，于是将韩妻贞夫骗至宋国，封为王后，并残害韩朋，后韩朋自杀，宋王以三公之礼葬之，贞夫在葬礼上跳进墓穴而死，其后从二人坟墓中生出连理枝、鸳鸯鸟。

遯（卦三十三）天山遯

艮下乾上

【原文】

遯①，亨，小②利贞。

初六：遯尾③，厉，勿用有攸往。

六二：执④之用黄牛之革，莫之胜说⑤。

九三：系⑥遯，有疾厉。畜臣妾⑦，吉。

九四：好⑧遯，君子吉，小人否。

九五：嘉⑨遯，贞吉。

上九：肥遯⑩，无不利。

【注释】

①遯：本卦下艮上乾，分别代表山和天。从卦象上看，二阴浸长，阳当退避，故名。遯，同"遁"，退避、退隐。

②小：细节，小事。

③尾：原意是动物的尾巴，这里指的是行列的最后一个。

④执：抓住后用绳子捆绑起来。

⑤莫之胜说：难以解脱、逃脱。说，通"脱"，逃脱。

⑥系：拖累。

⑦畜臣妾：指蓄养家奴。畜，豢养、蓄养。臣妾，这里指家奴。

⑧好：喜好，喜欢。

⑨嘉：美好。

⑩肥遯：有余裕地隐遁。肥，有余裕。

【译文】

遯卦，顺利亨通，做好小事，举动不失正道。

初六爻，在隐遁的过程中落到了最后面，处境很凶险。与其继续跑，不如停下来。

六二爻，（与九五正应）用黄牛皮绳执系着，谁也不能把它们拉开。

九三爻，因被牵制而难以快速离开，就像疾病缠身一样有危险。（如果用于）蓄养家奴，可获得吉祥。

九四爻，从容不迫地退隐而没有什么牵绊，君子必得吉，小人则不能得吉。

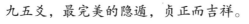

九五爻，最完美的隐遁，贞正而吉祥。

上九爻，有余裕地悠闲隐遁，无论做什么都不会产生不利影响。

【原文】

《彖》曰：遁"亨"，遁而亨也。刚当位而应，与时行也。"小利贞"，浸而长也。遁之时义大矣哉！

《象》曰：天下有山，遁。君子以远小人[①]，不恶而严。"遁尾"之"厉"，不往何灾也？"执用黄牛"，固志也。"系遁"之厉，有疾惫也。"畜臣妾吉"，不可大事也。君子"好遁"，"小人否"也。"嘉遁，贞吉"，以正志也。"肥遁，无不利"，无所疑也。

【注释】

①远小人：是说君子之道，当远离小人。

【译文】

《彖传》说：遁卦，亨通。（遁卦九五爻以阳刚居阳位，居中得正，是六二爻正应）所以刚当位而应，能够把握时机去行动。"小利贞"，是因为二阴在慢慢成长（不宜有大作为）。遁卦的适应时机去隐遁的意义真是重大啊！

《象传》说，（下艮上乾，艮为山，乾为天）天下有山，是遁卦。君子应该远离小人，不要让他知道你憎恶他，同时又要严肃对待他。（初六爻）"遁尾"之"厉"，如果不擅自行动，而是静处，还有什么灾难呢？（六二爻）"执用黄牛"，是说（六二与九五相固结），必遁之志非常坚定。（九三爻）"系遁"的困惫，是由于疾病造成的。"畜臣妾吉"，是说自己难有大作为。（九四爻）君子能毅然决然地隐遁，小人则不能如此。（九五爻）"嘉遁，贞吉"，是因为他有自己正确的信念和志向。（上九爻）"肥遁，无不利"，是因为他没有任何疑虑。

【占测范围】

占天时：转阴，过时便雨。

见贵：见贵人难，见亦不利。

求官：迟缓有阻力，求成亦不利。

婚姻：不成，为淫妇，有人争斗。

六甲：生男，母有灾，或母子不全。

行人：被同行人侵欺，或同行人有灾，或亥戌日有信来。

遗失：为外姓腿残人借走，或物近山林中，有物掩盖，难寻。

求财：不宜进前，退步吉，求之有破财之厄。

捕盗：远二百里之内，东北山下茅屋中，又可能移到洞边。

家宅：宜迁移。

风水：其穴不利，主减人口，急迁为好。

出行：不宜动，动则有险。

交易：不利，守旧为好。

寻人：其人已逃，难见。

疾病：心热，腹痛，口渴。

词讼：因逃移远处，争斗之事牵连，寅午戌日吉见，或大事化小，免罪。

【得卦典故】

遁卦为战国孟尝君田文所占得。孟尝君在秦国准备回国受阻，此时孟尝君占得遁卦，后得鸡鸣狗盗门客之助，渡函谷关，最终脱险。

大壮（卦三十四）雷天大壮

 乾下震上

【原文】

大壮①，利贞。

初九：壮于趾②，征③凶有孚。

九二：贞吉。

九三：小人用壮，君子用罔④，贞厉。羝羊触藩⑤，羸⑥其角。

九四：贞吉，悔亡，藩决不羸，壮于大舆之輹。

六五：丧羊于易⑦，无悔。

上六：羝羊触藩，不能退，不能遂⑧，无攸利，艰则吉。

【注释】

①大壮：本卦下卦为乾、为天，上卦为震、为雷，象征着雷声响彻天空、阳气
强盛的样子。

②趾：指人的脚趾。

③征：前行。

④用罔：不用。罔，无。

⑤羝（dī）羊触藩：指公羊撞上了篱笆。羝羊，公羊。藩，篱笆。

⑥羸：病。

⑦易：和易。

⑧遂：前进。

【译文】

大壮卦，宜于坚守正道。

初九爻，居于下（脚趾）而急于前进，有所行动会有凶险，应以诚信自守。

九二爻，坚守住中正之道，就可以获得吉祥。

九三爻，小人喜好用刚强之力而侵犯他人，君子则不用，（君子若如此）虽贞正也会危厉。就像公羊撞上篱笆，却让羊角受伤。

九四爻，坚守中道获得吉祥，悔恨消失。篱笆破了，羊角得以解脱，车轮无病，又能远行。

六五爻，用和易的方法把羊角给去掉了，没有悔恨。

上六爻，公羊角被篱笆挂住，无法退，也不能进，行动无所利，不盲动能渡过难关，获得一个吉利的结果。

【原文】

《彖》曰：大壮，大者壮①也。刚以动②，故壮。大壮"利贞"，大者正也。正大而天地之情可见矣。

《象》曰：雷在天上③，大壮。君子以非礼弗履④。"壮于趾"，其"孚"穷也。九二"贞吉"，以中⑤也。"小人用壮"，君子罔也。"藩决不羸"，尚往⑥也。"丧羊于易"，位不当也。"不能退，不能遂"，不详也。"艰则吉"，咎不长也。

【注释】

①大者壮：大壮卦中有四阳爻、二阴爻，显示阳爻的力量远比阴爻大。

②刚以动：大壮卦的下卦为乾、为刚，上卦为震、为动。

③雷在天上：大壮卦下卦为乾、为天，上卦为震、为雷，所以称"雷在天上"。

④履：原意为鞋，这里用作动词，意为走过。

⑤中：这里指的是位于下卦中位的九二爻。

⑥尚往：继续前进。尚，提倡、倡导。

【译文】

《彖传》说：大壮卦，（刚阳）大即为壮，（下乾上震，乾为刚，震为动）刚而动，所以称大壮。大壮宜于坚守正道，是因为大代表正，正大才能看到天地运转不息的情状。

《象传》说：雷在天上，是大壮卦。君子做事从不悖于礼制。（初九爻）"壮于趾"，（初九以阳居乾体之刚，过刚而壮于行，容易）穷困而凶险。九二爻"贞吉"，是因为它居中的位置。（九三爻）"小人用壮"，君子却静静等待。（九四爻）"藩决不羸"，应该把行动放在首位。（六五爻）"丧羊于易"，是说其位置不当。（上六爻）"不能退，不能遂"，是做事不周详。"艰则吉"，是说灾害是不能长久的。

【占测范围】

占天时：雨不会下很久，会在寅午日天晴。

家宅：土地不安，或地中折，或井破。有岔路，不然近庙、水碓及井水边。

求官：必有迁转之职，先难后易，应在申子辰日动身。

婚姻：妇人如果无破相，则有腹疾，终成，若是九三爻动，则难成。

胎孕：生男婴，如果亥卯未日占，六五爻动，主妇人有灾。

出行：有惊阻，防失脱，胆迟则吉。

求财：有忧虑，说有未有，得手也不成财。

行人：有二人同行，有惊恐，不久将至，九二爻动便归。

风水：甲庚向，葬后有疾。

望事：多虚少实，纵然成功也会有祸事。

寻人：内外皆动，不在原处，去遥远处不见，就会在中途相见。

田蚕：一般。

交易：难以成功，用力后必会成。

见贵：必须用力方得见，应在申子辰寅午戌日成功。

遗失：死物藏在土中，或门下、板子下，生物在社仓及道路，或是初九爻动，物未出门。

捕盗：在东北方向的水边，不宜自己去寻找，恐怕会被伤害，意欲变动往他方。

疾病：主足气疼痛，浑身壮热，食物不进，心肝腹痛，进退留连，宜往东北方向求医。

词讼：一人有大惊，遇士大夫相助。

【得卦典故】

大壮卦为唐玄宗避安禄山乱时占得。唐玄为风流天子，在位早期大有作为，创开元盛世。但后期却沉湎女色，信任奸佞，发生安史之乱，他躲避到蜀地成都，平定叛乱，他又重回长安，做了太上皇。

晋（卦三十五）火地晋

坤下离上

【原文】

晋①，康侯②用锡③马蕃庶④，昼日三接⑤。

初六：晋如，摧如，贞吉。罔孚，裕⑥，无咎。

六二：晋如，愁⑦如。贞吉。受兹介福，于其王母。

六三：众允，悔亡。

九四：晋如鼫鼠⑧，贞厉。

六五：悔亡，失得⑨勿恤。往吉，无不利。

上九：晋其角，维用伐邑。厉吉，无咎。贞吝。

【注释】

①晋：本卦下卦为坤、为地，上卦为离、为日，象征着阳光普照大地越来越光明。晋，前进。

②康侯：朱熹《周易本义》中解释为"安国之侯"。

③锡：通"赐"，赐予。

④蕃庶：形容种类与数量繁多的样子。

⑤昼日三接：一天多次接见。昼日，一整天。

⑥裕：宽裕。

⑦愁：忧虑。

⑧鼫（shí）鼠：硕鼠，其性贪而畏人。

⑨失得：失而复得。

【译文】

晋卦，天子赏赐安国之侯众多马匹，一天多次亲自接见他。

初六爻，前进或者后退，坚守正道则获得吉利。即使尚未得到众人的信任，宽裕时日，也自然无害。

六二爻，不以进为喜，而以其为忧，坚守正道则获得吉利。将从他的王母那里获得大的福佑。

六三爻，获得众人的拥护，悔恨就会渐渐消失。

九四爻，前进中贪居高位，固守而不知变通，将有灾祸。

六五爻，没有悔恨，有失而复得之物，只需前进，没有不利的地方。

上九爻，前进到角的位置（以至于晋之极，不能再躁进），建功只能靠征伐自己的城邑，可以改变危厉的处境，获得吉利。最终即使坚守正道还是有困难。

【原文】

《象》曰：晋，进也。明出地上，顺而丽①乎大明②，柔进而上行③，是以"康侯用锡马蕃庶，昼日三接"也。

《象》曰：明出地上，晋。君子以自昭④明德。"晋如摧如"，独行正也。"裕无咎"，未受命也。"受兹介福"，以中正也。"众允"之志，上行也。"鼫鼠，贞厉"，位不当⑤也。"失得勿恤"，往有庆也。"维用伐邑"，道未光⑥也。

【注释】

①丽：依附于。

②大明：这里指太阳。

③柔进而上行：六十四卦中，只有上卦是离卦的，才说上行。此处在本卦中是指六五爻以柔顺明丽的德行居于君位。

④昭：彰显，昭示。

⑤位不当：指晋卦的"九四"阳爻处在阴位上，造成不中不正的情况。

⑥道未光：指王道还没有来得及光大。

【译文】

《象传》说：晋卦，前进。太阳冉冉升起（坤下离上，坤为顺，离为明、为日），顺应而附丽于大明，（六五爻）柔进而上升（到君位）。因此"康侯用锡马蕃庶，昼日三接"。

《象传》说，明出地上，是晋卦。君子应将自己美好的德行展现出来。（初六爻）"晋如摧如"，（进退无碍）是因为自己能够坚守正道。"裕无咎"，是因为还没有相应的责任和使命。（六二爻）"受兹介福"，是因为其居于中正之位。（六三爻）得到"众允"（六三爻与上九正应，得到初六爻与六二爻的支持），其志在向上行。（九四爻）"鼫鼠，贞厉"，是因为所处的位置不当。（六五爻）"失得勿恤"，行动就会有喜庆的事。（上九爻）"维用伐邑"，是因为道还没有光大。

【占测范围】

占天时：晴朗，己亥日雨。

求官：需托人方才能求得，或有人阻挠，但可成。

风水：宜后有两小山峰，前山远，左右有田。

田蚕：中等收成。

出行：宜二人同行，往东南吉。

见贵：亥卯未日晋见较吉。

家宅：有二人上卦，不然有二喜，或进人口，但门破不正，宜整顿。

婚姻：若非二处，即有二人说媒，有一中年女人说方成。

求财：不可独求，需用二人，虽反复但终可得。

求事：二次得之，或用他人寻求才能成功。

行人：二人同行，一人不足，欲行不行，中途遇一人言即忧恐。

六甲：若非第三胎，当为双生或男子，应申子辰日。

捕盗：东南方，近墓处，有一人同在。

遗失：神庙边向北，木桥边人家寻。

疾病：寒热头痛，上热下浮，西南方求医，并应防女人产厄。

官讼：二人官司，内外不和，自身不可动，终能得理。

【得卦典故】

　　晋卦为司马进策卜得，此卦为龙剑出匣之卦，以臣遇君之象，利见权贵，能得权贵赏赐与帮扶，后来司马进策果然官至宰相。

明夷（卦三十六）地火明夷

 离下坤上

【原文】

明夷①，利艰贞。

初九：明夷于飞，垂其翼。君子于行，三日不食。有攸往，主人有言②。

六二：明夷，夷于左股③。用拯马壮④，吉。

九三：明夷于南狩⑤，得其大首⑥。不可疾，贞。

六四：入于左腹⑦，获明夷之心，于出门庭。

六五：箕子⑧之明夷，利贞。

上六：不明晦，初登于天，后入于地。

【注释】

①明夷：本卦下卦为离、为日，上卦为坤、为地，是太阳没入地平线下的景象，喻指前途莫测。夷，伤害、毁灭。

②言：威吓，非议。

③夷于左股：表示比较轻微的伤害。

④用拯马壮：指因为善于奔跑而得救。用，因为。拯，使得救。

⑤南狩：前进狩猎以除害。

⑥大首：这里指暗方的魁首。

⑦左腹：幽隐之处。

⑧箕子：商纣王的伯父，"殷末三仁"之一。纣王无道，箕子谏而不听，为免灾而佯狂，后被贬为奴隶。

【译文】

明夷卦，利于在困难中坚守正道。

初九爻，明夷之时，就像鸟在天空飞，低垂着它的双翅，（要果决而迅速）。君子想要退隐，就要迅速离去，宁可三日不食。快速地走，即使主人有非议（也在所不顾）。

六二爻，光明陨落，就像是伤了左腿（受了轻伤）一样，能及时加以拯救，避免伤害，会获得吉利。

九三爻，去南方狩猎除害，抓获敌方的魁首，（其他事）不能操之过急。

六四爻，走进幽暗之处，懂得了君子之道该怎样在明夷之时自处，于是毅然离开自己的居所。

六五爻，箕子处明夷之时，坚守正道。

上六爻，不发出光明却带来昏暗（伤人而又自伤），（商纣王）开始时登上王位，最终要以亡国告终。

【原文】

《彖》曰：明入地中①，明夷。内文明而外柔顺，以蒙大难，文王以之。"利艰贞"，晦其明也。内难而能正其志，箕子以之。

《象》曰：明入地中，明夷。君子以莅众②，用晦而明③。"君子于行"，义不食也。六二之"吉"，顺以则也。"南狩"之志，乃得大也。"入于左腹"，获心意也。"箕子"之贞，明不可息也。"初登于天"，照四国也。"后入于地"，失则也。

【注释】

①明入地中：明夷卦下卦为离、为日、为明，上卦为坤、为地。故称。

②莅（lì）众：指治理民众。

③用晦而明：形容人大智若愚的样子。

【译文】

《彖传》说：（下离上坤，离为明，坤为地）明入地中，是明夷卦。人们要内文明而外柔顺，来渡过大劫难，周文王就是如此。在艰难的时候有利于坚守正直的品格，隐藏自己的光明。即使在朝廷遭遇大难的时候，也能不改变自己的志向，箕子就是这样做的。

《象传》说：明入地中，是明夷卦。君子治理国家，应该表面隐晦而内心明察。（初九爻）"君子于行"，见难将起，迅速离去。六二爻所说的"吉"，是因为柔顺而不失原则。（九三爻）"南狩"之志，（除害安民）收获巨大。（六四爻）"入于左腹"，是说获得了明夷之时自处之心。（六五爻）箕子之所以坚守正道，是因为坚信正道不会消失。（上六爻）"初登于天"，是君王服四方。"后入于地"，是因为失去了为君之道。

【占测范围】

占天时：主云雾蒙蒙，三日雨，不晴。

风水：水入墓中，后无山，若初爻动，有树根穿墓，葬后伤人口。

求官：有两职，却忌初九爻动，反因职上有官司。

家宅：如人在网中，常有困气，门首有树木。

婚姻：虽反复，终成，但妇无貌。

出行：到中途有阻，急则安，动则险。

求财：不可与人求，终得。

交易：难成。

见贵：未遂，应在申子辰日。

田蚕：丰收。

遗失：人向东南寻，遇女人小儿可打听询问。

捕盗：其人隐于近地，久后捕得一人。

六甲：生日产妇有惊，如四五爻动母子俱不利。

望事：有阻。

寻人：藏蔽难见，可见信，可问他人。

疾病：四肢沉重，饮食不进，眼神昏迷，往南北方求医。

词讼：人在罗网中，见官亦难脱。

【得卦典故】

相传明夷卦为周文王囚羑里，见子不至时卜得。当时周文王被商纣王禁于羑里，其长子伯邑考携宝物拜见纣王却被冤杀，纣王将伯邑考剁成肉酱并给周文王吃。实际上文王已经通过演卦知道了长子罹难。

家人（卦三十七）风火家人

　离下巽上

【原文】

家人①，利女贞②。

初九：闲有家③，悔亡。

六二：无攸遂④，在中馈⑤，贞吉。

九三：家人嗃嗃⑥，悔厉，吉。妇子嘻嘻，终吝。

六四：富家，大吉。

九五：王假有家，勿恤，吉。

上九：有孚，威如⑦，终吉。

【注释】

①家人：本卦下卦为离、为火，上卦为巽、为风，"六二"与"九五"居中位，显示火得风助，形成女主内、男主外，各守中正的局势，预示家道兴旺。

②利女贞：女子是家庭中一个非常重要的因素，所以说"有利于女人坚守正道"。

③闲有家：有规矩才能家庭兴旺。闲，防闲，如养牛羊等用栅栏。有家，家庭兴旺。

④遂：自专，自作主张。

⑤中馈：家庭中的起居、饮食等事情。

⑥嗃（hè）嗃：原指严肃的样子，这里形容众口愁叹的样子。

⑦威如：威严肃穆的样子。

【译文】

家人卦，利于女子保持贞正。

初九爻，治家应当用规矩防患灾难，这样才能避免出现过失。

六二爻，不要自作主张，主持好家中的起居、饮食等事情，才能获得贞正吉祥。

九三爻，即使家人愁叹治家过严，有悔恨危厉，最终会获得吉祥。使妇人、子女在一起嘻嘻哈哈，没有约束，终究会有凶险。

六四爻，让家中的财富有所积累，大吉大利。

九五爻，用自己的行为去感动家里人，不用费力，就会获得吉祥。

上九爻，一家之主能严格自我要求，以诚信和威信管理好家庭，最终获得吉祥。

【原文】

《彖》曰：家人，女正位乎内，男正位乎外①。男女正，天地之大义也。家人有严君焉，父母之谓也。父父②，子子，兄兄，弟弟，夫夫，妇妇，而家道正。正家，而天下定矣。

《象》曰：风自火出[3]，家人。君子以言有物而行有恒。"闲有家"，志未变也。六二之"吉"，顺以巽也。"家人嗃嗃"，未失[4]也。"妇子嘻嘻"，失家节[5]也。"富家，大吉"，顺在位也。"王假有家"，交相爱也。"威如"之"吉"，反身之谓也。

【注释】

①女正位乎内，男正位乎外：家人卦"六二"在内卦居中位，以阴爻居阴位得中正；"九五"在外卦居中位，以阳爻居阳位得中正。

②父父：第一个"父"是名词，第二个"父"字是动词。以下用法相同。

③风自火出：家人卦下卦为离、为火、为明德，上卦为巽、为风、为教化，而火居内风居外，表示明德为先而教化在后，所以要以言行树立形象。

④未失：指没有完全放纵。未，没有。失，放逸。

⑤节：节制，控制。

【译文】

《象传》说：家人卦，女在内（指六二爻以阴居阴，居中得正，在内卦）以中正之道守其位，男在外（指九五爻以阳居阳，居中得正，在外卦）以中正之道守其位。男女各守正道，符合天地阴阳和合的大义。家里有尊严的长辈，就是父母。做父亲的要尽父亲的责任，做儿子的要尽儿子的责任，做兄长的要尽兄长的责任，做弟弟的要尽弟弟的责任，做丈夫的要尽丈夫的责任，做妻子的要尽妻子的责任，各人安守本分，家道就正了，那么天下也就安定了。

《象传》说：（下离上巽，离为火，巽为风）风自火出，就是家人卦。君子应该说话言之有物，做事持之以恒。（初九爻）"闲有家"，是因为还没有发生变故（要防闲）。六二爻所说的"吉"，是说主妇在家庭中所处的位置正确，品格柔顺而谦逊。（九三爻）"家人嗃嗃"（因家教严格不敢放肆），也不会有什么大过失。"妇子嘻嘻"（没有约束），家庭就会没有制度和规范。（六四爻）"富家，大吉"，是因为柔顺而得到正位。（九五爻）"王假有家"，家人和睦相爱。（上九爻）"威如"之"吉"，从一家之主严格律己开始。

【占测范围】

占天时：有一日雨即晴。

交易：可成。

见贵：必遂，应申子辰日。

田蚕：成熟。

求官：不遂，他人虚言其职。

风水：左右有篱，园内有井，乾巽向。

出行：有疑，不由自己，留连三两日方可动。

寻人：不久便见。

家宅：左边有一屋，前有水沟，或有岔路及坟墓，防火烛。

婚姻：和合，乃士大夫为媒。

六甲：生男，冬占生女，申子辰日生产。

望事：宜随时，方许遂意，此下未定。

求财：过六日可进前求，有两重，一大一小，小可求。

遗失：有同姓人藏之，在西北角结石地。

行人：与士大夫或木字姓人同行，六二爻动，必有妇人事，财上反复，然亥日占之得见。

疾病：主寒热往来，久困之灾，往东南方求医。

词讼：得理，但有疑虑无妨。

【得卦典故】

家人卦为董永卖身葬父卜得。相传董永为东汉人，其卖身葬父的行为感天动地，扶柩返乡途中，路遇七仙女愿为其妻。七仙女在一月之内共织绢三百匹，为董永偿还了所有的债务。

睽（卦三十八）火泽睽

 兑下离上

【原文】

睽①，小事吉②。

初九：悔亡。丧马勿逐③，自复④。见恶人，无咎。

九二：遇主于巷，无咎。

六三：见舆曳⑤，其牛掣⑥，其人天且劓⑦，无初有终。

九四：睽孤⑧，遇元夫⑨，交孚，厉无咎。

六五：悔亡。厥宗噬肤⑩，往何咎？

上九：睽孤，见豕负涂，载鬼一车⑪，先张之弧，后说之弧⑫。匪寇婚媾。往遇雨则吉。

【注释】

①睽（kuí）：本卦下兑上离，分别代表泽与火，表现为水火不容、彼此相克的情态，象征着两者之间的矛盾与隔阂。睽，彼此违背。

②小事吉：不可做大事，小事可获得吉利。

③丧马勿逐：指跑掉的马不要去追赶。丧，丢失、跑掉。

④自复：指跑掉的马会自己回来。

⑤舆曳：车子被拖住了。曳，被拖住。

⑥掣（chè）：本意为牛角一俯一仰的状态，这里形容牛吃力拉车的样子。

⑦天且劓（yì）：不仅在人的额头上刺字，还削掉人的鼻子。

⑧孤：没有应援。

⑨元夫：指初九爻。

⑩厥宗噬（shì）肤：在这里指六五爻与九二爻易合。厥宗，九二爻。噬肤，皮肤柔而易咬，一咬便深入。

⑪见豕负涂，载鬼一车：见到猪的背上涂满了泥巴，看见一车用图腾打扮的人。涂，泥巴。鬼，用图腾打扮的人。

⑫先张之弧，后说之弧：先拉开了弓箭，然后又放下了弓箭。

【译文】

睽卦，做小事，可以吉利。

初九爻，没有悔恨。跑丢的马不用去追，它自己会回来。恶人来求见，不要不见，无害。

九二爻，在小巷里宾主相见（没有由庭由堂，而是直接由巷，表明相见之心的急切，态度的谦逊），无灾害。

六三爻，看见大车在路上艰难行走，牛用尽了全力，人的额头上被刺了字，还被削掉了鼻子。虽然开始时艰难，但仍可以到达。

九四爻，乖异背离导致孤单无援，却遇上了阳刚之人（初九），可以同德相信，虽危厉，最终无灾害。

六五爻，没有悔恨，与九二爻就像咬皮肤那样容易咬合，与之会和将有什么危害呢？

上九爻，乖异背离导致孤单无援，性格乖戾，看到路上有一头沾满泥巴的猪，还有一车满载着穿得像图腾一样的人奔驰。先是想用弓箭射，后来又放下了。他们不是强盗，而是去迎亲。往前走就能赶上降雨，就会吉祥。

【原文】

《彖》曰：睽，火动而上，泽动而下①，二女同居②，其志不同行。说而丽乎明③，柔进而上行，得中而应乎刚④。是以"小事吉"。天地睽而其事同也，男女睽而其志通也，万物睽而其事类也。睽之时用⑤大矣哉！

《象》曰：上火下泽，睽。君子以同而异⑥。"见恶人"，以辟咎也。"遇主于巷"，未失道也。"见舆曳"，位不当⑦也。"无初有终"，遇刚也。"交孚""无咎"，志行也。"厥宗噬肤"，往有庆也。"遇雨"之"吉"，群疑亡也。

【注释】

①火动而上，泽动而下：睽卦的下卦为兑、为泽，表示水向下流动的特性；上卦为离、为火，表示火向上升腾的特性。

②二女同居：离阴爻在中，为"中女"。兑阴爻在下，为"少女"。二女同居，想法不同。

③说而丽乎明：兑为悦，离为日，和悦而依附着光明。

④得中而应乎刚：六五为阴处上卦中位，柔；九二为阳处下卦中位，刚。二爻相应。

⑤时用：指最佳时机下的应用。

⑥同而异：指兑与离即使在求同的时候，也会保留各自不同的性质。

⑦位不当：指卦象中的六三爻为阴爻却居于阳位上，所以说"位不当"。

【译文】

《彖传》说：睽卦（下兑上离，兑为泽，离为火），火动而上，泽动而下，（离为中女，兑为少女）二女同居，她们所思所想并不相同。（兑是悦，离是明）和悦而依附着光明，柔进而上升（六五阴爻居上卦中位，柔而得中；九二阳爻居下卦中位，为刚，与六五的柔相应），刚柔得中而相应，所以做小事则获得吉利。天地乖离，而万事万物才能萌生；男女性别不同，才能相互吸引、情投意合；天下万物有所差别，才能让各自有各自的归类、作用。如何运用好睽的时机掌握起来真是太重要了！

《象传》说：上火下泽，是睽卦。君子做事情应该在求同的时候，保持自己的个性。（初九爻）"见恶人"，是为了主动消除灾祸。（九二爻）"遇主于巷"，是说这样并没有违背正道。（六三爻）"见舆曳"，是因为位置不当。"无初有终"，是遇到了刚明之才（上九爻）。（九四爻）"交孚""无咎"，是说（九四与初九）消除隔阂达成共识。（六五爻）"厥宗噬肤"，前往必有喜庆之事。（上九爻）"遇雨"之"吉"，是说猜疑都解除了。

【占测范围】

占天时：时雨时阴，须有晴一日，再雨三日方晴。

家宅：似有暗昧，异姓同居人口不和，六畜皆空，篱壁破败。

寻人：等候方见，不等，必致背反。

求财：二人同求方可有三四分财，不宜独求不明之财。

遗失：难寻，带口人得见，在西北方堂居墙下。

捕盗：急则有伤，待其回可捉。

行人：未回，有信皆虚，难寻。此人非螟蛉之子即有破相，唯甲子旬占得此卦，难望其归。

出行：动则利，回则难，利二人同行。

婚姻：乃不明之妻，不然先奸后娶，亦非头婚。

六甲：生男有两喜，十日后当见产母多惊。

求官：反复难成，若吴姓人、木姓人助方遂。

交易：反复，若成必有是非。

见贵：难见。

田蚕：不利。

疾病：寒热心腹疼痛，往东南方求医。

词讼：宜和。

【得卦典故】

相传此卦为武则天聘尚贾至，精魅成，卜此除之。此卦所说的贾至应生活于武则天之后，所以此说欠妥，其意思是说占得此卦为凶，须及早行动。

蹇（卦三十九）水山蹇

 艮下坎上

【原文】

蹇①，利西南，不利东北。利见大人，贞吉。

初六：往蹇，来誉②。

六二：王臣蹇蹇③，匪躬④之故。

九三：往蹇，来反⑤。

六四：往蹇，来连⑥。

九五：大蹇，朋来。

上六：往蹇，来硕⑦。吉，利见大人。

【注释】

①蹇（jiǎn）：本卦下艮上坎，分别代表山与水，表示山高水险的情态，喻指人远行之艰难。蹇，指人因跛脚而行走不便的状态。

②誉：美誉。

③蹇蹇：形容难上加难的样子。

④躬：指自己。

⑤来反：下来不上去，返回原地。

⑥连：此处指六四爻与下面的初六、六二、九三众爻相连。

⑦硕：硕大宽裕。

【译文】

蹇卦（象征行路艰难），利于向西南方向走，不利于向东北方向走。有利于出现伟大人物，坚守正道则吉利。

初六爻，前进将面临险境，停止不行将获得美誉。

六二爻，臣子为了解决君王的困境而努力奔走，陷入蹇难之地，不是为了自己这样做（所以其志意可嘉）。

九三爻，与其往前陷于危难，不如退回原地，不继续前进。

六四爻，前进将面临险境，应该返回与同志（初六、六二、九三众爻）联合（共同走出险难之境）。

九五爻，当处境极为艰难的时候，会有众多贤臣朋友来协助渡过难关。

上六爻，前进会遇到艰难，退回来境地会大有宽裕，吉祥，利于出现伟大人物。

【原文】

《彖》曰：蹇，难也，险在前也。见险而能止①，知②矣哉！蹇，"利西南"，往得中也。"不利东北"，其道穷也。"利见大人"，往有功也。当位"贞吉"③，以正邦也。蹇之时用大矣哉！

《象》曰：山上有水，蹇。君子以反身修德。"往蹇来誉"，宜待也。"王臣蹇蹇"，终无尤也。"往蹇来反"，内喜之也。"往蹇来连"，当位实也。"大蹇朋来"，以中节④也。"往蹇来硕"，志在内也。"利见大人"，以从贵也。

【注释】

①见险而能止：蹇卦下卦为艮、为止，上卦为坎、为险。

②知：通"智"。

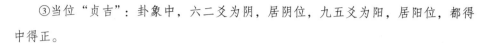

③当位"贞吉"：卦象中，六二爻为阴，居阴位，九五爻为阳，居阳位，都得中得正。

④中节：指人坚持中正、高尚的节操。

【译文】

《彖传》说：蹇卦，行路艰难，危险在前。如能见险止步，就是智慧了啊。蹇卦，"利西南"，去那边会顺处于平易之地；"不利东北"，这个方向是走不通的。"利见大人"，是因为那样更容易建功。君臣（九五爻与六二爻）各在自己的位子上，从而能够靖国安邦。掌握好运用蹇卦的时机真是太重要了！

《象传》说：（下艮上坎，艮为山，坎为水）山上有水，是蹇卦。君子应该反求诸己，提高自身修养。（初六爻）"往蹇来誉"，是说时机还不成熟，还需要等待。（六二爻）"王臣蹇蹇"，是说臣子不会有什么过失。（九三爻）"往蹇来反"，是因为初六、六二两爻内心喜爱、亲附九三。（六四爻）"往蹇来连"，是说位置恰当。（九五爻）"大蹇朋来"，是说履中得正，不改其节。（上六爻）"往蹇来硕"，它的志意在内部（应于九三则求九三、比于九五则从九五）。"利见大人"，因为归来就能够顺从尊贵的九五之君（帝王）。

【占测范围】

占天时：会下很久的雨，三天后天才晴，应在巳申日。

风水：前有路，后有窨窟，还有小水在两边，主有脚疾。

求官：先难后易，应在辰戌日有信。

见贵：难以见到，用力方成。

家宅：屋后有牛栏，有井出入，主多会有足疾。

婚姻：难以成功，虚多实少，改一处说才吉利。

胎产：会生女孩，未产而脚下不足，产妇不会有灾。

出行：欲动不成，不宜动，有病破财，迟则吉利。

行人：欲动有阻，或者少路费，亥日占之有信来。

求财：会有反复，有是非口舌，市井中求则成功。

遗失：生物在井边茅屋粪下，死物在天井水沟内寻找。

交易：有阻碍也会有成果。

寻人：在井及水圳边，难以找到，有足人见。

望事：用隔物托他人说方成，急则有忧。

捕盗：难以逃脱，在东北方山下人家，前有水或井，其处人烟少，应在申酉日。

疾病：应为足疾，可向南方求医。

词讼：不宜见官，只宜回避。

【得卦典故】

塞卦为钟离眛（秦末汉初，生卒年不详）为将攻楚占得。秦末汉初，钟离眛先为项羽之将，后投靠韩信，在其为将攻楚时，一去不归。

解（卦四十）雷水解

坎下震上

【原文】

解①，利西南，无所往。其来复吉。有攸往，夙吉。

初六：无咎。

九二：田获三狐，得黄矢②，贞吉。

六三：负且乘，致寇至，贞吝。

九四：解而拇③，朋至斯孚。

六五：君子维有解，吉。有孚于小人。

上六：公用射隼于高墉之上，获之，无不利。

【注释】

①解：本卦下坎上震，分别代表雨和雷，表现雷雨交加、荡涤天地的景象，是万象更新、万物复生的萌生之态，象征走出困难或使困难解除。解，分解、解除。

②黄矢：这里指装配了黄铜箭头的箭。

③解而拇：松开大脚趾，这里比喻除去小人。拇，大脚趾，处于人体之下，此处代指小人。

【译文】

解卦，前往西南行事有利。如果没有灾祸，无所为而往，则宜于早回，安静自处。如果有所求而往，则宜速不宜迟，早行会得到吉利。

初六爻，没有祸害。

九二爻，打猎捕获三只狐狸，得到黄色箭矢。坚守职责，保持美德，就会获得吉利。

六三爻，背负沉重的东西，坐在华丽的车上，必然招来强盗。即使坚守本分，结果也会凶险。

九四爻，解开大脚趾（摆脱小人），获得朋友信任，坦诚相待。

六五爻，君子必须斥退小人，才能获得吉利，以高尚品德赢得小人信服（去掉其侥幸、幸进之心）。

上六爻，公用弓箭射城墙上的鹰隼，一箭即中，捕获了它，没有什么不利。

【原文】

《象》曰：解，险以动①，动而免乎险，解。解，"利西南"，往得众②也。"其来复吉"，乃得中也。"有攸往夙吉"，往有功也。天地解而雷雨作，雷雨作而百果草木皆甲坼③。解之时大矣哉！

《象》曰：雷雨作④，解。君子以赦过宥罪⑤。刚柔之际⑥，义"无咎"也。九二"贞吉"，得中道也。"负且乘"，亦可丑也。自我致戎，又谁咎也！"解而拇"，未当位也。君子"有解"，小人退也。"公用射隼"，以解悖也。

【注释】

①险以动：解卦下卦坎为险，上卦震为动，故称。

②得众：指得到众人的帮助、支持。

③甲坼（chè）：土下的秧苗让地面开裂，喻指新事物动摇旧秩序的根基。甲，指苗在土下。坼，开裂。

④雷雨作：解卦上卦震代表雷，下卦坎代表雨，故称。

⑤赦过宥（yòu）罪：大赦天下。赦过，免除所犯的罪过。

⑥刚柔之际："初六"为阴、为柔，"九二"为阳、为刚，相互呼应，故称。

【译文】

《彖传》说：纾解危难，需要在危险中的英勇行动，由于英勇的行动而免除了危险，就是解卦。解，利于往西南行走，可以得到众人的帮助。"其来复吉"，是得到了正道。"有攸往夙吉"，前往则会建立功业。天地不相交通之气已经消散，雷雨兴起。雷雨兴起而百果草木都开始破土萌芽。把握解卦的时机真的非常重要啊！

《象传》说：春雷阵阵，春雨潇潇，是解卦。君子应宽恕别人的过错。（初六爻）（处理问题时，应该）刚柔相宜，不会有什么灾祸。九二爻的"贞吉"，是因为它对中道的坚守。（六三爻）"负且乘"，这种行为非常丑陋，是它自己招来了贼寇，又能去怪罪谁呢！（九四爻）"解而拇"，是没有处于合适的位置上。（六五爻）君子见用，小人（之道）自然会退去。（上六爻）"公用射隼"，（解除小人）帮君主消除悖逆。

【占测范围】

占天时：连天有雨，风刚停，雨又开始下。

求官：必须三五次求才能得。

风水：主感情，坟有损人口，如果不改葬，就会崩败，左边有碎石。

婚姻：难成，久后将会有破相。

捕盗：难捉到，或者捉得又会逃走。

遗失：在篱壁之下，有四足之物被遮藏没有被看到，可以到荒坟柘树下去寻找。

出行：虽迟但比较顺遂，颇利其身，中途须防人口舌。

寻人：自己寻找会有所阻碍，须找他人。

行人：欲归不归，似有灾，或相识之人相留。

求财：向西北方，三次求得，可得七八分财。

望事：未遂。

交易：有阻隔，终而久之能成。

见贵：可遂。

田蚕：往造酒人家求种。

六甲：生男，也主双生。

家宅：人离宜改换再得。

疾病：咳嗽、呕吐、咽喉有疾，宜往西北方求医。

词讼：过丑未之日方能见分晓。

【得卦典故】

豫卦为项羽（前232~前202）困在垓下时卜得，后来士卒果然溃散。公元前202年，项羽被汉军围困于垓下，刘邦用四面楚歌的计策致使楚军军心涣散，最终项羽大败。

损（卦四十一）山泽损

 兑下艮上

【原文】

损①，有孚。元吉，无咎，可贞。利有攸往。曷②之用？二簋可用享。

初九：已③事遄④往。无咎，酌损之。

九二：利贞，征凶。弗损益之。

六三：三人行则损一人，一人行则得其友。

六四：损其疾，使遄有喜⑤，无咎。

六五：或益之十朋之龟⑥，弗克违，元吉。

上九：弗损，益之，无咎，贞吉。利有攸往，得臣无家。

【注释】

①损：本卦下卦为兑，代表泽，上卦为艮，代表山，大水冲蚀了山根，是以下益上之象。损，减损。

②曷（hé）：疑问词，何以。

③已：竟，做完了事。

④遄（chuán）：快速，迅速。

⑤使遄有喜：这里指六四克服自己的缺点，与其相应的初九就会迅速来补益它，与它一起合力"损其疾"。

⑥十朋之龟：大宝。

【译文】

损卦，心中诚信之人，可获得吉利，能坚持正道，利于有所往。怎样运用减损呢？如果心存至诚，只用简约的两簋就可以祭祀。

初九爻，做完了事就迅速离去（不居功），无害。适度地损己以利人（六四）。

九二爻，坚守正道有利，往前行则凶险。不要自损，就是有益。

六三爻，三人同行，就会损减一人。一人单独行动时，会遇到志同道合的伙伴。

六四爻，克服自身缺陷，就会让他人（初九爻）迅速来补益它，（合力损六四之疾），从而使情况好转，无害。

六五爻，很多人都来补益它，送它最贵重的"十朋之龟"，它也不会动摇，不违背众意，大吉。

上九爻，不必减损自己受益别人，没有祸患，结果吉利。利于行事，能够得到天下人的拥护。

【原文】

《彖》曰：损，损下益上，其道上行①。损而"有孚。元吉，无咎，可贞。利有攸往。曷之用？二簋可用享"，二簋应有时，损刚益柔有时。损益盈虚，与时偕②行。

《象》曰：山下有泽③，损。君子以惩忿窒欲④。"已事遄往"，尚合志⑤也。九二"利贞"，中以为志也。"一人"行，"三"则疑也。"损其疾"，亦可喜也。六五"元吉"，自上佑⑥也。"弗损益之"，大得志也。

【注释】

①上行：自下向上。

②偕：同，与。

③山下有泽：损卦下卦兑代表泽，上卦艮代表山，故称。

④惩忿窒欲：指控制愤怒，抑制欲望。窒，堵塞、抑制。

⑤尚合志：初九爻与六四爻相应，初九益于六四，二者志同道合。尚，上。

⑥上佑：上天的护佑。

【译文】

《象传》说：损卦，损减下面以增益上面，其道自下向上行（损下益上），损减而"有孚。元吉，无咎，可贞。利有攸往。曷之用，二簋可用享"，用简约的二簋之祭品来祭祀，应该符合一定的时机。损减刚强以补益柔弱也要看时机，或损或益或盈或虚，都是随时态而变的。

《象传》说：（兑下艮上，兑为泽，艮为山）山下有泽，是损卦。君子应该抑制愤愤不平之气，控制自己的欲望。（初九爻）"已事遄往"，是说与上面六四爻志同道合。九二爻坚守正道有利，是因为它以守中为志。（六三爻）一人行可得友，三人行则会互相猜疑。（六四爻）"损其疾"，也是值得高兴的。六五爻大吉大利，是因为上天在护佑。（上六爻）"弗损益之"，是说志意可以实现。

【占测范围】

占天时：雨渐止，午未日晴，初九爻动，有风起。

风水：后山高，左有倒木，丁癸向，主先减人口，后发。

求官：先难后易，六爻动，文书未动，破财方得成就之兆。

家宅：屋有两头，不然则主家中有井在左右，宜防人侵害。

六甲：生男、长胎有克，三四爻动，产妇难保，上六爻动，不足喜，未产亦凶。

遗失：难寻，近井边可寻，在西北方。

捕盗：东北山下，水边可捉。

见贵：终遂，有反复事。

交易：三人合伙可成。

田蚕：中平。

寻人：在市井寻难见，问草头人可见。

求财：只得六七分，须破酒食。

婚姻：先破财，再求方就，男克二妻，宜再婚女。

求事：破财后有救，宜与他人同求，应在酉日。

行人：似有争斗，亥日见。

出行：虽同行人，亦不可去，防途中有人侵袭，自行有失。

疾病：往东南方求医，为四肢沉重、呕吐、心腹痛。

词讼：为争斗事，先损他人，破财后有理，应申未日平。

【得卦典故】

相传此卦为薛仁贵（614~683）收燕时卜得。薛仁贵是唐太宗和唐高宗时期的著名将领，曾征伐高句丽、契丹、突厥。民间流传了很多薛仁贵征战的故事，此次收燕应当是平定契丹之战，薛仁贵大破燕军。

益（卦四十二）风雷益

震下巽上

【原文】

益①，利有攸往，利涉大川。

初九：利用为大作，元吉，无咎。

六二：或益之②十朋之龟，弗克违，永贞吉。王用享于帝，吉。

六三：益之用凶事③，无咎。有孚中行，告公用圭④。

六四：中行告公从。利用为依⑤迁国。

九五：有孚惠心，勿问，元吉。有孚惠我德。

上九：莫益之，或击之。立心勿恒，凶。

【注释】

①益：本卦下震上巽，分别代表雷与风，表现风雷激荡、其势愈增之象。益，增益。

②或益之：很多人来增益它。

③用凶事：这里指荒年赈济百姓。

④圭：在古代用作传递信息的信物。

⑤依：依据。

【译文】

益卦，利于有所作为，利于渡过大江大河（济大难，图大事）。

初九爻，利于做大益天下的事情，大吉大利，没有灾祸。

六二爻，很多人来增益它，送给它最贵重的"十朋之龟"，也不会违背众意，永远保持贞正，可以获得吉祥。君王用它来祭祀上帝，可以获得吉祥。

六三爻，增益它，在灾荒之年赈济百姓，没有灾祸。内心诚信而坚守中道，进献玉圭作为信物向王公请示（赈济之事）。

六四爻，以中道行事，向王公请示，借助王公威望决定迁都大事。

九五爻，用诚信柔顺之心待百姓，不问卜就能大吉大利。心怀虔诚，百姓就能顺君之德。

上九爻，没有人来增益它，反倒有人攻击，因他不能坚持损上益下，结果凶险。

【原文】

《彖》曰：益，损上益下，民说①无疆。自上下下②，其道大光。

"利有攸往"，中正有庆③。"利涉大川"，木道乃行。益动而巽，日进无疆。天施地生，其益无方。凡益之道，与时偕行。

《象》曰：风雷④，益。君子以见善则迁⑤，有过则改。"元吉无咎"，下不厚事⑥也。"或益之"，自外来也。益"用凶事"，固有之也。"告公从"，以益志也。"有孚惠心"，勿问之矣。"惠我德"，大得志也。"莫益之"，偏辞也。"或击之"，自外来也。

【注释】

①说：通"悦"，形容高兴的样子。

②自上下下：从上面施利于下层人民。下下，第一个"下"为动词，第二个"下"为名词。

③中正有庆：下卦"六二"以阴爻居阴位，上卦"九五"以阳爻居阳位，都得中得正，利益天下。

④风雷：益卦上卦为巽、为风，下卦为震、为雷，故称。

⑤迁：改变。

⑥厚事：大事。

【译文】

《彖传》说：益卦，减损下面，增益上面，百姓有无限喜悦。上位者能够尊重天下的百姓，他的恩德就会照耀四方。"利有攸往"，坚持中正，天下必受福庆。"利涉大川"，以木为舟渡河的道理得到推行。益卦（下震上巽，震为雷为动，巽为风），动而谦逊，功业会日益发展，不可限量。天地孕育生长万物，它们的增益没有限量。所有增益的法则，都随时令而变化。

《象传》说：上风下雷，是益卦。君子应该向美好的德行看齐，反省自己，有错则及时改正。（初九爻）"元吉无咎"，是说要把大事做好。（六二爻）"或益之"，是从外面来的。（六三爻）益"用凶事"，是固有之物（取之于民，用之于民）。（六四爻）"告公从"，是因为以益民为志向。

（九五爻）"有孚惠心"，因为这（用诚信柔顺之心待百姓，会大吉大利）是肯定无疑的。"惠我德"，君王能得到最大的成功。（上九爻）"莫益之"，是普遍的说法。"或击之"，不期望它来，它却自己前来。

【占测范围】

占天时：暮晴，未日行雨。

风水：有竹林，左边或有过路相对树木却疏，甲庚向，主出人富贵又主阴人灾。

求官：不遂，只虚许，改别求就。

家宅：若无竹林，即茅屋，主人必散做事不足，香火破败，外姓家不安生。

婚姻：用草头姓人为媒，其妇白瘦而淫荡，宜入赘。

六甲：生女，不久便产，申辰时见。

望事：反复难成。

出行：欲动不成，急则有灾，用三四人同行，自行多阻。

寻人：难遇，途中有惊，只宜守旧。

求财：宜远不宜近。

交易：必成，应申子辰日。

见贵：只宜守旧，自来未遂。

田蚕：平平。

行人：三人同行，无木姓则有草头姓人在内，往东南方无险，财不旺，辰酉日见。

遗失：生物在竹林中，死物在茅舍下，须急寻。

捕盗：在西方，有三人，难捉。

疾病：血光之灾，服药无效，应往东南方求医。

词讼：为阴人米粮田上知识，二十四日、二八日见分晓，有牢狱之灾。

【得卦典故】

益卦为冉有有疾时卜得之卦，乃知为慢师之过。冉有是孔子的弟子，曾率军击败齐国军队，但其为政时违背了孔子的教诲，孔子对此颇为不满。传说冉有曾经生病，后卜得益卦，从而得知此病乃慢师之过。

夬（卦四十三）泽天夬

乾下兑上

【原文】

夬[①]，扬于王庭[②]，孚号有厉。告自邑[③]，不利即戎[④]，利有攸往。

初九：壮于前趾，往不胜，为咎。

九二：惕号，莫[⑤]夜有戎，勿恤。

九三：壮于頄[⑥]，有凶。君子夬夬[⑦]，独行遇雨，若濡有愠，无咎。

九四：臀无肤[⑧]，其行次且[⑨]。牵羊悔亡，闻言不信[⑩]。

九五：苋陆[⑪]夬夬，中行无咎。

上六：无号，终有凶。

【注释】

①夬（guài）：本卦下卦为乾、为天，上卦为兑、为泽，表现洪水滔天、冲毁堤防之象。

②扬于王庭：在朝堂上揭发。扬，揭露、揭发。王庭，君王议政的地方。

③告自邑：从自己的城邑开始告诫众人。

④即戎：马上进行军事防御。戎，军队，这里指军队的军事行动。

⑤莫：此处为"暮"的本字，表示太阳已经下山，黑夜即将来临。

⑥顺（qiú）：颧骨。

⑦夬夬：非常坚决。

⑧臀无肤：臀部没有了皮肤，即臀部受了伤。

⑨次且（zī jū）：趑趄，形容走路艰难的样子。

⑩闻言不信：不会信服警戒之言。

⑪苋（xiàn）陆：马齿苋，一年生草本植物，柔脆易折。

【译文】

夬卦，在王庭揭露小人罪行，以至诚之心号召众人，还要心存危惧，从告诫自己的城邑开始，不要进行军事行动，利于有所作为。

初九爻，足趾的前端受伤，躁动前往不能取胜，是咎由自取。

九二爻，发出警戒的号令，尽管黑夜时有小人前来袭扰，也不用忧虑。

九三爻，颧骨受了伤（心中欲去小人的意志表现在脸色上），有凶险。君子应该有坚决去小人之志，表面又要温和。即使就像独行时遇到大雨被淋湿一样，它看似和上六爻同流合污，被其他人误解，仍然无害。

九四爻，臀部没有肉（坐不下），步履维艰。牵住其凶狠的羊之性，就可以无悔了，但这警诫之言不会使它信服。

九五爻，果断决绝，像铲除马齿苋那样坚决，时刻坚守中道，会免于灾祸。

上六爻，即便号啕大哭，仍无法阻挡凶险的到来。

【原文】

《彖》曰：夬，决也。刚决柔①也。健而说，决而和。"扬于王庭"，柔乘五刚也。"孚号有厉"，其危乃光也。"告自邑，不利即戎"，所尚乃穷也。"利有攸往"，刚长乃终也。

《象》曰：泽上于天，夬。君子以施禄及下，居②德则忌。"不胜"

而往，咎也。"有戎，勿恤"，得中道也。"君子夬夬"，终无咎也。"其行次且"，位不当也。"闻言不信"，聪不明也。"中行无咎"，中未光也。"无号"之"凶"，终不可长也。

【注释】

①刚决柔："刚"指九五阳爻居中位，"柔"指乾与兑形成的阴柔之象。

②居：停滞，积存。

【译文】

《彖传》说，夬卦，就是决，阳刚君子裁决阴柔小人（下乾上兑，乾为天、为健、兑为泽、为悦），健而能悦，决而能和。"扬于王庭"，因为其以阴爻（小人）凌驾于五条阳爻（君子）之上。"孚号有厉"，君子之道才可以光大。"告自邑，不利即戎"，是因为采取军事手段会使其道穷。"利有攸往"，是说阳刚在不断壮大，总会有结束之时。

《象传》说：（下乾上兑，乾为天，兑为泽）泽上于天，是夬卦。君子应该自觉布施恩德给百姓，最忌居德而不施。（初九爻）"不胜"而往，会招来灾祸。（九二爻）"有戎，勿恤"，是说"九二"处于下卦中位，能够坚守中道。（九三爻）"君子夬夬"，（虽然会被误解与小人同流合污）最终是无害的。（九四爻）"其行次且"，是自己所处的位置不当。"闻言不信"，是说头脑不聪慧，不能明辨事理。（九五爻）"中行无咎"，如果不行动，中位的优势就不会扩大。（上六爻）"无号"之"凶"，注定不会长久。

【占测范围】

占天时：一会儿雨一会儿晴，应在辰巳日见晴天。

风水：有树倒在旁边，或双生木，主男女好色。

家宅：人口不安，谨防火灾。

求官：有递，有人捉弄，强去有灾，应在寅卯日成功。

婚姻：有人从中作梗，但终会成。如果为再嫁，婚方可和合。

胎产：生男婴，应会在酉未日。

出行：恐有失脱，做事反复多忧，宜守旧。

求财：宜二人同求，先失而后得。

遗失：只见其信，不见其物，必须有二人见，或大腹人见，必见分晓。

望事：不疾病淹滞，难见便回。

寻人：亦相背其身，有动难见。

交易：难成之兆。

见贵：未遇时，纵见也不为美。

田蚕：平平。

捕盗：藏在西北方向的溪河边或桥头，应申酉日捉到。

疾病：主被小儿打了一棍，心腹痛，宜往东南方向求医。

词讼：宜急不宜缓，利于己身。

【得卦典故】

央卦为刘邦（前259~前195）拜韩信为将时占得。刘邦得到韩信后，如虎添翼，助其最终战胜西楚霸王项羽，夺得天下。后来韩信又有谋反之意，吕后当机立断，将韩信斩于未央宫。

姤（卦四十四）天风姤

巽下乾上

【原文】

姤[1]，女壮，勿用取女。

初六：系于金柅[2]，贞吉。有攸往，见凶。羸豕孚蹢躅[3]。

九二：包④有鱼，无咎，不利宾。

九三：臀无肤，其行次且，厉，无大咎。

九四：包无鱼，起凶。

九五：以杞包瓜，含章⑤，有陨自天。

上九：姤其角，吝，无咎。

【注释】

①姤（gòu）：本卦下卦为巽、为风，上卦为乾、为天，表现天下有风，风行万物，是相遇之象。姤，邂逅。

②系于金柅（nǐ）：制止使车不能前进。金，黄铜，代指金属。柅，车闸片。

③蹢躅（zhí zhú）：原地打转，形容徘徊不前的样子。

④包：包裹。

⑤含章：含蓄不露。

【译文】

姤卦，女子过于强壮，不要娶她为妻。

初六爻，制止，使车不再前进，固守贞正则吉祥。有所行动，将有凶险。猪在瘦弱的时候就制住它，不让它长壮（也指阴、忧患、小人）。

九二爻，（九二包住初六爻）像包住鱼一样制住阴柔，不会引来灾祸，不利于他人。

九三爻，臀部没有肉，行走艰难，情况危险，但不会有更大的灾祸。

九四爻，没有鱼了（九四没有阴柔可制），凶险的苗头开始显现。

九五爻，就像被枝叶包裹的甜瓜，含蓄不露，不动声色，不必东奔西走，瓜熟自然蒂落。

上九爻，前进到最上面，然后相遇，处境更加艰难，但能免于灾祸。

【原文】

《象》曰：姤，遇也，柔遇刚①也。"勿用取女"，不可与长②也。天地相遇，品物咸章③也。刚遇中正④，天下大行也。姤之时义大矣哉！

《象》曰：天下有风⑤，姤。后以施命诰⑥四方。"系于金柅"，柔道牵⑦也。"包有鱼"，义不及宾也。"其行次且"，行未牵也。"无鱼之凶"，远民也。九五"含章"，中正也。"有陨自天"，志不舍命也。"姤其角"，上穷吝也。

【注释】

①柔遇刚：初六爻为阴，其余全为阳，阴柔而遇到阳刚，故称。

②不可与长：一阴五阳的卦象喻指女人实力过于强大以致变得强悍，所以难以长久相处。

③品物咸章：世间万物都得到了彰显。品物，世间万物。章，彰显。

④刚遇中正：居上卦中位的"九五"为阳，得阳位，代表中正。

⑤天下有风：姤卦下卦为巽、为风，上卦为乾、为天，故称。

⑥诰（gào）：晓谕天下。

⑦牵：牵制。

【译文】

《彖传》说：姤卦，遇见。一柔遇见五刚。"勿用取女"，因为这不能长久。天地相遇，阴阳相合，万物都能彰明茂盛。（九五爻是刚爻，居中得正）刚遇中正，其道可以在天下大行。姤卦按时推行的意义真是重大啊！

《象传》说：风在天下行，是姤卦。君王要顺应上天安排，将法令施行到四方。（初六爻）"系于金柅"，把阴柔之道往回拉，使它不能前进。（九二爻）"包有鱼"，（把柔爻初六牵制住）使它不能遇到宾客。（九三爻）"其行次且"，说明它不能牵制住阴柔之道。（九四爻）"无鱼引发的凶险"，是因为我远离了人民，使得人民也远离我。九五爻的含而不露，是因为坚守中道。"有陨自天"，是因为顺天命而行。（上九爻）"姤其角"，是因为它处于姤卦穷极之处。

【占测范围】

占天时：有阴无阳，日月不明，天阴风起才会转晴，但时间不长，雨又至。

望事：有女人在内为福，可进前，不然为女人事，申日可成。

出行：往北方有利，防女人勾引，丑未日宜动。

行人：玄武动，内有女人阻碍，有口舌或亥子日归。

风水：有阴人穴出，主多女人。

田蚕：收成为五成。

捕盗：西南方可捉。

寻人：在南方亲戚家住。

求官：需托他人求文书印信，遇反复，终成。

家宅：沟水不通，庚辛日占，宅前有池塘水井所可居。

婚姻：系再婚女，有口舌，可用少年为媒，聘礼多方可成。

见贵：迟迟方可见，带水偏旁之人帮忙，木火日见吉。

求财：有五人在内，先难后获，与人合伙，壬癸戌日占，是女人口舌之财，亦防女人。

遗失：器物有女在内为祟，失难寻，若为水沟中失物，在西南井突出中，方遇一女人，便见实，或在北方。

胎孕：生女，不是头胎，先生男、次生女。

疾病：多忧、无前面色，寒热膨胀精神恍惚，男病为口疾。

词讼：女人在内，不足口舌迟连，有惊阻，但不足为害。

【得卦典故】

始卦为汉高祖刘邦的皇后吕雉（前241~前180）在为其亲戚封赏的时候占得，她准备立诸吕而篡夺刘氏天下，于是对自己的亲戚大肆分封。此卦说明女性很强，当时吕雉掌权，正是女强之兆。此卦为害己之卦，吕雉死后，诸吕伏诛，吕雉最终也害到了自己。

萃（卦四十五）泽地萃

坤下兑上

【原文】

萃①，亨。王假②有庙。利见大人，亨，利贞。用大牲吉。利有攸往。

初六：有孚不终③，乃乱乃萃。若号，一握④为笑。勿恤，往无咎。

六二：引吉，无咎，孚乃利用禴⑤。

六三：萃如嗟如，无攸利，往无咎，小吝。

九四：大吉，无咎。

九五：萃有位，无咎。匪孚⑥，元永贞，悔亡。

上六：赍咨⑦涕洟⑧，无咎。

【注释】

①萃：本卦下卦为坤、为地，上卦为兑、为泽，表示成群而萃聚。萃，聚集。

②假（gé）：来到。

③不终：没有保持。

④一握：一握手的时间，瞬间。

⑤禴（yuè）：是古代对夏季祭祀的专有称呼，其他季节分别为：春季称"祠"，秋季称"尝"，冬季称"烝"。

⑥匪孚：不信服。

⑦赍（jī）咨：咨嗟、叹息之意。

⑧涕：通"溢"，指水满而出，这里指流鼻涕。

【译文】

萃卦，亨通。君王来到宗庙。利于向大人物寻求帮助，畅通无阻，宜于坚守中道。用牛做祭品，结果吉祥，利于行事。

初六爻，（初六本来与九四爻正应，应信赖它，但它又想萃于九五，所以）有诚信而不能保持，只能乱了萃聚的节奏。若能大哭以求萃于九四爻，则瞬间就会变为欢笑，不用忧虑，往前走没有灾祸。

六二爻，应该由九五来援引，不要自己前去求萃，则吉。心怀虔诚，即使祭品微薄，也能带来好运。

六三爻，求萃而没有成功，独自嗟叹，无所利，往前走没有危害，但有小忧虑。

九四爻，只有得大吉，才能没有灾祸。

九五爻，在其位，而能聚合天下人，无害，但不能让所有人都甘心服从。应该永远保持善良贞正，就没有什么可悔恨了。

上六爻，叹息哭泣，免于灾祸。

【原文】

《彖》曰：萃，聚也。顺以说①，刚中而应②，故聚也。"王假有庙"，致孝享③也。"利见大人，亨"，聚以正也。"用大牲吉，利有攸往"，顺天命也。观其所聚，而天地万物之情可见矣。

《象》曰：泽上于地④，萃。君子以除戎器，戒不虞⑤。"乃乱乃萃"，其志乱也。"引吉无咎"，中未变也。"往无咎"，上巽也。"大吉，无咎"，位不当也。"萃有位"，志未光也。"赍咨涕洟"，未安上也。

【注释】

①顺以说：萃卦下坤上兑，分别代表顺与悦。说，通"悦"。

②刚中而应：指九五爻和六二爻都得中正，且二者相应。

③致孝享：指（君主）希望奉献孝心感动上天和先祖。

④泽上于地：萃卦下卦为坤、为地，上卦为兑、为泽，故称。

⑤戒不虞：对难以预料的意外事件进行防备。戒，防备、戒备。不虞，指意外事件。

【译文】

《彖传》说：萃卦，聚合。（下坤上兑，坤为顺，兑为悦）顺以悦，（九五阳爻处于中正之位，六二阴爻又来应助它）刚中而应，所以是聚合。"王假有庙"，君王对待先人要表达出最大的孝思。"利见大人，亨"，是说君王让众人相聚在正道上。"用大牲吉，利有攸往"，是说君王顺应天命行事。观察他聚集人才的方式，就可以看到天地万物相聚会的情状了。

《象传》说：（下坤上兑，坤为地、为顺，兑为泽、为悦）泽上于地，是萃卦。君子必须休整军备，预防发生意外。（初六爻）"乃乱乃萃"，是说其内心志向不能始终如一。（六二爻）"引吉无咎"，是说它坚守中道而不变。（六三爻）"往无咎"，是说六三向上求萃于上六，上六巽顺而受，所以无咎。（九四爻）"大吉，无咎"，是自己的位置不当。（九五爻）"萃有位"，自己的王者之志还没有全面光大。（上六爻）"赍咨涕洟"，是说心不安于外（还存求萃于君父之心）。

【占测范围】

占天时：下雨不久就会晴，应期在午戌日。

风水：有树木的地方，二穴近路，一穴乙辛向，一穴丁癸向，出入为军中的公吏。

家宅：有二姓及草头人同居，不然茅屋前有牛栏粪屋，主会有口舌，防小口灾。

求官：会很迟，用草头人贵人在内，是军卒官，或捕盗职，应期在丑未月日。

见贵：用力可顺。

田蚕：大熟。

望事：与军卒同求，成事的希望大。

交易：心有成就，只是自疑。

婚姻：草头姓人为媒，其媳妇清秀伶俐，伤子克夫。

胎产：有双喜，第三四胎只一喜，产妇会多病。

出行：不宜动，动必有口舌，中途会有军人或公人侵害，主破财。

求财：不宜自求，宜与草头人共求，则有六七分财，出外求取顺利。

行人：眼下动身，会有妇人阻拦，有二人在路途虚惊。

遗失：向西南方寻找，失物在竹林、坟旁或树边；如失物为人口或财物，则在寺观之中。

捕盗：在东方竹林处人家不远，如果不是军家定是草头姓人家，会捉得三人。

疾病：主心腹痛、寒热往来，往东南方求医方可痊愈。

词讼：无始终，有二人在内，忌军卒人。如果是草头人，乃是贵人，最终是我强他弱。

【得卦典故】

萃卦为韩信（约前228~前196）被吕后疑忌占得。韩信为汉初三杰之一，为刘邦建立大汉立下汗马功劳，但功高震主，最后被吕后杀害，这真是"高鸟尽，良弓藏；狡兔死，走狗烹"。

升（卦四十六）地风升

 巽下坤上

【原文】

升①，元亨。用见大人，勿恤。南征②吉。

初六：允③升，大吉。

九二：孚，乃利用禴，无咎。

九三：升虚邑④。

六四：王用亨于岐山，吉，无咎。

六五：贞吉，升阶⑤。

上六：冥升，利于不息之贞。

【注释】

①升：本卦下卦为巽、为木，上卦为坤、为地，表现物积聚后，前进而上升的状态。升，实力不断发展，渐渐增强。

②南征：前进。

③允：进。

④虚邑：朱熹《周易本义》："阳实阴虚，而坤有国邑之象，九三以阳刚当升时，而进临于坤，故其象占如此。"

⑤升阶：沿着台阶一步步登上去。阶，阶梯。

【译文】

升卦，大为亨通。适合向大人物寻求帮助，不必担心，尽管前进，获得吉利。

初六爻，前进而上升，大吉大利。

九二爻，内心虔诚，即使祭品微薄，也能感动神灵，无害。

九三爻，（九三勇于前进，无所畏忌）如同进入无人之城邑。

六四爻，君王让他来祭祀山川神灵，吉，无害。

六五爻，坚守正道可获得吉祥，就像登上台阶到高处一样登上尊位。

上六爻，昏冥地上升，应该时时自省，不志骄意满，保持贞正。

【原文】

《彖》曰：柔以时升①。巽而顺②，刚中而应③，是以大亨。"用见大人，勿恤"，有庆也。"南征吉"，志行也。

《象》曰：地中生木④，升。君子以顺德，积小以高大⑤。"允升，大吉"，上合志也。九二之"孚"，有喜也。"升虚邑"，无所疑也。"王用亨于岐山"，顺事也。"贞吉，升阶"，大得志也。"冥升"在上，消不富也。

【注释】

①柔以时升：升卦的初六爻为阴、为柔，而六四、六五、上六都为阴，呈现不断上升之象，故称。

②巽而顺：升卦下卦为巽，表谦逊，上卦为坤，表柔顺，是谦逊、顺从之象，故称。

③刚中而应：九二为阳，居下卦中位，与居上卦中位的阴爻六五相应，故称。

④地中生木：升卦下卦为巽、为木，上卦为坤、为地，故称。

⑤积小以高大：做事时要先从小事做起，通过不断积累小成就来成就大业绩。

【译文】

《彖传》说：柔按时上升。（下巽上坤，巽逊坤顺）巽而顺，（九二刚中应于六五）所以大亨通。"用见大人，勿恤"，可于天下人有益。"南征吉"，可以实现自己的志愿。

《象传》说：（下巽上坤，木下地上）地中生木，是升卦。君子应该顺应自然规律，德行和事业都要慢慢积小成大。（初六爻）"允升，大吉"，是说它与上面三阴爻志同道合。九二爻心怀虔诚，有喜庆之事。（九三爻）"升虚邑"，是说它果敢而无所怀疑。（六四爻）"王用亨于岐山"，顺应君王之事。（六五爻）"贞吉，升阶"，大为得志。（上六爻）"冥升"在上，势力与权位都到了盛极之时，应该自我消损，使之不富。

【占测范围】

占天时：云收雨止，辰子日将会大晴。

求官：巳卯日得官，其余日占不吉。

婚姻：为再婚。

六甲：生女胎动。

家宅：有井水处便可以居住人口，宅居不宜修。

见贵：可进不可退，一定会有荣顺之兆。

交易：多有利，应在亥卯未日。

田蚕：平平。

寻人：身动则见，恐自身有阻，与他有同行宜西北方。

遗失：在西南方，有死物在房间中。宜向西南方床下寻找，生物篱之中。

风水：有水处，乙辛向。大路后有石桥。

捕盗：宜速，在西南方埋灶处，子丑日可见。

求财：小求大得，一人求，二人望，三人等财，有两处无虑。

望事：时下未遂，终能成宫，两人干事，待一人身动就可以了，但事迟。

出行：欲动不动，很久以后才会得行。利北方，宜进不宜退，凡事顺意。

行人：身当动，不从大路归，亥子日见。

疾病：呕吐、头痛，宜往西北方求医。

词讼：宜进不宜退，最终不会有大害，防草木姓主人为害

【得卦典故】

升卦为房玄龄（579~648）去蓬莱采药时卜得。房玄龄为唐太宗时期的宰相，是开创"贞观之治"的名相。实际上他并没有入蓬莱仙山采药，这不过是后来江湖术士的附会而已。

困（卦四十七）泽水困

坎下兑上

【原文】

困①，亨。贞，大人吉，无咎。有言不信②。

初六：臀困于株木③，入于幽谷，三岁不觌④。

九二：困于酒食。朱绂⑤方来，利用享祀。征凶，无咎。

六三：困于石⑥，据于蒺藜⑦。入于其宫，不见其妻，凶。

九四：来徐徐。困于金车⑧，吝，有终。

九五：劓刖，困于赤绂，乃徐有说，利用祭祀。

上六：困于葛藟⑨，于臲卼⑩。曰动悔有悔，征吉。

【注释】

①困：本卦下卦为坎、为水，上卦为兑、为泽，水在泽下，泽中则干涸无水，是困之象。坎阳在兑阴之下，是阳刚受到阴柔遮掩，让才智难以施展。困，困厄、困顿。

②有言不信：处于困顿之中，说话没人相信，不如保持缄默。

③臀困于株木：形容君子处境艰难。株木，指没有枝叶的树。

④三岁不觌（dí）：这里指多年不能亨通。觌，相见。

⑤朱绂（fú）：指古代礼服上的红色丝带，专门用来系佩玉或印章等装饰性物品，也用来指代官职。

⑥石：这里指九四像石头一样挡住六三的去路。

⑦蒺藜：这里指九二像蒺藜，使六三无法安坐。

⑧困于金车：九四与初六正应，要来成就它，但遇到了九二这个阻碍。金车，这里指九二。

⑨葛藟（lěi）：一种带刺的蔓生植物，古人常将其种在监狱的外面，用来防止犯人越狱。

⑩臲卼（niè wù）：不安定。

【译文】

困卦，亨通。坚守中正之道的大人君子将获得吉祥，免于灾祸。陷入困顿时，即便说得再多，也难以获得别人信任。

初六爻，坐困在光秃秃的株木之下，进入了深山幽谷，连续多年也不会见到光明。

九二爻，坐困于酒食之中，不久就有出仕的消息，任用他来主持祭祀上帝鬼神。行动则凶险，但没有灾祸。

六三爻，困于巨石下，手攀附在刺多的蒺藜上。返回家中，不见妻子，凶兆。

九四爻，迟疑徐缓地下来（帮助初九），却受困于一辆金车之中，经历困难，最终获得吉祥。

九五爻，终日不安，在政治上陷入困境，沉稳地去摆脱，利于祈祷神灵，祈求保佑。

上六爻，困于葛藟之中，终日不安，动则悔而又悔，如果出征敌寇则获得吉利。

【原文】

《彖》曰：困，刚揜①也。险以说②，困而不失其所，"亨"，其唯君子乎！"贞大人吉"，以刚中也。"有言不信"，尚口乃穷也。

《象》曰：泽无水③，困。君子以致命遂志④。"入于幽谷"，幽不明也。"困于酒食"，中有庆也。"据于蒺藜"，乘刚⑤也。"入于其宫，不见其妻"，不祥也。"来徐徐"，志在下⑥也。虽不当位，有与也。"劓刖"，志未得也。"乃徐有说"，以中直也。"利用祭祀"，受福也。"困于葛藟"，未当也。"动悔有悔"，吉行也。

【注释】

①刚揜："揜"同"掩"，指阳刚被掩盖在阴柔之下。困卦下卦为坎、为阳，上卦为兑、为阴，阳卦被置于阴卦之下，故称"刚揜"。

②险以说：困卦下卦为坎、为险，上卦为兑、为悦，故称。

③泽无水：困卦上坎为泽，下兑为水，泽中水漏到下面，造成泽中缺水的局面，也就造成了穷困的状况。

④致命遂志：用奉献自己生命的方式来实现自己的志向。致命，指献出生命。遂志，实现志向。

⑤乘刚：困卦六三爻为阴，居于阳爻九二上面，故称"乘刚"。

⑥志在下：这里是说九四与下面的初六正应，所以有此说。

【译文】

《彖传》说：困卦，（下坎上兑，坎为阳、为刚，兑为阴、为柔）阴柔掩盖了阳刚。（坎为险，兑为悦）险而悦，虽然身处危险的境地，仍然能够亨通，这样的事情只有君子才能做到啊！"贞大人吉"（九二与九五为阳爻，分别居内外卦之中），因为刚中。"有言不信"，过多的解释会让处境更加困厄。

《象传》说：泽无水，是困卦。君子处于困境，应该不气馁，不惜牺牲生命，也要完成自己的志愿。（初六爻）"入于幽谷"，是因为自己昏暗不明。（九二爻）"困于酒食"，只要能坚守中道，保持纯正，就能迎来喜庆。（六三爻）"据于蒺藜"，是说阴柔压服了阳刚，让自己窘迫。"入于其宫，不见其妻"，是不祥的兆头。（九四爻）"来徐徐"，是说九四的志意在于初六。虽然位置不当（不中不正），但有志同道合者的支持。（九五爻）"劓刖"，还不得志。"乃徐有说"，是因为它处在居中得正的位置。"利用祭祀"，是说要虔诚地尊敬神灵以得到护佑。（上六爻）"困于葛藟"，因为处之不当，暂时无法解脱绊索。"动悔有悔"，是说悔悟而前行征伐，就会获得吉祥。

【占测范围】

占天时：会有五天的雨，寅亥日天会晴。

风水：坤艮向，前有桥道，后岩石，四畔围绕，出行会有人生病。

家宅：四周有篱笆或道路，子女会生灾。

交易：不成，反而会有是非。

见贵：不会成功。

谋事：眼前就会有阻碍，用求他人，皆得成就。

田蚕：不利。

婚姻：终会成功，其妇清秀，性直，媒是妇人之亲，如果入赘则利妻财。

胎孕：九四爻动，逢寅生女。

出行：财须时遂，略有阻隔无妨，宜向西北方去。

求财：只可内求，不可外求或与有疾人同求。

行人：反复，亦当身动，防财失，蛇马交其信至。

捕盗：宜迟不宜急，否则反遭其难，今在东南方，不在军人家就在吏人家。

疾病：四肢骨节疼痛、行走不便、坐卧不安，宜往西南方向求医。

词讼：如人在狱中，九爻动就可以了断。

【得卦典故】

困卦为唐代李德裕（787~850）罢相时占得。李德裕在唐文宗和唐武宗时两度为相，他当政时期，长期与牛僧孺为首的朋党斗争，后人称为"牛李党争"，唐宣宗时，忌其威名，将其贬于崖州（今海南岛），死于贬所。

井（卦四十八）水风井

巽下坎上

【原文】

井①，改邑②不改井，无丧无得③，往来井井。汔至④亦未缱⑤井，羸其瓶⑥，凶。

初六：井泥⑦不食，旧井无禽。

九二：井谷⑧射鲋，瓮敝漏。

九三：井渫⑨不食，为我心恻⑩。可用汲，王明，并受其福。

六四：井甃⑪，无咎。

九五：井洌，寒泉食。

上六：井收，勿幕⑬，有孚，元吉。

【注释】

①井：本卦下卦为巽、为木，上卦为坎、为水，表现木在水中之象。

②改邑：改换封邑，即改变居住地。

③无丧无得：形容井水并不会变少，总是维持在一个相对固定水位的样子。

④汔（qì）至：这里指水几乎汲上来。汔，几乎。

⑤绠（jú）：井上汲水的绳索。

⑥瓶：古代的一种尖底陶罐，一般用来从井中向上汲水。

⑦井泥：指井水浑浊，含有大量泥沙的状态，也就是说水井将坏的意思。

⑧井谷：指井里出水的孔窍。

⑨渫（xiè）：指治理。

⑩心恻：心里怜恻。

⑪井甃（zhòu）：指修治井壁。

⑬幕：这里指水井的盖子。

【译文】

井卦，城邑可以任意搬迁，但水井依旧在那里，井水不增不减，人们来往不断地汲水。用绳子拴住陶罐汲水，水在几乎汲上来而未至的时候，陶罐破了，有凶险。

初六爻，若井底淤满了泥，就不能供人饮用了，荒弃之后，连鸟兽都不会再来。

九二爻，井里出水的孔窍所出的水，只够射鲋用的。（人在井上汲水）汲水的陶罐坏了，漏水了（不可能汲到水）。

九三爻，污浊的井水已经被治理好了，但仍然没有人来饮用，我心里怜悯它。井水可以重新饮用，如果君王英明，大家都会享受到它的好处。

六四爻，用砖石加固井壁，不任其继续损坏，可以免于灾祸。

九五爻，井水清澈、明净，就像泉水一样，大家一起饮用。

上六爻，汲水后不用盖上井盖，此时心怀诚信（井水源源不绝），大吉。

【原文】

《彖》曰：巽乎水而上水①，井。井养而不穷②也。"改邑不改井"，乃以刚中③也。"汔至亦未繘井"，未有功也。"羸其瓶"，是以凶也。

《象》曰：木上有水④，井。君子以劳民劝相⑤。"井泥不食"，下也。"旧井无禽"，时舍也。"井谷射鲋"，无与也。"井渫不食"，行恻也。求"王明"，受福也。"井甃，无咎"，修井也。"寒泉"之"食"，中正也。"元吉"在上，大成也。

【注释】

①巽乎水而上水：井卦下卦为巽、为顺，上卦为坎、为水。上，"使……上"的意思，"上水"即"使水上"，也就是将井水从井底汲上来。

②井养而不穷：指井水养活众人而不干枯。养，施养于人。

③刚中：九二、九五以阳爻居于中位，故称。

④木上有水：井卦下卦为巽、为木，上卦为坎、为水，是"木上有水"的位置关系。

⑤劳民劝相：君主应尽力养民，劝他们互帮互助。

【译文】

《彖传》说：（井卦，下巽上坎，木下水上）水瓶入水，把水汲上来，就是井卦。井水养人，没有穷尽。"改邑不改井"（九二、九五是阳爻，是刚，居内外卦之中），是因为有刚中之德。"汔至亦未繘井"，是说水还没有被汲上来。"羸其瓶"，是凶兆。

《象传》说：（下巽为木，上坎为水）木上有水，是井卦。君子应该效法这种美德，尽力养育人民，劝勉他们互帮互助。（初六爻）"井泥不食"，是说水在井底聚集，泥沙也随之沉积。"旧井无禽"，是说一时被人和禽舍弃了。（九二爻）"井谷射鲋"，是说它（九二爻）没有应援。（九三爻）"井渫不食"，行道之人都心存怜惜。求"王明"（任用贤才），大家都能得到福惠。（六四爻）"井甃，无咎"，认真修缮才能免于灾祸。（九五爻）"寒泉"之"食"，是因为九五位置恰当，坚持中道且不偏不倚，内心纯正。（上六爻）"元吉"在上，是井之道大功告成之故。

【占测范围】

占天时：二十天后不会晴，四十天过后才能大晴。

风水：园中只有一棵树，坤艮向，本应当出五人，如果遇到空亡，只有二子。

家宅：山在屋头，沟水不流，或者左右有小屋，屋前有塘园水，在宅不安，人口有虚惊，五人上卦，一人空亡。

捕盗：其盗就好像在井中一样，见影不见人，三次方可捕得。

婚姻：时间很久以后才能成功，且要换一个人为媒才能成功。

出行：动一定不远，远必然难动，近则利。

行人：还没有回来，申酉日有信。

见贵：有所阻碍。

六甲：生男，要注意提防产妇之灾。

田蚕：大熟。

望事：用二人只见信，虽成，虚多实少。

交易：未就，虽成功也不能长久。

求财：逢卯酉日得，不然须过二十日才能顺遂，二人同求可得。

寻人：未见，但有信，有井及香火处偶遇。

遗失：生物在山林枯木古井之处，死物在水沟石岩处寻。

求官：不遂，空费力，破财有口舌。

疾病：宜往西方求医，内热外冷、四肢沉重、呕吐。

词讼：有田土之事。

【得卦典故】

井卦为杨贵妃与安禄山私通卜得，结果反受其害。安禄山为唐朝范阳节度使，深得唐玄宗和杨贵妃宠信，曾入宫调戏杨贵妃，并认杨贵妃为母。后来安禄山叛乱，唐玄宗奔蜀，在六军的要求下，唐玄宗被迫将杨贵妃缢死在马嵬坡。

革（卦四十九）泽火革

 离下兑上

【原文】

革①，巳日②乃孚，元亨，利贞，悔亡。

初九：巩用黄牛之革。

六二：巳日乃革之。征吉，无咎。

九三：征凶，贞厉，革言三就，有孚。

九四：悔亡，有孚，改命③。吉。

九五：大人虎变，未占有孚。

上六：君子豹变，小人革面④。征凶，居贞吉。

【注释】

①革：本卦下卦为离、为火，上卦为兑、为泽，象征用火煮水、煲汤、制酒等，表示变革、革新的过程。

②巳日：祭祀日。

③改命：改变天命，改朝换代。

④革面：表面上被改变，即表面上赞同，内心并不悦服。

【译文】

革卦（象征着变革），至巳日变革应该取得民众的理解和信服，大为

亨通，利于坚守正道，最终将走向成功，免于悔恨。

初九爻，用黄牛皮紧紧地包裹住。

六二爻，巳日开始变革，行动则吉，无害。

九三爻，若贸然进行有凶险，贞固自守有危厉。对于变革的言论要谨慎对待，反复琢磨，并得到人们的信任。

九四爻，没有悔恨，人们满意这次改变，吉兆。

九五爻，大人物推行变革，就像老虎换掉皮毛（文明可见），不用占卜，就完全信任了。

上六爻，君子的变革，就像豹改换皮毛（是守成之象，只开国承家，裂土封侯）。普通百姓只是表面上赞成，内心并不悦服。继续变革会招致凶险，固守不动则吉祥。

【原文】

《彖》曰：革，水火相息①，二女同居②，其志不相得，曰革。"巳日乃孚"，革而信之。文明以说，大亨以正。革而当，其悔乃亡。天地革而四时成。汤武革命，顺乎天而应乎人。革之时大矣哉！

《象》曰：泽中有火③，革。君子以治历明时④。"巩用黄牛"，不可以有为也。"巳日""革之"，行有嘉也。"革言三就"，又何之矣？"改命"之吉，信志也。"大人虎变"，其文炳也。"君子豹变"，其文蔚也。"小人革面"，顺以从君也。

【注释】

①水火相息：革卦下卦为离、为火，上卦为兑、为水，象征着"水盛则火熄，火盛则水灭"的相生相克关系。

②二女同居：革卦下卦离为"中女"，上卦兑为"少女"，表现的是上下卦难得融洽之象。

③泽中有火：革卦下卦为火，上卦为泽，故称"泽中有火"。

④治历明时：这是说君子从革卦卦象中得到启示，明白事物发展到一定程度就

会发生变革的道理，所以建议统治者撰修历法，用适应四时之变的历法指导百姓的生产和生活。

【译文】

《彖传》说：革卦，（下离上兑，离为火，兑为泽）水火不容，（离为中女，兑为少女）二女住在一起，其志意并不相同，是革。"巳日乃孚"，是说革命要先赢得信任和支持。（离是文明，兑是悦）文明而悦，品德中正而亨通，只有保证革命恰当，悔恨之事才会消失。天地因变革形成四季，成汤和武王的革命，顺乎天理又合乎民心。这样看来，掌握好变革发生的时间很重要啊！

《象传》说：（离为火，兑为泽）泽中有火，就是革卦。君子应编制准确的历法，让时令更加明确。（初九爻）"巩用黄牛"，是说力量还很弱小，不应马上有所作为。（六二爻）"巳日""革之"，是说这样能取得更好的效果。（九三爻）"革言三就"，事情已经很妥当，还用往哪里走呢？（九四爻）"变革"最终吉祥，是说变革思想已为人们所接受。（九五爻）"大人虎变"，它的文采鲜明。（上六爻）"君子豹变"，它的文采丰富。"小人革面"，是说他们顺从君王的要求。

【占测范围】

占天时：久雨必晴，久晴必雨。

求官：难成，宜改求，应在卯戌月。

见贵：初有阻后顺利。

望事：可成，有七分把握。

交易：初阻，七日有信。

家宅：屋下有赤石，主有口舌，穿门房不吉。

婚姻：有二人为媒，其妇已克一夫。

求财：宜与人同求，可过二十一日方有五六分。

行人：有破口忠人同行，二十日不至，有信。

遗失：在木下二人得之，或得人遮藏，或考人知端的。

捕盗：巳亥日方见，在东北方潜藏，亥日不见则改变。

风水：后有石，前有屋，有古井，癸丁向宜。

六甲：双生贵子，或第二胎。

出行：主与一人同往，须防其人，否则有连累。

寻人：在曲尺屋中，东北方可寻。

疾病：寒热气急上攻，咽喉肿痛，大小便不通，往南北方求医。

词讼：我用就于他人，有草头人说合，讼事和。

【得卦典故】

革卦为彭越战项羽绝粮时所卜得。彭越在楚汉之争中帮助刘邦相传刘邦战败时，彭越卜得革卦，于是改变战术，以游击战术攻击项羽后方，在梁地断绝项羽粮道，致使楚军绝粮，缓解了刘邦之危。

鼎（卦五十）火风鼎

 巽下离上

【原文】

鼎①，元吉，亨。

初六：鼎颠趾②，利出否。得妾以其子，无咎。

九二：鼎有实③，我仇④有疾，不我能即⑤，吉。

九三：鼎耳革，其行塞⑥，雉膏⑦不食。方雨，亏悔，终吉。

九四：鼎折足，覆公𫗧⑧。其形渥⑨，凶。

六五：鼎黄耳，金铉^⑩。利贞。

　　上九：鼎玉铉，大吉，无不利。

【注释】

　　①鼎：本卦下卦为巽、为木，上卦为离、为火，表现木头熊熊燃烧之象，象征使用鼎器炊煮。

　　②颠趾（zhǐ）：这里指鼎被翻扣过来，鼎耳朝下鼎足朝上的样子。

　　③实：指九二以阳居中，为实。

　　④仇：对手，敌人。

　　⑤即：接触。

　　⑥行塞：指行动遭到阻滞。塞，阻碍、阻滞。

　　⑦雉膏：指肥美的野鸡肉。

　　⑧餗（sù）：鼎中食物，后泛指美味佳肴。

　　⑨形渥（wò）：形容因汤汁泼洒而狼藉遍地的样子。

　　⑩铉（xuàn）：指鼎器上用来固定鼎盖的横杠。

【译文】

　　鼎卦，大吉，亨通。

　　初六爻，烹煮食物的鼎翻了，有利于将鼎中的废物倒出来。虽然纳了妾，但得到了贵子，不会引来灾祸。

　　九二爻，鼎里盛满了食物（有实之象），我的配偶（初六）嫉妒我，（我要刚中自守）使它无隙可乘，吉利。

　　九三爻，鼎耳坏了，让人无法挪动，肥美的野鸡肉也无人食用。天开始下雨（阴阳和合），没有悔恨，最终是吉利的。

　　九四爻，鼎足折断了，鼎里王公的粥饭也洒了出来，一片狼藉，凶兆。

　　六五爻，给鼎配上黄铜的鼎耳，再插上铜质的鼎杠，坚守正道则有利。

　　上九爻，为鼎配上玉质的鼎杠，（结果会因为刚柔相济）大为吉祥，无有不利。

【原文】

《彖》曰：鼎，象也。以木巽火^①，亨饪也。圣人亨，以享上帝，而大亨以养圣贤。巽而耳目聪明^②，柔进而上行，得中而应乎刚，是以元亨。

《象》曰：木上有火^③，鼎。君子以正位凝命^④。"鼎颠趾"，未悖^⑤也。"利出否"，以从贵也。"鼎有实"，慎所之也。"我仇有疾"，终无尤也。"鼎耳革"，失其义也。"覆公𫗧"，信如何也？"鼎黄耳"，中以为实也。"玉铉"在上，刚柔节也。

【注释】

①以木巽火：鼎卦下卦为巽、为木，上卦为离、为火，表示木入火中之象。

②巽而耳目聪明：鼎卦下卦为巽，表谦逊，为阴；上卦为离，表明亮，为阳。

③木上有火：鼎卦下卦为巽、为木，上卦为离、为火，象征古代人用鼎烹煮食物。

④正位凝命：端正位置，接受上天的使命。凝，接受。

⑤悖（bèi）：有所违背。

【译文】

《彖传》说：鼎卦，是鼎之象。（下巽上离，巽为木，离为火）架起木柴用鼎烹煮食物。圣人用鼎烹饪食物祭祀神灵，又用烹煮的食物养纳贤才。谦逊而聪明，柔顺进而上升（九二是阳爻，是刚，居下卦之中；六五是阴爻，居上卦之中，刚柔相应），居于中位与阳刚相应，结果大亨通。

《象传》说：木上有火，是鼎卦。君子应该像鼎一样端正位置，进而完成使命。（初六爻）"鼎颠趾"，并非违反常理，"利出否"，是跟从了贵人（应于九四）。（九二爻）"鼎有实"，是说做事情时要小心谨慎，不要有所偏差。"我仇有疾"，（初六的）怨尤终究会消失。（九三爻）"鼎耳革"，是失其道。（九四爻）"覆公𫗧"，是说难以让人再信任它。（六五爻）"鼎

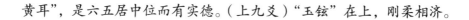

黄耳"，是六五居中位而有实德。（上九爻）"玉铉"在上，刚柔相济。

【占测范围】

占天时：三日雨后起风，一日阴一日晴。

风水：乙辛向，三墓有一墓破相，有岔路，出人残疾。

求官：必遂，有破相要为阻。

家宅：多人同居，非祖屋。

婚姻：必成，有是非口舌。

见贵：力求得见。

交易：必成。

胎孕：生男，不久便生，恐子母不安。

田蚕：大吉。

行人：恐途中与同行，不定有忧虑，三人中一不合。

出行：宜三人行。

求财：三人求，亦不义之财。

遗失：失物在东南。

捕盗：有三人，在米仓荒屋之地。

词讼：因小是非起，宜劝和。

【得卦典故】

鼎卦为秦君卜得，乃知其将得九鼎以象九州。此处秦君应为秦昭襄王（约前324~251），他于公元前256年灭掉西周，将象征天下九州的九鼎迁入秦都咸阳，此举意味着秦国将成为天下共主，可以名正言顺地讨伐诸侯。

震（卦五十一）震为雷

 震下震上

【原文】

震①，亨。震来虩虩②，笑言哑哑③。震惊百里，不丧匕鬯④。

初九：震来虩虩，后笑言哑哑，吉。

六二：震来厉，亿⑤丧贝，跻于九陵⑥，勿逐，七日得。

六三：震苏苏⑦，震行无眚。

九四：震遂泥。

六五：震往来厉，亿无丧有事。

上六：震索索⑧，视矍矍⑨，征凶。震不于其躬于其邻，无咎。婚媾有言。

【注释】

①震：本卦为同卦相叠，两雷重叠，下震上震所表现的是人们对雷电的感受。

②虩（xì）虩：形容恐惧的样子。

③哑哑：形容声音低沉地笑。

④不丧匕鬯（chàng）：没有丢掉匕和鬯。匕，祭祀时用的一种木制工具，将鼎中的肉放到俎上。鬯，一种用黑黍和香草酿制出来的酒。

⑤亿：猜度、估量。

⑥陵：高冈。

⑦苏苏：形容疑惧不安的样子。

⑧索索：志气消失。

⑨矍（jué）矍：心神不固的样子。

【译文】

震卦，亨通。听到雷声虽恐惧，雷声过后仍能言笑晏晏，镇定若素。雷声响彻百里，人们无不震惊，但正在主持祭祀的人却镇定自若，手中的匕和鬯并没有被惊落。

初九爻，雷声震动，让人心里恐惧，而后又发出笑声，吉兆。

六二爻，雷声震震，心中很恐惧。估量着要暂时丢掉宝物，任其升到了高冈，飘然远去，不要去追逐，多日后就能失而复得。

六三爻，雷声震动，心有不安，该做什么做什么，没有危险。

九四爻，雷声震动，陷入滞溺之中，难以自反自拔。

六五爻，雷声震动，心中一直保持恐惧修省，积极谨慎，守住宗庙祭祀的权力不可失去。

上六爻，雷声震动，让人志气消竭，眼睛惊恐四顾，前行会有危险。在震恐临其身而未到时，便先行控制，就可以免除灾害了。与自己亲近的同道者（看到祸患将近，面对首领的行动），纷纷上言（因其是目光短浅之言，不必理会）。

【原文】

《彖》曰：震，"亨"。"震来虩虩"，恐致福①也，"笑言哑哑"，后有则②也。"震惊百里"，惊远而惧迩也。出可以守宗庙社稷，以为祭主也。

《象》曰：洊雷③，震。君子以恐惧修省。"震来虩虩"，恐致福也。"笑言哑哑"，后有则也。"震来厉"，乘刚④也。"震苏苏"，位不当⑤也。"震遂泥"，未光也。"震往来厉"，危行也。其事在中，大无丧也。"震索索"，中未得也。虽凶无咎，畏邻戒也。

【注释】

①恐致福：因恐惧而自修会带来福气。《周易正义·孔疏》："威震之来，初虽恐惧，能因惧自修，所以致福也。"

②后有则：行为不失常态。

③洊（jiàn）雷：从震卦的卦象上看，其上下两卦均为震，象征二雷重叠，所以说是"洊雷"。

④乘刚：震卦卦象，六二爻为阴、为柔，在"初九"阳爻之上，所以称"乘刚"。

⑤位不当：指六三爻为阴却居于阳位上，并且也不居中，所以"位不当"。

【译文】

《彖传》说：震卦，亨通。"震来虩虩"，因恐惧而自修会带来福气。"笑言哑哑"，行动皆不失常态。"震惊百里"，使远处的人惊讶近处的人恐惧。"不丧匕鬯"的人可以守护好宗庙社稷，他便可以担任祭主的职位。

《象传》说：两雷重叠，是震卦。君子应该心存恐惧敬畏，不断自省，提高自己的修养。（初九爻）"震来虩虩"，因恐惧而自修就会招来福气。"笑言哑哑"，因震惊之后就会使人们遵守法则。（六二爻）"震来厉"，是说它乘初九爻之刚。（六三爻）"震苏苏"，是位置不当的缘故。（九四爻）"震遂泥"，是说其志气还没有影响广大。（六五爻）"震往来厉"，心中要长存忧患，行动如履薄冰。处于中位，得到中道，不会丧失宗庙祭祀的权力。（上六爻）"震索索"，因其过中而没有得到中道。虽然凶险却没有危险，是因为在事前能够先行进行控制。

【占测范围】

占天时：常有雷鸣，初九爻动主黑云暴雨。

家宅：溪边或东南寺庙边可居，附近有古迹灵坛。

求官：春夏得之，必迁高品，秋冬得之难求，也是无名之兆。

婚姻：其妇面紫，性沉毒，心散克夫。

六甲：生男，应辰巳日，生时有惊恐，六三爻动，产妇有难，初六动伤子。

行人：身难动，辰卯日占得此卦，必有信至，二三人在途遇同伴，平安。

寻人：内外身皆动，往东南方，吉而不凶。

风水：当近路近田水，或近井边，乙庚向，四山低。

求财：宜速，应申酉日。

捕盗：西南方可捉，其盗常动，终能获。

望事：难成，辰巳日得此卦顺遂。

交易：应午未日成，宜与人合伙，可去是非。

见贵：应午未日可见。

遗失：东西二方寻，卯酉戌诸日可见。

田蚕：成熟。

疾病：骨节疼痛，血气攻上，脉难调，宜往西南方求医。

词讼：唇吻中有惊，多反复。

【得卦典故】

震卦为李靖碰上龙母借宿，替龙行雨卜得。李靖（571~649）乃唐朝开国大将，民间传说李靖起事之前，曾在龙母家借宿，受龙母之邀为久旱之地施雨，但李靖好心办了坏事，施雨过多，反而淹死了不少人。

艮（卦五十二）艮为山

 艮下艮上

【原文】

艮①其背②，不获③其身。行其庭不见其人，无咎。

初六：艮其趾，无咎。利永贞。

六二：艮其腓。不拯其随④，其心不快。

九三：艮其限，列其夤⑤，厉熏心⑥。

六四：艮其身，无咎。

六五：艮其辅，言有序，悔亡。

上九：敦艮，吉。

【注释】

①艮（gèn）：本卦象征两山重叠的样子。艮，停歇。

②艮其背：朱熹在《周易本义》中说："盖身动物也，惟背为止，'艮其背'，则止于所当止也，止于所当止，则不随身而动矣，是不有其身也。"

③获：见。

④不拯其随：这里指六二不能拯救九三的错误，只能违心地随它的意见去做。

⑤夤（yín）：脊，背脊肉。

⑥熏心：形容心里非常痛苦，就像在被火烧一样。熏，烧烤。

【译文】

　　艮卦，止于其背，不见其身体。前往其庭院，不见其人。没有灾害。

　　初六爻，止于其脚趾处，没有危险。有利于长久坚持固守。

　　六二爻，止于其小腿处，不能改正（九三的）错误主张，只好跟随，心里却非常不高兴。

　　九三爻，止于腰胯，裂开了腰脊，危厉时时灼烧其心。

　　六四爻，止于上身，没有什么危险。

　　六五爻，止于其口，言语有条有理，悔恨便会消亡。

　　上九爻，以敦厚笃实自我静止，吉祥。

【原文】

　　《彖》曰：艮，止也。时①止则止，时行则行，动静不失其时，其道光明。艮其止，止其所也。上下敌应②，不相与也。是以"不获其身，行其庭不见其人，无咎"也。

　　《象》曰：兼山③，艮。君子以思不出其位。"艮其趾"，未失正也。"不拯其随"，未退听也。"艮其限"，危熏心也。"艮其身"，止诸躬也。"艮其辅"，以中正也。"敦艮"之"吉"，以厚终也。

【注释】

　　①时：合适的时间。

　　②上下敌应：卦体上下地位相当的两爻有应的关系，一阴一阳就是相应，相应则相与，相与则交往，否则就是敌应。艮卦下卦与上卦同位的三个爻都不相应，初六与六四、六二、六五都是阴爻，而九三与上九则是阳爻。

　　③兼山：形容两座山重叠的样子。

【译文】

　　《彖传》说：艮卦，静止。该停止的时候就停止，该前进的时候就前进，动和静都是恰到好处，它的道是光明的。艮中的止是要止其所当止的场合。卦体上下地位相当的两爻都是敌应，没有交往。所以说"不获其身。行其庭不见其人，无咎"。

《象传》说：两山重叠，是艮卦。君子思考问题不能超出自己的职责。（初六爻）"艮其趾"，是说没有丢失正道。（六二爻）"不拯其随"，是因为九三没有听从它的劝告（所以只好跟随九三，不得已而为之）。（九三爻）"艮其限"（时当不止而强为之止），危厉灼烧着它的心。（六四爻）"艮其身"，是自己解决自己的问题。（六五爻）"艮其辅"，是要坚持中正之道。（上九爻）"敦艮"之"吉"，是因为它积累甚厚，始终都能坚持正道。

【占测范围】

占天时：连日有雨，须大风后方晴。

求官：迟得迁职，子月日方见分晓。

见贵：未遂。

田蚕：少收。

求财：不可出外求，恐有难求事。

家宅：路不正，家长不安。

婚姻：难成，其妇不定性，须二三人为媒方可成。

行人：未至，若未申日占，得实信，九三爻动，午未日归。

望事：三五次方就。

遗失：死物在门庭内，妇人边寻取，生物问僧道人即得，东北方，水石败屋之中可寻。

六甲：生男，初六爻动主丧母。

风水：穴低山高，有斜路，案山低，左胁有小源水出。

出行：去不成，若去有险。

交易：可成，应巳酉丑日。

寻人：必反背在西南方人，身无定。

疾病：往东北方求医，头痛、身热、浮肿。

词讼：忌张姓人作梗。

【得卦典故】

艮卦为汉高祖困于荥阳卜得之卦。当时刘邦被项羽战败，一路败退到荥阳，并在此被楚军包围。刘邦卜得艮卦，即知眼下只能坚守，不能进攻或撤退。

渐（卦五十三）风山渐

艮下巽上

【原文】

渐①，女归②吉，利贞。

初六：鸿渐于干③，小子④厉，有言⑤，无咎。

六二：鸿渐于磐，饮食衎衎⑥，吉。

九三：鸿渐于陆⑦。夫征不复，妇孕不育，凶。利御寇。

六四：鸿渐于木。或得其桷⑧，无咎。

九五：鸿渐于陵。妇三岁不孕，终莫之胜，吉。

上九：鸿渐于陆，其羽可用为仪⑨，吉。

【注释】

①渐：本卦下艮上巽，表现木在山上之象，象征地势渐高。渐，渐进、缓进。

②归：指古时候女子出嫁。

③鸿渐于干：大雁缓缓降落在水边。鸿，大雁。渐，进。

④小子：指年少无知的人。

⑤言：这里是谴责、苛责的意思。

⑥衎（kàn）衎：形容怡然自得的样子。

⑦陆：指地势高的平地。

⑧桷（jué）：指平直如桷的树枝。

⑨仪：指文舞的道具。

【译文】

渐卦，女子出嫁，吉利，坚守贞正则有利。

初六爻，大雁缓缓降落在水边，年幼无知的人虽有怨言（抱怨大雁飞得不远，但"鸿渐于干"是正确的），没有危险。

六二爻，大雁缓缓落在水边大石上，饮酒和乐，吉祥之兆。

九三爻，大雁缓缓落在陆地上。出征的丈夫还没有回来，妻子虽然怀孕却没有生育，是凶兆。守正待时防御匪寇则有利。

六四爻，大雁缓缓落在树上。倘若有一枝横平的树枝，就没有什么危险。

九五爻，大雁缓缓落到山岗。女人出嫁多年都没有怀孕，但终究可以冲破阻碍，是吉祥之兆。

上九爻，大雁缓缓落到高地，它的羽毛能够当作文舞的道具，是吉祥之兆。

【原文】

《彖》曰：渐之进也，女归吉也。进得位①，往有功也。进以正，可以正邦也。其位，刚得中也。止而巽②，动不穷也。

《象》曰：山上有木③，渐。君子以居贤德善俗④。"小子"之"厉"，义无咎也。"饮食衎衎"，不素饱也。"夫征不复"，离群丑也。"妇孕不育"，失其道也。"利用御寇"，顺相保也。"或得其桷"，顺以巽也。

"终莫之胜，吉"，得所愿也。"其羽可用为仪，吉"，不可乱也。

【注释】

①得位：渐卦的六二、九三、六四、九五爻皆得位，且九五爻居上卦之中位，以刚居阳位。

②止而巽：渐卦下卦为艮，代表山，有静止的意思；上卦为巽，有谦逊的意思，所以称"止而巽"。

③山上有木：渐卦下卦为艮、为山，上卦为巽、为木，所以称"山上有木"。

④君子以居贤德善俗：指君子以自己的修养和善良的德行引导世俗向善。居，指修养。善，美化、改善。

【译文】

《彖传》说：渐卦，是前进，就好像女人出嫁那样（稳妥有序），则吉祥。循序渐进就能够得到主位，前进也能够取得成功。前进而坚守正道，就能够安邦定国。（九五为阳爻，为刚，居上卦中位），得到其位置，阳刚便得到了中正之位。稳重而又谦逊，动力就不会穷尽。

《象传》说：山上有木，是渐卦。君子应该培养良好的品德，美化风俗。（初六爻）"小子"之"厉"，并没有什么危害。（六二爻）"饮食衎衎"，并不会白吃饭不做事。（九三爻）"夫征不复"，是说它叛离了自己的同类。"妇孕不育"，是因为（九三与六四私昵苟合），失去了其道。"利用御寇"，不但能自守以正，也能与（六四）相互保全。（六四爻）"或得其桷"，是因为柔顺而善于从权。（九五爻）"终莫之胜，吉"，表明它的愿望已经实现。（上九爻）"其羽可用为仪，吉"，是因为它的志向高洁，不可以淆乱。

【占测范围】

占天时：有三五日雨，后又晴，三旬内再雨。

风水：常近水车桥路香火处，或近水坑圳，前山高，进人口。

求财：难遂，宜往西北方，口字点水人可就。

家宅：居上不足用，近水车边住好，或屋边有水处住吉。

婚姻：防妇人亲戚是非，宜改旧从新，再娶则吉。

六甲：秋生男，春夏生女，九三爻动，母子无危，若亥卯未日则母子俱亡。

望事：宜进不宜退。

行人：有信，三人中有一人先去。

遗失：有女人得知，生物在车礁边、水坑边，死物往西南方寻。

捕盗：走不远，或见于坟墓之所。

田蚕：收成平平。

寻人：在乡村中，有竹林水车处。

求官：必成。

见贵：用力向前，防水边口边之人，主口舌之非。

疾病：四肢沉重，头痛日轻夜重，往东南方求医。

词讼：宜进不宜退，退则输，进则胜，一波未平，一波又起。

【得卦典故】

相传此卦为齐相晏子（前578~前500）应举时卜得，后果为相。晏子身长不高，其貌不扬，却很有才能，历任齐灵公、庄公、景公三朝，辅政长达50余年。然而春秋并没有科举考试，这个例子不过是后人附会罢了。

归妹（卦五十四）雷泽归妹

 兑下震上

【原文】

归妹[①]，征凶，无攸利。

初九：归妹以娣[②]。跛能履。征吉。

九二：眇能视，利幽人之贞[③]。

六三：归妹以须，反归[④]以娣。

九四：归妹愆期[⑤]，迟归有时。

六五：帝乙归妹，其君之袂，不如其娣之袂良。月几望，吉。

上六：女承筐，无实[⑥]。士刲[⑦]羊，无血。无攸利。

【注释】

①归妹：本卦下卦为兑，代表少女，上卦为震，代表长男，两卦相叠，表现出婚姻之象。

②归妹以娣（dì）：这反映的是古代的侄娣制度。西周和春秋时期有诸侯一娶九女的婚俗。一国之君嫁女，两个同姓国之君亦各以女媵（yìng）嫁。每国合娣、侄为三女，三国相加即为九女。

③利幽人之贞：像失去自由的人那样仍然自执其志，坚如磐石不动摇。

④反归：指古代女子因被丈夫休弃，回娘家居住。

⑤愆（qiān）期：错过了最后的期限。

⑥承筐，无实：指捧着装祭品的器具却没有祭品。

⑦刲（kuī）：割取，宰杀。

【译文】

归妹卦（象征着少女出嫁），前进就会有凶险，没有什么好处可言。

初九爻，嫁少女，虽然跛着脚却能够行路，前去则吉利。

九二爻，一只眼睛盲了，却不影响视力，有利于像失去自由的人那样仍然自执其志不动摇。

六三爻，想以姊姊的身份出嫁（做嫡妻），又被送回来，还是要以侄娣的身份嫁出去。

九四爻，婚期过了最后的期限，但终究会在该出嫁的时候出嫁。

六五爻，帝乙嫁妹妹，正室的服饰不如侧室的华丽，（其德恰到好处，就如同）十五之月将盈而未盈，吉祥。

上六爻，女人捧着筐却无祭品，她的丈夫宰羊也没有流血，并没有什么利益可得。

【原文】

《彖》曰：归妹，天地之大义也。天地不交而万物不兴。归妹，人之终始①也。说以动②，所归妹也。"征凶"，位不当也。"无攸利"，柔乘刚也。

《象》曰：泽上有雷，归妹。君子以永终知敝③。"归妹以娣"，以恒也。"跛能履，吉"，相承也。"利幽人之贞"，未变常也。"归妹以须"，未当也。"愆期"之志，有待而行也。"帝乙归妹""不如其娣之袂良也"，其位在中，以贵行也。上六"无实"，承虚筐也。

【注释】

①人之终始：指女子嫁人是一个生命阶段的结束，而生儿育女又是一个生命阶段的开始。

②说以动：归妹卦的卦象为上震下兑，分别代表着动与悦，且动居于悦之上，故有此说。

③敝：形容衰败的样子，这里形容婚姻走到了尽头。

【译文】

《彖传》说：归妹卦，是天地大义的表现，天地不交万物就无法生长。少女出嫁，是人类的终与始（人类靠它来繁衍）。（下兑上震，兑为悦，震为动）悦而动，所以嫁少女。"征凶"，是因为位置不当（归妹卦中九二与九四以阳爻居阴位，六三与六五以阴爻居阳位）。"无攸利"，柔弱凌驾于刚强之上的缘故（六三在初九、九二之上，六五、上六在九四之上）。

《象传》说：（下兑上震，兑为泽，震为雷）雷在泽上，是归妹卦。君子对于婚姻应该考虑白头偕老，防其敝坏。（初九爻）"归妹以娣"，按常规来做事。"跛能履，吉"，是因为侄娣虽无主持中馈的资格，但能安守本分，辅助嫡夫人帮助君子。（九二爻）"利幽人之贞"，是她正常的表现。（六三爻）"归妹以须"，是行不通的。（九四爻）"愆期"之志，是因为她还在有所期盼。（六五爻）"帝乙归妹""不如其娣之袂良也"，是因为她处于中正的位置，以高贵的身份出嫁。上六爻的"无实"，是说娣无主祭祀的资格，她所捧的筐是虚的、空的。

【占测范围】

占天时：雨量虽少，也有雷声，到申子日才晴。

家宅：住在闹市中，有异性人来往，不久有失，防作减半。

风水：丁癸向，葬后有女人事，主富、子孙旺，女多男少。

行人：在市井中，内外皆有留，不久便见。

婚姻：合婚，主幼女重失之格，女有容貌，且秀美。

胎产：生女孩，九二、九四、上六动也主生女孩，生男则母子俱亡。

出行：遇女人未动，主无事，如果遇阻隔，在未申日可动。

求财：有贵人为媒，需在市井中求。

求官：求小得大，有女人忧，应期在辰未日。

遗失：有妇人及口字姓人得，如果是白色物品，则难以找到。

捕盗：女人藏之难捉，东南方有井处，如无井则是茅屋之所，不宜急寻。

交易：有是非，不能成功。

田蚕：一如往常。

寻人：多是女占，最终会成。

见贵：有阻碍而难以见到。

疾病：会有昏蒙血光之灾，宜向东南方求医。

词讼：主有女人之事，暗昧不表，宜和解。

【得卦典故】

归妹卦为舜帝娶尧帝二女时占得。在上古时期，相传尧帝在选拔继承人时，人们推荐了舜，为了考察他的品行，尧帝将二女嫁给他，舜知道从此家里就不会安宁，但他最终还是通过考验，尧禅让于舜。此卦不利于出征。

丰（卦五十五）雷火丰

离下震上

【原文】

丰①，亨。王假之，勿忧，宜日中。

初九：遇其配主②，虽旬③无咎，往有尚。

六二：丰其蔀④，日中见斗，往得疑疾。有孚发若，吉。

九三：丰其沛，日中见沫。折其右肱，无咎。

九四：丰其蔀，日中见斗。遇其夷主，吉。

六五：来章⑤，有庆誉。吉。

上六：丰其屋，蔀其家。窥其户，阒⑥其无人。三岁不觌⑦，凶。

【注释】

①丰：本卦下卦为离、为明，上卦为震、为动，是丰收的象征。丰，盛大的样子。

②配主：相匹敌的人，这里指遮盖太阳的阴影。

③旬：均。

④蔀（bù）：用茅草或小席拼接起来做遮盖物。这里指阴影。

⑤来章：光明重新得到彰显。

⑥阒（qù）：形容非常寂静的样子。

⑦觌（dí）：看。

【译文】

丰卦，（出现日食）亨通，君王将此事看得很淡，告诫大家不需要忧愁，日中之时出现日食很正常。

初九爻，（发生日食）太阳被遮住一半，就像遇到相匹敌的人，虽然势均力敌，也没有危险，过一段时间日食就会过去。

六二爻，阴影越来越大，快把整个太阳都遮住了，以至于能看到北斗。人们前去观看并且发狂。要相信日食很快会过去，太阳会重放光明，吉兆。

九三爻，太阳被完全遮住了，连微末小星的星光都能看到。折断他的右臂，无所作为方不会有灾祸。

九四爻，阴影渐渐退去，又能看到北斗，遇到了微光复明之时，吉兆。

六五爻，光明得到了彰显，有福庆和赞誉，吉兆。

上六爻，黑暗笼罩着一切，看不到房屋。窥视别人的家里，好像没有人一样寂静。这是多年不曾出现的日食，真凶险啊。

【原文】

《彖》曰：丰，大也，明以动，故丰。"王假之"，尚大也。"勿忧，宜日中"，宜照天下也。日中则昃，月盈则食，天地盈虚，与时消息，而况于人乎，况于鬼神乎！

《象》曰：雷电皆至，丰。君子以折狱①致刑。"虽旬无咎"，过旬灾也。"有孚发若"，信以发志也。"丰其沛"，不可大事也。"折其右肱"，终不可用也。"丰其蔀"，位不当也。"日中见斗"，幽不明也。"遇其夷主"，吉行也。六五之"吉"，有庆也。"丰其屋"，天际翔也。"窥其户，阒其无人"，自藏也。

【注释】

①折狱：指对刑事诉讼进行判决。

【译文】

《彖传》说：丰卦，丰盛盛大。（下离上震，离为火、为明，震为雷、为动）明而动，所以才丰盛。"王假之"，是因为他遇事大度。"勿忧，宜日中"，适合普照天下。太阳正中过后便会偏西，月盈之后就会有亏蚀，天地盈亏，都会跟随着时间消长，更何况人呢，更何况祭祀鬼神呢！

《象传》说：雷电皆至，是丰卦。君子借此来判断刑事诉讼并进行量刑。（初九爻）"虽旬无咎"，是说如果阴影过了一半，就是灾害了。（六二爻）"有孚发若"，相信太阳总会重放光明。（九三爻）"丰其沛"，（昏昧之人）不可与之做大事。"折其右肱"，（处于这样的处境）想施展也无法施展了。（九四爻）"丰其蔀"，是因为位置不适当。"日中见斗"，是幽暗遮蔽了光明。"遇其夷主"，是重见光明的行为。六五爻的"吉祥"，是天下人的喜事。（上六爻）"丰其屋"，上天降下灾祸。"窥其户，阒其无人"，自己把自己藏起来（造成了灾祸）。

【占测范围】

占天时：先晴后雨，不宜九三发动。

求官：寅木日会有消息。

出行：受阻，未可急动。

交易：利在寅木未申日。

行人：有阻隔，为他人所误。

遗失：器物在泥土中，失物在山头方向为东。

家宅：高山之下，有两尖峰相对，无凶。

婚姻：其妇克头夫有破相，乃淫荡之女。

六甲：头胎，颌面不成，产妇惊恐，六五爻动子俱亡。

求财：财难入手。

见贵：申子辰日见吉。

田蚕：大熟。

寻人：难见。

风水：甲庚向，左右有外墓及占穴。

疾病：寒热头痛昏闷、求医往东南方。

词讼：先吉后凶，小事变大，多反复，后必和争，若事久见官，官事难脱。

【得卦典故】

丰卦是庄子说剑时卜得。赵文王嗜剑成癖，导致国家衰弱，于是赵太子请庄子来劝文王。传说庄子卜得丰卦，于是他以天子之剑、诸侯之剑、庶人之剑作比喻，讽刺文王有天子之位而好庶人之剑，不务正业。赵文王接受了庄子的意见，不再嗜剑而专心国政。

旅（卦五十六）火山旅

 艮下离上

【原文】

旅①，小亨。旅贞吉。

初六：旅琐琐，斯其所取灾②。

六二：旅即次，怀其资，得童仆，贞。

九三：旅焚其次③，丧其童仆，贞厉。

九四：旅于处，得其资斧④，我心不快。

六五：射雉，一矢亡，终以誉命。

上九：鸟焚其巢，旅人先笑后号咷，丧牛于易，凶。

【注释】

①旅：本卦下艮上离，分别代表山与火，表现的是山上有火的现象，有去其所居之象，所以卦名为"旅"。

②斯其所取灾：自取其祸的意思。

③焚其次：焚烧了自己的居所。次，旅舍。

④资斧：这里指钱财。

【译文】

旅卦，小亨通，旅行的时候坚守正道才可以吉祥。

初六爻，旅行的时候计较烦琐的小事，自己引来灾祸。

六二爻，旅行的时候有地方可以住，身上有财物，得到童仆的真诚服侍。

九三爻，旅行的时候烧掉了自己的居所，丧失了童仆的真诚帮助，贞问的结果是有危险。

九四爻，在异国他乡旅行，有自己的住所，得到了财物，心里还是不快乐。

六五爻，射中了野鸡，虽然丢失了一个箭矢，最终得到了美誉和爵命。

上九爻，鸟儿焚毁了它的巢穴，旅人先笑后又大哭，丧失了自己如牛一般的至顺之德，有凶险。

【原文】

《彖》曰：旅"小亨"，柔得中乎外①而顺乎刚，止而丽乎明②，是以"小亨，旅贞吉"也。旅之时义大矣哉！

《象》曰：山上有火，旅。君子以明慎用刑而不留狱③。"旅琐琐"，志穷灾也。"得童仆，贞"，终无尤也。"旅焚其次"，亦以伤矣。以旅与下，其义丧也。"旅于处"，未得位也。"得其资斧"，心未快也。"终以誉命"，上逮也。以旅在上，其义焚也。"丧牛于易"，终莫之闻也。

【注释】

①柔得中乎外：六五以阴爻居于外卦中位，所以称"柔得中乎外"。

②止而丽乎明：旅卦下卦艮代表山，为止；上卦离代表日，为明。丽，依附。

③留狱：形容办案拖拉，致使案件滞留。

【译文】

《彖传》说：旅卦，小亨通。（阴爻六五以柔居外卦之中）是柔得中于外，（阳爻上九为刚，六五居其下）是柔顺于刚。（下艮上离，艮为止，离为明）以静止之性附丽于光明，因此旅行的人得到小的亨通。旅卦把握好时机的意义真是重大啊!

《象传》说:山上燃烧着火光,是旅卦。君子应该慎用刑罚,不能滞留案件。(初六爻)"旅琐琐",是因为志向穷尽带来的灾祸。(六二爻)"得童仆,贞",所以终究无悔恨之事。(九三爻)"旅焚其次",非常忧伤。视童仆如旅人,童仆也会离开。(九四爻)"旅于处",还在穷处不得志,即使"得其资斧",心里也是不高兴的。(六五爻)"终以誉命",其声望已经非常高。(上九爻)旅人已处于高位,还一副高高在上的样子,必然会受焚烧之苦。"丧牛于易",终究会带来无可挽回的悲剧结局。

【占测范围】

占天时:主多雨,应巳午日晴。

家宅:有小屋、水涧,路亦不变,二人同住可安,门不正。

求财:宜远行,宜慢不宜急,静则有僧道之财。

行人:在远处虽有阻无妨,有信为虚信。

见贵:迟则可见,未便如心,须再求。

交易:宜缓,久后方有贵人得力,必就。

风水:前有小屋。丙壬向,出入离阻。

求官:文书不遂,宜迟缓。

寻人:去远方,若暗中行求可见。

出行:出则反覆,欲去东,又欲去西,两人同行,不可求财,反主有失脱之兆。

婚姻:用两姓为媒,亦有两处争婚,此妇无父母,纵有亦不为亲。

六甲:生女,为夜生。

遗失:死物为衣服,有人夜间偷去,生物在荒园中,竹篱茅舍下。

捕盗:乃远行人,其人无家,难定其所,或东或西。

望事:宜往外方,一人独求则得,不可信他人言。

疾病:寒热往来,心腹疼痛,六爻无鬼,其病难愈。

词讼:有理亦宜和,若不和,有灾。

【得卦典故】

旅卦为陈后主（553~604）得张丽华后卜得。陈后主即陈叔宝，是南陈的最后一位皇帝，他宠爱贵妃张丽华，不理朝政，为她大兴土木、穷奢极欲，最终成了亡国之君。陈后主得张丽华，果然是先喜后悲。

巽（卦五十七）巽为风

巽下巽上

【原文】

巽①，小亨。利有攸往，利见大人。

初六：进退，利武人之贞。

九二：巽在床下②，用史巫③纷若④，吉，无咎。

九三：频巽，吝。

六四：悔亡，田获三品。

九五：贞吉，悔亡，无不利。无初有终，先庚三日，后庚三日。吉。

上九：巽在床下，丧其资斧。贞凶。

【注释】

①巽：本卦为同卦相叠，上下均为巽、为风。巽的意义为入，是深入内里。

②巽在床下：钻进床底下，这里比喻深入地调查研究，便以更好地申命行事。

③史巫：古时史掌卜筮，占卜吉凶；巫掌被禳，消除灾害。

④纷若：形容纷乱的样子。

【译文】

巽卦，小亨通，有利于行动，有利于道德地位高的人出现。

初六爻，进退不定，有利于刚武之人坚守刚强之志。

九二爻，钻进床底下，借助史巫的力量禳除灾祸（深入调查研究以掌握真相，并周到地行事），吉祥，没有灾患。

九三爻，反复申命行事，就会有麻烦。

六四爻，悔恨消失，打猎的时候收获很多。

九五爻，固守贞正，悔恨就会消亡，无所不利。不必重视开始，最重要的是有一个结果。公布法令之前做好充分的调研和准备，就能够获得吉祥。

上九爻，钻进床底下（查之甚深），丢失了钱财（这里指丧失了应变从权的能力），固执下去就会有凶险。

【原文】

《彖》曰：重巽以申命①，刚巽乎中正②而志行，柔皆顺乎刚，是以"小亨，利有攸往，利见大人"。

《象》曰：随风③，巽。君子以申命行事。"进退"，志疑也。"利武人之贞"，志治也。"纷若"之"吉"，得中也。"频巽"之"吝"，志穷也。"田获三品"，有功也。九五之"吉"，位正中也。"巽在床下"，上穷也。"丧其资斧"，正乎凶也。

【注释】

①申命：一再申明、强调意旨。

②刚巽乎中正：巽卦下卦中位九二爻为阳，上卦中位九五爻也为阳，且都处在阳位上，所以称"刚巽乎中正"。

③随风：巽卦上下两卦都为巽，都代表风，故名。

【译文】

《象传》说:(上巽下巽,巽为风)两巽相重来重申上面的命令。(九二、九五以阳爻居上下卦之中,为刚。巽是入之意)阳刚随风入于中正之位而志向于前行,阴柔都顺从于阳刚,所以"小亨。利有攸往,利见大人"。

《象传》说:两风相重,是巽卦。发布命令前,君子应该先行对百姓进行告诫叮咛,然后再去行动。(初六爻)"进退",是因为它犹豫不决。"利武人之贞",是因为它志向坚定。(九二爻)"纷若"之"吉",是因为它得到了中正的位置。(九三爻)"频巽"之"吝",是因为它的志意已穷,毫无办法。(六四爻)"田获三品",意味着它行事有功。九五爻中的"吉祥",是因为处于中正的位置。(上九爻)"巽在床下",处于穷极之地,已无路可走。"丧其资斧",固守此道就只剩凶险了。

【占测范围】

占天时:风动雨生,风发雨息,巳亥日晴。

求官:未遂,先难后易,逢酉亥日文书印信方动。

望事:宜急不宜迟,二十一日后方就。

家宅:有二姓同年人,近庙宇寺观同居,左右有窟穴。

风水:前有两墓,若无墓近香火处,九丘动,主有人侵害风水也。

婚姻:先难后易,有二人说合,男、妇要同年生。

六甲:生女,秋夏占则生男,申子辰日占,九五动,主有伤九二动,利母不利子。

捕盗:在西北方坟墓处,或近庙,逢卯酉日见。

遗失:生物在竹林墙篱边,死物在箱柜或穴内。

行人:有二人在途,若无口舌,亦有虚惊。

出行:宜二人同行,急动无虑缓,必有口舌是非,不利北方。

求财:不可独求,宜二人同求。

寻人：近香火处，不宜急。

见贵：不遂。

交易：亦成就，宜作保人。

田蚕：大熟。

疾病：腹足风疾、气蛊血毒、心腹疾痛、四肢沉重，宜往西南方求医。

词讼：宜和。

【得卦典故】

巽卦为范蠡（前536~前448）辞官入五湖卜得，乃知文种将亡。范蠡、文种在越国担任大夫，辅助勾践灭掉了吴国，在灭吴之际，范蠡携西施隐退，泛舟于五湖。他写信给文种，说越王只可共患难而不可共安乐，后来文种果然被逼自杀。

兑（卦五十八）兑为泽

兑下兑上

【原文】

兑①，亨，利贞。

初九：和兑②，吉。

九二：孚兑，吉，悔亡。

六三：来兑，凶。

九四：商兑未宁③，介疾有喜④。

九五：孚于剥，有厉。

上六：引兑。

【注释】

①兑：本卦上下卦均为兑、为泽，表现的是两泽相交的景象，象征着上下和睦、朋友友善的良好状态，是值得人喜悦的事情，所以称为"兑"。

②和兑：形容和气喜悦的样子。

③商兑未宁：不以正道则不悦，即使悦，也要在心中保持警惕。

④介疾有喜：只有这样介然守正，虽然有病，终会痊愈。

【译文】

兑卦，亨通，坚守正道则有利。

初九爻，和气喜悦，吉祥。

九二爻，诚信喜悦，吉祥，悔恨便会消亡。

六三爻，向外（初九、九二）求悦，有凶险。

九四爻，悦之不以正道则不悦，即使悦，也要在心中保持警惕，只有这样介然守正，虽然近于疾病，终不可为其所侵，疾病终会离去。

九五爻，相信小人的巧言令色，一定会有危险。

上六爻，诱人来悦（上六以柔居柔，静处而诱阳来悦）。

【原文】

《彖》曰：兑，说也。刚中而柔外①，说以利贞，是以顺乎天而应乎人。说以先②民，民忘其劳；说以犯难③，民忘其死。说之大，民劝矣哉！

《象》曰：丽泽④，兑。君子以朋友讲习。"和兑"之"吉"，行未疑也。"孚兑"之"吉"，信志⑤也。"来兑"之"凶"，位不当也。九四之"喜"，有庆也。"孚于剥"，位正当也。上六"引兑"，未光也。

【注释】

①刚中而柔外：从兑卦的卦象上看，上下两卦中位九二和九五都为阳、为刚，其上的两爻六三和上六都为阴、为柔，所以称"刚中而柔外"。

②先：做在前面。

③犯难：遇到困难、战争等。

④丽泽：形容两泽相重的样子。丽，相互依附。

⑤信志：志存信实。

【译文】

《象传》说：兑卦，喜悦。（九二、九五为阳爻、为刚，居上下卦的中位。六三、上六为阴爻、为柔，居九二、九五之外）阳刚为中位而阴柔为外位，使人喜悦而"利贞"，因而得以顺应天命而应于人心。平时注意使民众安居乐业，民众就能忘记其劳苦；遇到战争时，根据民众是否赞成来决定是否打仗，民众就可以忘记他们的牺牲。愉悦的意义非常重大，民众就这样被劝勉了啊！

《象传》说：两泽相连，是兑卦。君子可以在朋友之间讲习学问，彼此切磋。（初九爻）"和兑"之"吉"，是因为这种行为没有什么过失。（九二爻）"孚兑"之"吉"，是因为志存信实。（六三爻）"来兑"之"凶"，是因为它没有处于中位。九四爻的"喜"，是影响天下人的好事。（九五爻）"孚于剥"，是因为它居于中正之位。上六爻诱人来悦，其德尚未光明。

【占测范围】

占天时：霖雨济物，应期在未申之日。

风水：丁癸向不正，出女不出男，前有桥道，不近人家。

家宅：防女人口舌，明忧暗喜的征兆。

求官：必然会成功，而且是有权之职，应期在寅未月。

婚姻：有三人为媒才可以成功。

胎孕：生女，如果少妇生男，则没有惊恐

出行：虽有失脱，一失一喜，同行会有口舌。

求财：先难后易。

遗失：喜中而失，如果不是公吏，则有一位老人可以询问，如失物则为老人拾得。

寻人：内外都不能动，不可寻，宜等待。

捕盗：难以捉到，迟则败在东北市井中，人烟旺的人家左右，有堆木料之所，应期在子酉日。

交易：容易有反复，用力则必然会成功。

见贵：可以见到，但有口舌，不会有问题。

行人：在地头，还没有起身，宜有信到来。

疾病：有手足痛、骨痛、寒热往来，宜往东南方向求医。

词讼：不是大事，只是来往是非，有人解说后会和解。

【得卦典故】

兑卦为唐三藏去西天取经时占得。唐三藏法号玄奘，是中国历史上最伟大、最富传奇色彩的高僧。他曾在唐贞观年间去印度游学，一路上历经千辛万苦，但都逢凶化吉，最后取得真经回到大唐。

涣（卦五十九）风水涣

坎下巽上

【原文】

涣①，亨。王假有庙②，利涉大川，利贞。

初六：用拯马壮，吉。

九二：涣，奔其机③，悔亡。

六三：涣其躬，无悔。

六四：涣其群，元吉。涣有丘，匪夷所思。

九五：涣汗④其大号，涣王居，无咎。

上九：涣其血⑤，去逖⑥出，无咎。

【注释】

①涣：本卦下卦为坎、为水，上卦为巽、为风，表现的是风在水的上面，水遇风则涣散，所以称为"涣"。

②王假有庙：君王到宗庙前祭祀，以凝聚天下人心。庙，宗庙。

③涣，奔其机：从危险的地方回到安稳的地方。

④涣汗：流汗。

⑤血：代表人体受到伤害。

⑥逖（tì）：远离。

【译文】

涣卦，亨通。贤明的君王在宗庙祈福，有利于跋涉大川，利于坚守正道。

初六爻，借用强壮的马匹去远方，吉利。

九二爻，急速离开险境到安全的地方去，悔恨便会消亡。

六三爻，散去自己的私心，自己就没有悔恨。

六四爻，尽散朋党，大吉大利。把小群变成大群（凝聚天下人），这是一般人所不能思虑到的。

九五爻，像人体出一身大汗将风寒散去一样，国家也要革旧布新，除去积弊。这只有天子诸侯能够做到，可以无灾祸。

上九爻，将郁结在身体里的疾病散去，并远远地避开它，没有灾祸。

【原文】

《彖》曰：涣，亨，刚来而不穷，柔得位乎外而上同。"王假有庙"，王乃在中也①。"利涉大川"，乘木有功②也。

《象》曰：风行水上，涣。先王以享于帝，立庙③。初六之"吉"，顺也。"涣奔其机"，得愿也。"涣其躬"，志在外也。"涣其群，元吉"，光大也。"王居，无咎"，正位也。"涣其血"，远害也。

【注释】

①王乃在中也：指"九五"象征着至尊，而又位于上卦的中位，并且是阳爻居于阳位上。

②乘木有功：木在水面上漂浮，象征着可以借助木舟顺利过河。

③先王以享于帝，立庙：先王观风行水上之象，悟知散中有聚之理，故享帝立庙，以归系天下人心。

【译文】

《彖传》说：涣卦，亨通。（九二、九五为阳爻、为刚）阳刚来而不穷困，（六四为阴爻、为柔，居阴位，与九五相比而相配合）阴柔位于外面并且和上面同心同德。"王假有庙"，（九五居上卦之中位，是君王之位）君王处于中位。"利涉大川"，（下坎上巽，坎为水，巽为木）乘舟可以涉川。

《象传》说：风行水上，是涣卦。先王观此象，乃祭祀上帝，建立宗庙以凝聚人心。初六爻之所以会吉祥，是因为它能够顺应时机。（九二爻）"涣奔其机"，是其愿望得以实现的缘故。（六三爻）"涣其躬"，（能够忘身殉上）是因为它的志向在外面。（六四爻）"涣其群，元吉"，因其品行光明正大，影响广大。（九五爻）"王居，无咎"，因为处于中位。（上九爻）"涣其血"，远离灾祸。

【占测范围】

占天时：云行雨施，五日后方晴。

风水：左边有路，下边有山及树，坤向，主出人有心腹之灾。

家宅：屋前有河坑、水圳或有水沟，前有半路后有山，主人不宁。

婚姻：三人为媒，不可信人说破。

求财：须用外人相寻，同求方可，强求不遂。

六甲：生男难养。

行人：身已动又回，午未日见，九五动行人则至。

捕盗：未得见，难捉。

求官：宜缓，先难后易，得亦任不久。

望事：二人同谋，破而后成。

遗失：死物在内近水处，是人藏匿，生物在溪涧边寻。

寻人：前有约者未定，后有约者方可寻，若有信来，可速动。

疾病：心腹疼痛、吐泻沉重，往东南方求医。

词讼：宜缓不宜急，有第八个人和解，或不成事。

【得卦典故】

涣卦为汉武帝卜得，乃知李夫人还能活。李夫人是汉武帝的妃子，但生下皇子之后不久即去世，武帝思念万分，后来术士李少翁制法术使李夫人还阳，与汉武帝见了一面。实际上李少翁使用的不过是皮影戏的方法而已，并不是真的使李夫人复活。

节（卦六十）水泽节

 兑下坎上

【原文】

节①，亨。苦节，不可贞②。

初九：不出户庭③，无咎。

九二：不出门庭，凶。

六三：不节若④，则嗟若，无咎。

六四：安节⑤，亨。

九五：甘节⑥，吉，往有尚。

上六：苦节，贞凶，悔亡。

【注释】

①节：本卦下卦为兑，代表泽，上卦为坎，代表水，表示水在泽上，即涨水之象，所以应修建堤坝对其加以约束和节制。节，约束。

②苦节，不可贞：过于节制，失于中道，便不可以长久。

③户庭：院门。

④不节若：如果不加以节制的话。若，句尾语气助词，无实义。

⑤安节：安于节制。

⑥甘节：恰到好处地节制。

【译文】

节卦，亨通。过分节制便无法长久。

初九爻，不出院门，没有灾患。

九二爻，不出房门，就会有凶险。

六三爻，虽然不知道节制，但能幡然悔恨，没有灾患。

六四爻，安于节制（遵循成法，谨慎行事），亨通。

九五爻，恰到好处地节制，吉祥，前行一定会受到尊尚。

上六爻，过分节制，会有凶险，如果对此有悔恨，凶险就会消亡。

【原文】

《彖》曰：节"亨"，刚柔分而刚得中。"苦节，不可贞"，其道穷也。说以行险①，当位以节，中正以通。天地节而四时成。节以制度②，不伤财，不害民。

《象》曰：泽上有水，节。君子以制数度③，议德行。"不出户庭"，知通塞也。"不出门庭，凶"，失时极也。"不节"之"嗟"，又谁咎也！"安节"之"亨"，承上道也。"甘节"之"吉"，居位中也。"苦节，贞凶"，其道穷也。

【注释】

①说以行险：兑在内卦表"悦"，坎在外卦表"险"，所以说"说以行险"。

②节以制度：指将节度作为制定各种制度的基本原则。

③数度：指相关的法律礼仪。数，礼仪。度，法律。

【译文】

《彖传》说：节卦，亨通。（节卦下兑上坎，坎为阳卦、为刚，兑为阴卦、为柔，其中九二、九五为阳爻、为刚，居中得正）刚柔分明，阳刚位于中位。"苦节，不可贞"，它的道是趋于困穷的。（兑为悦，坎为险）

保持愉悦的心情去走险境，（九五以阳刚居上体之中位）在自己的位置上知道有所节制，坚持中正之道就能够亨通。天地有节度才能够生成四季，用节度来制定各种法度，才能够不浪费财物，不伤害民众。

《象传》说：泽上有水，是节卦。君子应该制定各种法律礼仪制度，议定评判道德的准则。（初九爻）"不出户庭"，已经知道是否行得通。（九二爻）"不出门庭，凶"，（到了该行动的时候，不行动）失掉了当时的正道。（六三爻）不懂节制，终于幡然悔悟，又有谁能够怪罪它呢？（六四爻）"安节"之"亨"，是因为它继承了九五刚中之道。（九五爻）"甘节"之"吉"，是因为它处于中正的位置。（上六爻）"苦节，贞凶"，已到穷途末路。

【占测范围】

占天时：雨转晴，不宜上爻动，否则必有一日又晴又雨，初爻动有风。

求官：虽三番五次，也不过是枉费力气，失财。

家宅：近竹林，对面隔水有人烟，篱后有小山，防盗贼。

婚姻：其女美而少，男方主动，女方迟疑，急进立遂。

求财：往东南方，宜急。

望事：需反复三四次方能实现。

行人：在路，未归。

遗失：失物可去竹林下寻，在东南方，器物在竹林边，宜急。

捕盗：在北方涧桥边，有二人。

交易：寅午戌日成，否则难成。

六甲：为生男之兆。

风水：远山高水前，后有古墓。

田蚕：不利，收成不佳。

出行：宜静不宜动。

寻人：已藏匿，宜急。

见贵：无成，待钱、李、周姓人方可。

疾病：寒热、气急、心腹腰肚疼病，往西北方求医。

【得卦典故】

节卦为孟姜女为丈夫万喜良送寒衣时卜得。相传孟姜女的丈夫新婚之后被秦始皇抓去修筑长城，孟姜女思念丈夫为他送去御寒衣物，却占得节卦，由此得知丈夫已经身亡。

中孚（卦六十一）风泽中孚

 兑下巽上

【原文】

中孚①，豚鱼吉。利涉大川，利贞。

初九：虞吉。有它不燕②。

九二：鸣鹤在阴③，其子和之。我有好爵，吾与尔靡④之。

六三：得敌⑤，或鼓或罢，或泣或歌。

六四：月几望，马匹亡，无咎。

九五：有孚挛如⑥，无咎。

上九：翰音⑦登于天，贞凶。

【注释】

①中孚：本卦下卦为兑、为泽，上卦为巽、为风，表现的是风在泽之上，形成风起波涌的气象。中孚卦象征着君子应以诚信立身，进而教化天下。而本卦上下两卦均有两条阳爻，将两条阴爻括在中间，其中九二与九五都是阳爻居中，表示虚心接纳的意思，是居中以发，所以称"中孚"。

②燕：安闲。

③阴：通"荫"，幽深的地方。

④靡：共享，同享。

⑤得敌：依赖与他匹配的人。敌，这里是匹配的意思。

⑥挛如：形容捆绑得很紧的样子。

⑦翰音：声音飞得很高。

【译文】

中孚卦，连无知的豚鱼都能被感动，而孚信之，吉。利于渡过危难，坚守正道则有利。

初九爻，安静自处，可获得吉利，别有所求则会导致不安。

九二爻，山阴处的鹤一鸣叫，它的同类就会应和它。我有好酒，愿与你分享。

六三爻，依赖与他匹配的人，人家击鼓他也击鼓，人家不击鼓他也不击鼓；人家哭泣他也哭泣，人家高歌他也高歌。

六四爻，月亮将圆而还未盈，马匹丢失了同伴（六四绝初九之系，而上从九五），没有灾患。

九五爻，有诚信的人，因为心系天下而得到天下人的应和，因而没有灾祸。

上九爻，飞鸟叫声达于高处，贞固于此则有凶险。

【原文】

《彖》曰：中孚，柔在内而刚得中，说而巽①，孚乃化邦②也。"豚鱼吉"，信及豚鱼也。"利涉大川"，乘木舟虚也。中孚以利贞，乃应乎天也。

《象》曰：泽上有风，中孚。君子以议狱③缓死。初九"虞吉"，志未变也。"其子和之"，中心愿也。"或鼓或罢"，位不当也。"马匹亡"，绝类上也。"有孚挛如"，位正当也。"翰音登于天"，何可长也？

【注释】

①说而巽：中孚下卦为兑，意为喜悦，上卦为巽，意为谦逊。

②孚乃化邦：用诚信的品德教化邦国之内的臣民。孚，诚信。化，教化。邦，国。

③议狱：指审议刑事案件。议，审议、评估。狱，刑狱诉讼案件。

【译文】

《彖传》说：中孚卦，（内部两爻为阴爻，外面四爻为阳爻，九二、九五阳爻居中得正）阴柔在内，阳刚居中得正，（下兑上巽，兑为悦，巽为顺）悦而顺，这样的诚信可以教化邦国。"豚鱼吉"，是说诚信广泛传播，已经感动到了无知的豚鱼。"利涉大川"，乘坐中空的木船（安全无虞）。坚守诚信，坚持正道，就顺应了天道。

《象传》说：泽上有风，是中孚卦。君子应该慎重地审议刑事诉讼案件，减缓死刑。初九爻的"虞吉"，是（自信自安自守），志向从未改变的缘故。（九二爻）"其子和之"，是出于中心之愿。（六三爻）"或鼓或罢"，是六三爻居位不正的原因。（六四爻）"马匹亡"，断绝与同类（初九）交往，而从于九五。（九五爻）"有孚挛如"，是由于居于中位。（上九爻）"翰音登于天"，怎么可能保持长久呢？

【占测范围】

占天时：天色常晴，有风，亥日阴雨。

求官：必高迁，初九动，即遂之兆。

家宅：近竹林安居。

求财：卦本无财，得亦薄。

婚姻：生男有虚惊，上九动则生女。

行人：有信至。

遗失：难寻。

捕盗：在东方庙宇之处，戌亥日见。

望事：宜木字人，或李姓人谋之必遂。

出行：必遇他，凡事顺便。

风水：有两穴，左边有树木死，一穴辛丑向，一穴丁癸向，出浪子。

寻人：等候自来。

见贵：用力可见。

田蚕：半收。

交易：宜速。

疾病：男吉女凶，寒热腹胀，四肢无力，往东南方求医。

词讼：主飞来之事，宜急，迟则有伤。

【得卦典故】

相传此卦为辛君屯边卜得，果得梅妃之信。此处辛君当为细君，即细君公主，汉武帝为了抵制匈奴，便与乌孙和亲，将细君公主远嫁乌孙王。细君公主在西域数年，为汉王朝安邦睦邻做出了巨大贡献。

小过（卦六十二）雷山小过

艮下震上

【原文】

小过①，亨，利贞。可小事②，不可大事。飞鸟遗③之音，不宜上宜下，大吉。

初六：飞鸟以凶。

六二：过其祖，遇其妣④，不及其君，遇其臣。无咎。

九三：弗过防之，从或戕之。凶。

九四：无咎。弗过遇之，往厉必戒，勿用永贞。

六五：密云不雨，自我西郊。公弋取彼在穴。

上六：弗遇过之，飞鸟离之。凶，是谓灾眚⑤。

【注释】

①小过：本卦下卦为艮，代表山；上卦为震，代表雷声。雷在山上，其声高于常，是为小过。

②可小事：指有利于做除祭祀和战争之外的任何事情。在周代，祭祀和战争一般被看作"大事"，其他的都是"小事"。

③遗（wèi）：留下。

④姚：此处指祖姑。在古代，孙妇袝于祖姑，与祖姑同列。祖姑指丈夫的祖母。

⑤灾眚（shěng）：灾祸。

【译文】

小过卦，亨通，利于坚持正道。可以做小事，不可做大事。飞鸟只留下好音，不可向上飞，宜于向下飞，大吉。

初六爻，飞鸟从空中飞过（处于初六的境地，不当飞而飞），凶兆。

六二爻，向上行经过他的祖父（九四爻），遇见了他的祖姑（六五爻）。没有遇到君王，却遇到他的臣子，没有祸害。

九三爻，没有过错，也要做好预防，如果放纵就会被戕害，凶兆。

九四爻，没有祸患。（阳爻居阴位）不恃刚强，正适合其宜。不要行动，否则就有危厉，要随时处顺，不可固守其常。

六五爻，乌云密布却没有下雨，它们从西郊飘来。王公射箭猎取藏在洞中的野兽。

上六爻，飞得过高而不知止，飞鸟就会遭遇网罗，有凶险，这就是所谓的灾祸了。

【原文】

《彖》曰：小过，小者过①而"亨"也。过以"利贞"，与时行②也。柔得中，是以"小事"吉也。刚失位而不中，是以"不可大事"也。有飞鸟之象焉，"飞鸟遗之音，不宜上宜下，大吉"，上逆而下顺也。

《象》曰：山上有雷，小过。君子以行过乎③恭，丧过乎哀，用过乎俭。"飞鸟以凶"，不可如何也。"不及其君"，臣不可过也。"从或戕之"，凶如何也！"弗过遇之"，位不当也。"往厉必戒"，终不可长也。"密云不雨"，已上也。"弗遇过之"，已亢也。

【注释】

①小者过：小有所过。

②与时行：按着当下的时机做正常的事情，也就是按时机做事的意思。

③乎：于。

【译文】

《彖传》说：小过卦，小有所过，亨通。稍过一点而利于正，是因为能按时机做事。（小过卦六二、六五都为阴爻，居于上下卦中位）阴柔得到中正地位，所以做"小事"才能够吉祥。因为阳刚位置不对而无法实现中正，所以"不可大事"。有飞鸟之象，"飞鸟遗之音，不宜上宜下，大吉"，因为向上逆理而向下顺理。

《象传》说：山上有雷，是小过卦。君子因此在行动时过于恭敬，遇到丧事时过于悲伤，在日常用度上过于节俭。（初六爻）"飞鸟以凶"，是说这是无能为力的事情。（六二爻）"不及其君"，是因为臣不可以过君。（九三爻）"从或戕之"，是多么凶险啊！（九四爻）"弗过遇之"，是说其位置不当。"往厉必戒"，终不可以长久。（六五爻）"密云不雨"，阴气已经在上（阴气的势力超过了阳气，造成阴阳不合，无法化雨）。（上六爻）

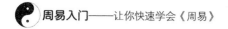

"弗遇过之"，已经太过了。

【占测范围】

占天时：雨止天晴，应期在寅卯日。

风水：宅前有一山当穴，左边有斜路，下一穴，丙寅向，直掘窟，风水不可改。

家宅：如果不是两头居住，当有外姓人同住，前后有屋。

求官：难以成功。得本路官职一任，上任不久后，会有迁改。

交易：难以成功。

行人：在途中，身动便至。

见贵：不利。

田蚕：不利。

婚姻：其亲不远，先难后易，有口字人为媒。

胎产：腹中有胎，当便风灾，过后有小阻。

出行：会遇见犹疑，破财后方能行动。或者在外有阻，干事反复。

求财：虽出外求，未见分晓。小望则可，大望有失。

寻人：只在原处逃避，定当得见，邀他人同往则可。

遗失：死物在屋内，须二三次寻找，为外人藏；生物在山头，有二小屋近桥处。

捕盗：难以捉到。在重楼大家，左边有水，可去东北方向的寺观处寻找。

疾病：食物不落，行止不遂，心痛腹痛，宜向东南方求医。

词讼：有外姓人作梗，宜和不为害。

【得卦典故】

小过卦为汉君有难时占得。此汉君应为汉高祖刘邦，刘邦曾多次有难，但都能逢凶化吉，因为都是小过，不足为虑，后果能脱难。

既济（卦六十三）水火既济

 离下坎上

【原文】

既济^①，亨，小利贞。初吉终乱。

初九：曳其轮，濡其尾^②。无咎。

六二：妇丧其茀^③，勿逐，七日得。

九三：高宗伐鬼方，三年克之。小人勿用。

六四：繻有衣袽^④，终日戒。

九五：东邻杀牛，不如西邻之禴祭，实受其福。

上六：濡其首，厉。

【注释】

①既济：本卦为上水下火之象，象征着救火之事能够走向成功。

②尾：尾巴。

③丧其茀（fú）：丢失了车蔽。茀，古代妇女乘车时，车子前后都设幛以自隐蔽。

④繻（rú）有衣袽（rú）：船渗漏时有破旧的衣服塞之。繻，渗漏。衣袽，指破衣烂衫。

【译文】

既济卦，亨通，利于坚持正道。刚开始吉利，结果会乱。

初九爻，向后拽着车子（使其不再前进），湿了车的后部，无害。

六二爻，妇女丢失了车蔽，（便不能出门），不用寻找，七天之内就能够得到。

九三爻，殷国国君武丁征讨鬼方部落，用了三年的时间才攻克。不要任用小人（小人一定无法完成）。

六四爻，舟船渗漏时有破布袍，每天都要戒备坏事情的发生。

九五爻，东邻杀牛祭祀，不如西邻的薄祭，心灵虔诚就能得到神的保佑。

上六爻，水濡湿了车头，凶兆。

【原文】

《彖》曰：既济"亨"，小者亨也。"利贞"，刚柔正而位当也。"初吉"，柔得中也。终止则乱，其道穷也。

《象》曰：水在火上，既济。君子以思患而豫防之。"曳其轮"，义无咎也。"七日得"，以中道也。"三年克之"，惫也。"终日戒"，有所疑也。"东邻杀牛"，不如西邻之时也。"实受其福"，吉大来也。"濡其首，厉"，何可久也？

【译文】

《彖传》说：既济卦，亨通，小者亨通。"利贞"，（既济卦离下坎上，坎为阳卦，为刚；离为阴卦，为柔。刚上柔下。九五是阳爻居阳位，六二为阴爻居阴位）刚柔正而位置恰当。"初吉"，是因为柔（六二）居于（下卦）中位。到终局懈怠时，则生乱，它的路也就穷尽了。

《象传》说：水在火上，是既济卦。君子应该考虑到隐患而事先预防。（初九爻）"曳其轮"，是说其道本来是无害的。（六二爻）"七日得"，是坚持中道的原因。（九三爻）"三年克之"，是说仗打得很辛苦，很疲惫。（六四爻）"终日戒"，是说心中猜疑（祸患已经临近）。（九五爻）"东邻杀牛"，不如西邻掌握好祭祀的时机。"实受其福"；福气会不求自来。（上六爻）"濡其首，厉"，这种局面怎么能够长久呢？

【占测范围】

占天时：久雨无晴，至巳午戌己日方可见太阳。

田蚕：半收。

求官：巳子日有阻，寅亥日可遂。

见贵：申酉戌日可见。

交易：得贵人力可行。

家宅：无气，一层两边，有树木，门楼前有小屋。

婚姻：有反复，缓则成。

求财：求之未得，过六旬（即六十天）再求才有。

遗失：有同事人见，可寻茅屋下及堆积处。

风水：水边，后有荒野之所，少树木。

捕盗：贼不远，可急寻。

六甲：生男，如果三四爻动则生女，秋卜难养，主产妇有灾，五爻动子难养，三爻动易养。

望事：三次可得。

寻人：其人在家，不寻亦有信至，上爻动在途可遇。

出行：宜出，不宜求财，往东北方利，宜与人同行。

行人：在外有阻，亦有信至，五爻动则无信。

疾病：腰脾有血光之疾，或吐泻，日轻夜重，可往西北方求医。

词讼：有贼相侵事，但不过是一场虚惊。

【得卦典故】

既济卦为季布隐匿于周家时卜得，周家人为了救他的命，将他当奴隶卖给了朱家，朱家人又通过汝阴侯夏侯婴向刘邦求赦，刘邦念其各为其主，最终将其赦免。卜得既济卦，说明周家人的计策将成功。

未济（卦六十四）火水未济

 坎下离上

【原文】

未济①，亨。小狐汔济②，濡其尾，无攸利。

初六：濡其尾，吝。

九二：曳其轮，贞吉。

六三：未济，征凶。利涉大川。

九四：贞吉，悔亡。震用伐鬼方，三年有赏于大国。

六五：贞吉，无悔。君子之光，有孚吉。

上九：有孚于饮酒，无咎。濡其首，有孚失是。

【注释】

①未济：本卦表现的是下水上火的景象，火向上而水向下，不相为用，且六爻都不当位，故名。

②小狐汔（qì）济：小狐狸将要成功过河。汔，几。济，过河。

【译文】

未济卦，亨通。小狐狸几乎要渡过了大河，结果湿了尾巴，无所利。

初六爻，湿了小狐狸的尾巴，有困难。

九二爻，向后拽着车轮，让车无法快进，坚持中正就能吉祥。

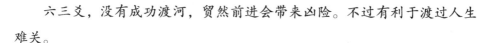

六三爻，没有成功渡河，贸然前进会带来凶险。不过有利于渡过人生难关。

九四爻，坚持正道就能够得到吉祥，悔恨也会随之消亡。（周人）奉命征伐鬼方部落，用了三年时间才获得胜利，获得大国（殷商）的赏赐。

六五爻，位置中正吉祥，没有悔恨。君子的品德，因为诚信而获得吉祥。

上九爻，有诚信而饮酒，不会招来灾祸。如果酗酒连头发都弄湿了，虽有诚信，也不正确。

【原文】

《彖》曰：未济"亨"，柔得中也。"小狐汔济"，未出中也①。"濡其尾，无攸利"，不续终也。虽不当位，刚柔应也。

《象》曰：火在水上，未济。君子以慎辨物②居方。"濡其尾"，亦不知极③也。九二"贞吉"，中以行正也。"未济，征凶"，位不当也。"贞吉，悔亡"，志行也。"君子之光"，其晖吉也。"饮酒""濡首"，亦不知节也。

【注释】

①未出中也：指九二爻还在坎险之中。本来它与六五正应，能够处于未济将济之时，能够成功出险，但九二是阳爻，阳刚在这一卦里都失了位，发挥不了作用。

②辨物：分辨事物的种类。

③极：最终的方向，结果。

【译文】

《彖传》说：未济卦，亨通，阴柔处于中位（指六五爻）。"小狐汔济"，是说（九二）没有走出险境，"濡其尾，无攸利"，是说头尾不能相续，有始无终。（未济卦中的初六、六三、六五皆为阴爻居阳位，九二、

九四、上九皆为阳爻居阴位）虽然都处在不恰当的位置上，但刚柔还是相应的。

《象传》说：火在水上，是未济卦。君子应该慎重分辨事物的种类，使其各居其所。（初六爻）"濡其尾"，（开始时就如此莽撞）不知其结果会如何。九二爻，"贞吉"，是说它处在中位，做得也正确。（六三爻）"未济，征凶"，是说所处位置不恰当。（九四爻）"贞吉，悔亡"，是说志向一定能够实现。（六五爻）"君子之光"，它的光辉影响广大。（上九爻）"饮酒""濡首"，也是不知道节制。

【占测范围】

占天时：先雨后晴，干旱之兆。

望事：终成。

求官：应未申日得正职。

家宅：前若无桥道则有水沟，后有茅舍，人丁不旺。

婚姻：先难后易，其妇淫。

六甲：内动生男，外动生女，有艰难之兆。

行人：有四人同地，先失后得，官事口舌，虽有无妨。

出行：不远，不可望财。

风水：前有圳，后有香火，被树根穿，须培土修葺。

交易：先难后易，亥卯日成。

遗失：生物在水碓边，死物在佛堂边。

田蚕：平。

捕盗：被相识人藏，其人在水圳处。

寻人：上九爻动即见，六三爻动可寻。

求财：宜与人在市井求，先难后易，忌复姓人为阻，求得甚少。

疾病：先寒后热，吐泻不进食，往东北方求医。

词讼：我克他，终和。

【得卦典故】

未济卦为孔子穿九曲明珠未成时卜得。传说孔子周游时遇到个难题，即用丝线穿过九曲明珠，他束手无策，后来碰到两位采桑女，告诉孔子把蜜糖涂在珠孔口一边，然后将一只蚂蚁用线拴上放在另一孔。蚂蚁闻到蜜时，就会拼命地钻进去。孔子如法炮制，果然成功。